木造大威徳明王像
(真木大堂,豊後高田市)

木造僧形八幡神坐像
(奈多宮,杵築市)

豊後国分寺跡
(大分市)

石の文化

富士見橋（ふじみばし）
（宇佐市（うさし））

伏木峠の石坂石畳道（ふしきとうげ　いしざか　いしだたみみち）
（日田市（ひたし））

角牟礼城跡（つのむれじょうあと）
（玖珠郡玖珠町（くすぐんくすまち））

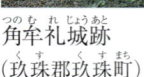

瑞巌寺磨崖仏（ずいがんじまがいぶつ）
（玖珠郡九重町（くすぐんここのえまち））

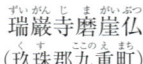

岩戸寺宝塔
(国東塔, 国東市)

熊野磨崖仏
(豊後高田市)

臼杵磨崖仏
(古園石仏, 臼杵市)

尾崎の石風呂
(豊後大野市)

おもな民俗文化財

古要神社の傀儡子の
舞と相撲(中津市)

日田祇園の
曳山行事(日田市)

別府明礬温泉の
湯の花製造技術(別府市)

御嶽神楽
(豊後大野市)

キツネ踊り
(東国東郡姫島村)

天念寺修正鬼会
(豊後高田市)

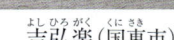

吉弘楽(国東市)

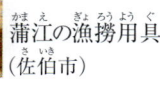

蒲江の漁撈用具
(佐伯市)

先哲関係

福沢諭吉旧居（中津市）

咸宜園跡（日田市）

「西崦精舎図」（速見郡日出町）

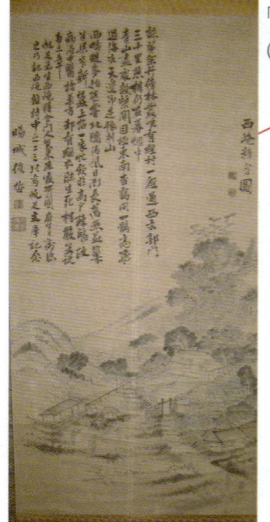

旧竹田荘（竹田市）

三浦梅園旧宅
(国東市)

大友宗麟像
(先哲史料館, 大分市)

大友宗麟の墓
(津久見市)

野上弥生子文学記念館
(臼杵市)

もくじ　　赤字はコラム

県都大分と別府湾沿岸

❶ 府内城下町と大友氏遺跡，上野丘周辺 ---------------------------------- 4
　大友宗麟公像／大分銀行赤レンガ館（旧二十三銀行本店・旧府内会館）／大友義鎮（宗麟）／府内城跡／遊歩公園／万寿寺／豊後のキリスト教／大友氏遺跡／元町石仏／岩屋寺石仏／円寿寺／大友屋形跡／金剛宝戒寺／弥栄神社／大分市美術館

❷ 春日の森から柞原の森へ --19
　春日神社／松平忠直公廟／柞原八幡宮と大山寺／古宮古墳／高崎山と高崎山城跡／上田保と高崎山

❸ 古国府から豊後国分へ --26
　丑殿古墳／千代丸古墳／豊後国分寺跡

❹ 熊本藩領鶴崎と海部の古墳 --29
　毛利空桑旧宅及び塾跡／参勤交代／脇蘭室墓／亀塚古墳

❺ 高瀬石仏から野津原へ --35
　高瀬石仏／大友頼泰／口戸磨崖仏／今市石畳道／後藤家住宅

❻ 滝尾から判田，戸次へ --40
　松平忠直居館跡／滝尾百穴横穴古墳群／曲石仏／西寒多神社と万年橋／豊後鮑腸／戸次本町と帆足本家酒造蔵／長宗我部信親墓

もくじ

❼ 湯のまち別府 -- 46
  竹瓦温泉／別府温泉と竹細工／京都大学地球熱学研究施設／吉祥寺開山塔／石垣原古戦場跡／鬼の岩屋古墳／火男火売神社／竈門氏墓地古塔群

❽ 別府湾北岸を行く -- 54
  松屋寺／帆足万里／致道館／晹谷城跡／杵築城／大原邸／きつき城下町資料館／小熊山古墳・御塔山古墳／奈多宮／城下カレイ／倉成磨崖仏／龍蓮寺国東塔・石丸国東塔／田原家五重塔／西専寺／田原若宮八幡社／財前家墓地

神の里，仏の山と蘭学の道

❶ 東国東を歩く -- 68
  鬼塚古墳／平等寺／千燈寺／姫島黒船騒動／千燈寺跡／伊美別宮八幡社／国見ふるさと展示館／胎蔵寺／岩戸寺・長木家国東塔／ペトロ岐部カスイ／文殊仙寺・成仏寺／国東塔／神宮寺／泉福寺／吉木九重塔／狐塚古墳／安国寺集落遺跡／安国寺／報恩寺／西光寺国東塔／照恩寺国東塔／宝命寺／両子寺／三浦梅園旧宅／三浦梅園／瑠璃光寺／釜ヶ迫国東塔・護聖寺板碑／塚山古墳

❷ 西国東をめぐる -- 90
  熊野磨崖仏／真木大堂／元宮磨崖仏／富貴寺／天念寺／修正鬼会／長安寺／真玉寺／福真磨崖仏／無動寺／別宮八幡社／霊仙寺

❸ 八幡神降臨の地，宇佐 ------------------------------------ 101
  大分県立歴史博物館／宇佐風土記の丘／宇佐神宮／宇佐神宮のおもな祭礼／大楽寺／百体社／城井1号掩体壕／双葉の里・双葉山生家／芝原善光寺／四日市別院／虚空蔵寺跡／東光寺五百羅漢／御許山

❹ 宇佐山郷 -- 115
  鳥居橋／荒瀬橋／龍岩寺奥院／下市・折敷田地区の鏝絵／龍王城跡／佐田神社／楢本磨崖仏／賀来惟熊・賀来飛霞

❺ 城下町のたたずまいが残る中津 ---------------------------- 124
  寺町界隈／前野良沢／大江医家史料館／福沢諭吉旧居／中津城／福沢諭吉／中津市歴史民俗資料館／村上医家史料館／自性寺／薦神社／中津の民俗芸能

水郷日田と各地の山郷

❶ 天領日田を歩く ------138
咸宜園跡／長生園／豆田町／広瀬淡窓／日本丸館／永山城跡／吹上遺跡と小迫辻原遺跡／慈眼山／大原八幡宮／隈町／石人／大蔵永常／ガランドヤ古墳／法恩寺山古墳群／岳林寺と日田市立郷土資料館／石坂石畳道／井上準之助／行徳家住宅／明治・大正時代の発電史

❷ 山郷をめぐる ------156
津江山系自然公園／伝来寺庭園／大野老松天満社旧本殿／小鹿田焼／旧矢羽田家住宅／高塚地蔵尊

❸ 耶馬を訪ねて，耶馬渓 ------161
耶馬渓橋／青の洞門／耶馬渓風物館／耶馬渓鉄道／羅漢寺

❹ 玖珠川流域から久住山系へ ------165
角埋陣屋跡／鬼ヶ城古墳／久留島武彦／伐株山／大分の中世城館／瑞巌寺磨崖仏／宝八幡宮国東塔と下辻異形国東塔／白鳥神社と千町無田／朝日長者伝説

もくじ

❺ 大分川の流れとともに ---------- 174
　由布院キリシタン墓群／旧日野医院／川廻墓地の宝塔および五輪塔群／油屋熊八／龍祥寺

あまべの里と奥豊後

❶ 臼津地域を歩く ---------- 182
　臼杵城跡／龍原寺／豊後黄飯ときらすまめし／臼杵石仏／野上弥生子／黒島／大分の「石の文化」／磨崖クルス（十字架）／吉四六さん／水地の九重塔／虹潤橋／大友宗麟の墓／保戸島

❷ 佐伯をめぐる ---------- 192
　佐伯城跡（城山）／干鰯／養賢寺／佐伯市平和祈念館やわらぎ／上岡の十三重の塔／上小倉磨崖仏塔／神内釈迦堂石幢／重岡キリシタン墓／豊後二見ヶ浦／長宗我部の墓／養福寺の魚鱗塔／王子神社

❸ 国道57号線の周辺 ---------- 203
　波乗り地蔵尊／犬飼磨崖仏／大聖寺／大迫磨崖仏／平尾社鳥居／勝光寺／柴山のひょうたん祭り／長寿庵五輪塔／神角寺／朝倉文夫記念公園／普光寺磨崖仏

❹ 城下町竹田と久住高原 ---------- 215
　扇森稲荷神社と七ツ森古墳群／城原八幡社／佐藤義美／御客屋敷／歴史の道／滝廉太郎記念館／旧竹田荘／滝廉太郎／キリシタン洞窟礼拝堂／田能村竹田／岡城跡／荻神社／岩戸橋／原のキリシタン墓碑／長湯線彫磨崖仏／西法寺跡宝塔／長湯温泉／猪鹿狼寺／納池公園／久住連山

❺ 大野川流域をたどる ---------- 232
　緒方三郎惟栄館跡／緒方三郎惟栄／緒方宮迫東石仏と緒方宮迫西石仏／尾平鉱山跡／尾崎の石風呂／岩戸遺跡／宝生寺／石源寺石仏／内山観音／真名野長者伝説／吉祥寺大威徳明王像／菅尾石仏

あとがき／大分県のあゆみ／地域の概観／文化財公開施設／無形民俗文化財／おもな祭り／有形民俗文化財／無形文化財／重要伝統的建造物群保存地区／重要文化的景観／日本遺産／散歩便利帳／参考文献／年表／索引

もくじ

[本書の利用にあたって]

1. 散歩モデルコースで使われているおもな記号は，つぎのとおりです。なお，数字は所要時間（分）をあらわします。
   - ················· 電車
   - ═══════════ 地下鉄
   - ──────── バス
   - ▬▬▬▬▬▬▬ 車
   - ------------ 徒歩
   - 〜〜〜〜〜〜〜 船

2. 本文で使われているおもな記号は，つぎのとおりです。
   - 🚶 徒歩
   - 🚌 バス
   - ✈ 飛行機
   - 🚗 車
   - ⛴ 船
   - P 駐車場あり

   〈M▶P.○○〉は，地図の該当ページを示します。

3. 各項目の後ろにある丸数字は，章の地図上の丸数字に対応します。

4. 本文中のおもな文化財の区別は，つぎのとおりです。
   国指定重要文化財＝（国重文），国指定史跡＝（国史跡），国指定天然記念物＝（国天然），国指定名勝＝（国名勝），国指定重要有形民俗文化財・国指定重要無形民俗文化財＝（国民俗），国登録有形文化財＝（国登録）
   都道府県もこれに準じています。

5. コラムのマークは，つぎのとおりです。

泊	歴史的な宿	憩	名湯	食	飲む・食べる
み	土産	作	作る	体	体験する
祭	祭り	行	民俗行事	芸	民俗芸能
人	人物	伝	伝説	産	伝統産業
‼	そのほか				

6. 本書掲載のデータは，2017年3月末日現在のものです。今後変更になる場合もありますので，事前にお確かめください。

県都大分と別府湾沿岸

Ōita
Beppu

上空からみた大友氏遺跡

竹瓦温泉

◎県都大分と別府湾沿岸散歩モデルコース

1. JR日豊本線大分駅_5_大分銀行赤レンガ館_5_府内城跡_3_遊歩公園_10_万寿寺_5_大智寺_5_デウス堂跡_10_大友氏遺跡_20_JR大分駅

2. JR日豊本線大分駅_15_元町石仏_3_岩屋寺石仏_3_円寿寺_5_大友屋形跡_5_金剛宝戒寺_5_弥栄神社_10_上野遺跡群（大分市美術館）_10_JR大分駅

3. JR日豊本線大分駅_15_神宮寺浦_3_春日神社_5_王子神社_10_浄土寺_30_柞原八幡宮_10_大山寺_30_JR大分駅

4. JR日豊本線大分駅_30_亀塚古墳_10_千代丸古墳_10_賀来神社_5_史跡公園豊後国分寺跡_3_大分市歴史資料館_30_JR大分駅

5. JR日豊本線鶴崎駅_10_鶴崎御茶屋跡_5_毛利空桑記念館（知来館・天勝堂）_2_法心寺_15_脇蘭室の墓_10_JR鶴崎駅

6. JR日豊本線別府駅_20_竹瓦温泉_10_JR別府駅_20_京都大学地球熱学研究

2 県都大分と別府湾沿岸

施設 _10_ 吉祥寺開山塔 _30_ 石垣原古戦場跡 _40_ JR別府駅 _5_ JR日豊本線別府大学駅 _10_ 鬼の岩屋古墳 _15_ 竈門氏墓地古塔群 _20_ JR別府駅

7. JR日豊本線暘谷駅 _10_ 帆足本家酒造蔵 _5_ 松屋寺 _2_ 龍泉寺 _10_ 政道館 _5_ 暘谷城跡 _10_ JR暘谷駅

8. JR日豊本線杵築駅 _10_ 杵築城 _15_ 勘定場の坂 _3_ 磯矢邸 _1_ 藩校の門 _2_ 大原邸 _1_ 酢屋の坂 _1_ 志保屋の坂 _1_ きつき城下町資料館 _15_ JR杵築駅

① 大友宗麟公像
② 大分銀行赤レンガ館（旧二十三銀行本店・旧府内会館）
③ 府内城跡
④ 遊歩公園
⑤ 万寿寺
⑥ 大友氏遺跡
⑦ 元町石仏
⑧ 岩屋寺石仏
⑨ 円寿寺
⑩ 大友屋形跡
⑪ 金剛宝院跡
⑫ 弥栄神社
⑬ 大分市美術館
⑭ 春日神社
⑮ 松平忠直公廟
⑯ 杵原八幡宮
⑰ 古宮古墳
⑱ 高崎山・高崎山城跡
⑲ 王殿古墳
⑳ 千代丸古墳
㉑ 豊後国分寺跡
㉒ 毛利空桑旧宅・塾跡
㉓ 臨瀾堂墓
㉔ 亀塚古墳
㉕ 高瀬石仏
㉖ 戸次磨崖仏
㉗ 今市石畳道
㉘ 後藤家住宅
㉙ 松平忠直居館跡
㉚ 滝尾百穴横穴古墳群
㉛ 石垣山古墳
㉜ 曲石仏
㉝ 西寒多神社・万年橋
㉝ 戸次本町・帆足本家酒造蔵
㉞ 長宗我部信親墓
㉟ 竹瓦温泉
㊱ 京都大学地球熱学研究施設
㊲ 吉祥寺開山塔
㊳ 石垣原古戦場跡
㊴ 鬼の岩屋古墳
㊵ 火男火売神社
㊶ 竈門氏墓地古塔群
㊷ 松屋寺
㊸ 政道館
㊹ 暘谷城跡
㊺ 杵築城
㊻ 大原邸
㊼ きつき城下町資料館
㊽ 小熊山古墳・御塔山古墳
㊾ 多賀宮
㊿ 倉成磨崖仏
㊀ 龍蓮寺国東塔
㊁ 石丸国東塔
㊂ 田原家五重塔
㊃ 西専寺
㊄ 田原家八幡塚
㊅ 財前家墓地

府内城下町と大友氏遺跡，上野丘周辺

大分市街地には，古刹や古代から近代の文化財が混在しており，近年は中世の大友氏遺跡の発掘・整備が進んでいる。

大友宗麟公像 ❶
097-537-5626（大分市商工部観光課）

〈M▶P.2,8〉大分市要町
JR日豊本線大分駅🚶1分

キリシタン大名が出迎えてくれる

大分駅の正面に，大友宗麟公像（富永直樹作）が駅に向かって立っている。戦国大名大友義鎮（宗麟）は，1530（享禄3）年，豊後国の守護大名大友義鑑の長子として生まれ，豊後を拠点に，北部九州を支配した。また，キリシタン大名としてもその名が知られている。

1551（天文20）年，宗麟が山口に滞在中のフランシスコ・ザビエルを招いて，豊後におけるキリスト教布教が始まった。大友氏の保護や，1578（天正6）年の宗麟の改宗と彼の篤い信仰によって，布教は進展していった。

大友宗麟公像

そして，来日したイエズス会の巡察師ヴァリニャーニのすすめで，1582年に九州のキリシタン大名が，少年使節をヨーロッパに派遣した（天正遣欧使節）。宗麟が少年使節の派遣を知ったのは事後のことである。この像は，使節派遣400周年を記念して，1982（昭和57）年に建てられた。

大分銀行赤レンガ館（旧二十三銀行本店・旧府内会館）❷
097-538-7617（大分銀行総合企画部広報調査グループ）

〈M▶P.2,8〉大分市府内町2-2-1 🅿
JR日豊本線大分駅🚶5分

近代化遺産の赤レンガ

大分駅から北に延びる中央通りを約500m進むと，右手に大分銀行赤レンガ館（国登録）がある。大分市に残る唯一の明治時代の洋風建築物である。1877（明治10）年に第二十三国立銀行が開業し，10年後に二十三銀行となった。その本店として，辰野金吾・片岡安の

大友義鎮(宗麟)

コラム

北部九州の覇者・日本におけるキリスト教の父

　大友義鎮は，戦国時代の武将でキリシタン大名。幼名塩法師。初め義鎮，入道して宗麟と号する。1530(享禄3)年に大友氏第20代の義鑑の嫡子として生まれたが，母については，大内義興の女など，諸説ある。1550(天文19)年2月に，家督相続をめぐる二階崩れの変で，父義鑑が横死したことにより，家督を継承し，1556(弘治2)年までの間に，領国内の反対勢力を粛清し，政権を確立した。

　1551(天文20)年に，山口よりイエズス会宣教師フランシスコ・ザビエルを府内(現，大分市)に招き，キリスト教の布教を許可し，積極的に保護した。

　1559(永禄2)年，九州に進出してきた毛利軍と門司城(福岡県北九州市)で合戦が始まった。1562年には大徳寺瑞峯院の怡雲宗悦を戒師として出家し，宗麟と号する。これより前に臼杵(現，臼杵市)に丹生島城を築城し，府内より移住した。

　1571(元亀2)年に毛利元就の病死により，毛利軍が九州から撤退したため，義鎮の北部九州における支配体制が本格化する。義鎮は，豊後，筑前・筑後(ともに現，福岡県)・肥後(現，熊本県)・肥前(現，佐賀県・長崎県の大部分)・豊前(現，福岡県東部・大分県北部)6カ国の守護職を所有していたが，宣教師の報告書などによると，肥前をのぞく5カ国を支配していたと伝えられている。

　1573年頃に家督を嫡男義統に譲るが，後見となり，父子による共同統治の体制をとった。

　1578(天正6)年には，臼杵の教会で洗礼を受け，ザビエルにちなんでフランシスコの霊名を望んだ。キリスト教理想国家の建設を目指して日向(現，宮崎県)に兵を進めるが，高城(現，宮崎県都城市)で島津軍に大敗を喫し，以後，領国は衰退に向かう。

　1580年頃より，義鎮は俗人司祭として領国内の教会やイエズス会施設をめぐり，地域において集団改宗が行われ，宣教師たちの活動を側面から支援し，布教の発展に尽力した。

　当時，豊後にいたイエズス会巡察師ヴァリニャーニは，臼杵にノビシヤド(修練院)，府内にコレジオ(学院)を開設した。

　1586年に，北上する島津軍が豊後に侵攻し，義鎮は上坂して豊臣秀吉に救援を求め，翌年，秀吉の九州征討が行われ，島津軍は撤退した。その直後，隠棲先の津久見(現，津久見市)で病死した。

設計により，1910年に着工，佐伯與之吉によって建造が進められ，1913(大正2)年に竣工した。1927(昭和2)年には大分銀行と合併し，大分合同銀行の本店となった。

府内城下町と大友氏遺跡，上野丘周辺

大分銀行赤レンガ館

　1945年の第二次世界大戦による戦災で、外壁を残して焼失したが、外観はほぼ創建時に近い状態に、内部も創建時に近づける形で、1949年に修復された。1953年に大分銀行と改称され、1966年に大分銀行本店が新築されるにともなって、府内会館として利用されるようになり、銀行業務はなくなった。しかし1993（平成5）年に、再び内部を中心に改修を行い、支店として銀行業務を再開するとともに、一部がギャラリーとして利用されている。

　大分銀行赤レンガ館より北へ5分ほど歩くと、左側に昭和時代初期に建造された旧大分県農工銀行（現、みずほ銀行大分支店）がみえる。外観に装飾的な要素が少ないが、内部のアールデコ調の装飾が特徴的である。

府内城跡 ❸

097-537-5626（大分市商工部観光課）

〈M▶P.2,8〉大分市荷揚町4
JR日豊本線大分駅🚶10分、または大分駅🚌鶴崎方面行合同新聞社前🚶1分

城主の変遷をみつめ続ける

　大分駅から中央通りを500mほど北に進み、大分銀行本店前の昭和通り交差点を右折して昭和通りを3分ほど歩くと、左手に府内城跡がみえてくる。堀・土塀・天守台・宗門櫓・人質櫓が県指定史跡で、県指定をのぞく府内城地は、大分市の指定史跡とされている。府内城はその姿から白雉城ともいわれ、また地名により、荷揚城ともよばれている。「荷揚」の地は、かつては荷落ろしの場所で、「荷落」とよばれていたが、「落」の字をきらって、「揚」の字に改めたといわれている。

　1593（文禄2）年の大友義統の除国によって、豊後の支配体制は大きく変動した。まず豊臣方の武将たちが、大名兼太閤蔵入地の代官として豊後に入り、府内には早川長敏が入った。以後、現在の大分市・由布市域の多くを支配する府内藩主は、目まぐるしくかわって

府内城跡

いった。

　早川長敏は、短い在任期間ののち木付(杵築)に移され、1597(慶長2)年に、石田三成の妹婿福原直高が臼杵(現、臼杵市)から府内に入り(領地高は臼杵6万石と大分・速見・玖珠郡の6万石をあわせて12万石)、府内城の築城が始められた。府内に入るにあたって直高は、豊臣秀吉から「豊府ハ国中ノ咽喉也、汝要害ヲ見立改築スベキ」と命じられた。北を海に面する大分川河畔の「荷落」を城地に選び、大石を運ばせ、用材は領内のほか、土佐(現、高知県)にも求めたという。

　在任中に一応の完成はみたものの、慶長の役(1597〜98年)の際に、軍監として不手際があったとされ、領地を没収された。ついで木付城主早川長敏が再度入封したが、関ヶ原の戦い(1600年)で西軍についたため、除封された。跡を継いだのが竹中重利で、城の増築工事を進め、熊本藩(現、熊本県の大部分と大分県の一部)の加藤清正に石垣築造の援助を受け、1602年に4層の天守閣を含む城の全容が完成した。さらに城下町の建設も推進し、東西約1.1km・南北約1kmの府内城下町ができていった。

　元禄年間(1688〜1704)に、豊前(現、福岡県東部・大分県北部)・豊後を旅した貝原益軒は、府内の町を「すこぶる広し」と評している。府内城と城下町は、内堀・中堀・外堀の3つの堀に囲まれていた。内堀は往時の景観を偲ぶことができ、外堀は通りの名に、その名残りをとどめている。

　竹中重利の子重義は、1629(寛永6)年から長崎奉行をつとめた。しかし、在任中の不正により改易となり、日根野吉明が府内に入封した。領地高は2万石であった。吉明は柞原八幡宮の浜の市を再興し、また、初瀬井路(灌漑用水路)を建設するなどの善政をしいたが、跡継ぎがなかったため、日根野家は1代で断絶した。そして1658(万治元)年に、松平(大給)忠昭が藩主になってからは安定し、

大分市中心部の史跡

1871(明治4)年の廃藩置県まで、松平氏が10代にわたって府内藩を治めた。

この間、府内城は1743(寛保3)年の大火によって、天守閣や建造物の多くを焼失し、その後、天守閣は再建されなかった。明治時代になってからは城地内に大分県庁がおかれ、県政の中心地となった。1945(昭和20)年7月の大分空襲によって、南西角櫓など5櫓を焼失した。現在は、焼失した5櫓などが復元・整備され、城址公園として市民の憩いの場となっている。

府内城跡の堀を隔てた北側に、松栄神社(祭神松平近正・松平一生)がある。松栄神社が現在建てられている場所は、もとは府内城の山里丸であった。府内藩主松平近儔が、山里丸にあった神祠を牧(現、大分市)の松栄山に遷し、松平氏の祖近正を近正大明神と称

してまつったのが始まりで，のちに子の一生も合祀して栖克大名神とし，松平氏の氏神にしたという。

1869(明治2)年松栄神社と改称し，1885年に堀川町(現，都町2・3丁目，千代町4丁目)に，1900年に現在地に遷された。1995(平成7)年には，二の丸と山里丸を結ぶ橋が復元された。

府内城西門の正面には，大分市出身の建築家磯崎新の初期の設計になる，旧大分県立図書館がある。現在はアートプラザとして，磯崎建築を紹介するとともに，ギャラリーとして利用されている。

遊歩公園 ④
097-537-5638(大分市都市計画部公園緑地課)
097-537-5626(大分市商工部観光課)

〈M▶P.2,8〉大分市大手町
JR日豊本線大分駅🚶10分，または大分駅🚌鶴崎方面行合同新聞社前🚶1分

歴史人物像を散策する

府内城の大手門を出ると，南へ延びる道路がある。その中央部が遊歩公園である。遊歩公園右手の大手公園入口に，フランシスコ・ザビエル像があり，遊歩公園を挟んだ反対側に，西洋音楽発祥記念碑が建てられている。また遊歩公園にも，キリスト教の布教を語る記念像・記念碑がある。伊東マンショ像・西洋医術発祥記念像・西洋劇発祥記念碑・育児院と牛乳の記念碑などで，キリスト教文化の伝来と発展を伝える。

大友氏の保護によってキリスト教は広まっていったが，禁教後は，長崎と並んで厳しいキリシタン弾圧に遭った。弾圧が激しかった地域の1つである葛木(現，

フランシスコ・ザビエル像(大手公園)

伊東マンショ像(遊歩公園)

府内城下町と大友氏遺跡，上野丘周辺

大分市葛木)には，キリシタン殉教記念公園があり，公園の奥に殉教記念碑が建てられている。殉教記念公園へは，明野経由鶴崎行きのバスを利用し，大分駅から30分ほどで行ける。

このほか遊歩公園には，瀧廉太郎終焉の地碑と大分県出身の彫刻家朝倉文夫が制作した瀧廉太郎君像が建てられている。作曲家滝廉太郎は将来を嘱望されてドイツに留学したが，病気のため帰国し，自家のあった当時稲荷町とよばれたこの地で，23歳10カ月で没している。

万寿寺 ❺
097-532-5330

〈M▶P.2,8〉大分市金池町5-4-2
JR日豊本線大分駅🚶10分，または大分駅🚌明野・戸次方面行顕徳町・盲学校前🚶5分

中世の古刹 大友氏の菩提寺

遊歩公園の南端近くにある陸橋手前を左折し，最初の信号を右折して150mほど進むと，左手に蔣山万寿寺(臨済宗)がある。国道10号線の顕徳町・盲学校前バス停からは，北東に徒歩5分ぐらいの所に位置する。万寿寺は1306(徳治元)年に，大友氏5代貞親によって創建され，博多承天寺(臨済宗，福岡市)の直翁智侃禅師開山と伝わるが，貞親が古寺を再興したという伝承もある。かつては，現在地より東南の大分川沿いの元町に，広大な寺域をもっていた。大友

万寿寺

山弥長者逆修塔(大智寺)

豊後のキリスト教

コラム

日本の布教区三地域の1つ

　イエズス会宣教師フランシスコ・ザビエルが来豊した翌1552（天文21）年、ザビエルの指示を受けた宣教師ガゴが豊後を訪れて布教を開始し、1553年府内に教会が建てられた。そして1556（弘治2）年に、イエズス会日本布教長のトルレスが、山口の戦禍を逃れて府内に居住したことにより、府内は日本布教の中心地となった。

　1555（弘治元）年に来豊したポルトガル商人で、外科医の資格をもつアルメイダは、牛乳で子どもを育てる育児院を設け、続いて1557年には、府内病院を設立して、日本で初めて、西洋医術による手術を行った。同年のクリスマス・イブには、府内で西洋音楽が演奏され、1560（永禄3）年には、西洋劇も上演された。

　さらにカブラルや『日本史』の著者ルイス・フロイスが来豊し、布教を進展させていった。

　来日した宣教師たちは、布教の成果を報告し、豊後府内の名は、ヨーロッパのカトリック世界に紹介されていった。

　トルレスの跡を継いだカブラルは、1575（天正3）年に大友親家（宗麟の2男）に授洗し、1578年には臼杵（現、臼杵市）の教会で、大友宗麟も洗礼を受けた。

　1580年には、日本の布教区が下（西九州一帯）・都（京都）・豊後の3つの地域に分けられ、豊後はキリスト教を広めるうえで、もっとも大切な地域の1つとして位置づけられ、教育機関のコレジオ（学院）が府内に、ノビシヤド（修練院）が臼杵に設けられた。

　1582年に派遣された天正遣欧使節団の正使に伊東マンショが選ばれたのは、マンショが大友宗麟の遠縁（宗麟の姪が嫁いだ日向国飫肥城〈宮崎県日南市〉主伊東義益の甥）であったためと考えられる。

氏の庇護を受けて栄え、建武年間（1334〜38）には、五山十刹の十刹に列せられたが、1586（天正14）〜87年の豊薩合戦で焼失した。その後、江戸時代初期になって府内藩（現、大分市・由布市）初代藩主竹中重利により、現在地に再建された。

　境内には、鎌倉時代のものと推定されている石造国東塔がある。墓地の大木の下に滝家の墓があり、墓の横には、その死を悼んだ瀧廉太郎君碑が、東京音楽学校（現、東京芸術大学）の同窓生によって建てられていた。しかし、2011（平成23）年に墓・碑ともに日出町に移されている。

　万寿寺の西側の門を出て、南に2分ほど歩くと、大智寺（臨済宗）

がある。国道10号線の顕徳町・盲学校前バス停からは，北東に約3分である。境内に，山弥長者逆修塔がある。貝原益軒の『豊国紀行』に，守田三弥(山弥長者)が日向(現，宮崎県)で鉱山を営んで「大富人」となり，府内に美麗な邸宅を構えたが，府内藩主日根野吉明から，日根野に無礼があったとして処罰され，財産を没収されたと紹介されている。

大智寺から南へ進み，国道10号線を越えて20mほど進んで右折し，30mほど行った所に，デウス堂跡碑が建てられている。1553(天文22)年に，府内に建てられた教会がデウス堂で，「戦国時代府内絵図」に「キリシタンノコトダイウスドウケントク寺」と描かれた，その比定地である。

大友氏遺跡 ❻
097-537-5626(大分市商工部観光課)

〈M▶P.2,8〉大分市顕徳町3
JR日豊本線大分駅🚶15分，または大分駅🚌明野・戸次方面行顕徳町・盲学校前🚶5分

万寿寺から国道10号線を越えて南へ5分ほど歩くと，大友氏遺跡(国史跡)がある。デウス堂跡碑からは，東南に約5分である。大分駅からは，日豊本線沿いに東に歩いても行ける。大友館跡は一辺約200mの方形で，1998(平成10)年から始まった発掘調査で，館跡の南東部分に東西83.6m・南北16m以上の庭園跡が発見された。池庭には，凝灰岩や安山岩製の庭石がおかれ，周辺には，マツなどの樹木が植えられていたことが確認されている。その後の調査で，中心部に寝殿造風の主殿があったと想定されている。京都の「花の御所(室町幕府将軍邸)」に倣って，館が造営されたとみられている。

大友館跡を中心とする中世の豊後府内町跡は，大分川左岸の自然堤防上に築かれた都市で，16世紀後半の大友宗麟の代には，南北約2.2km・東西約0.7kmに，約5000戸の人びとが居住していたと推測されている。

豊後府内町跡は，発掘・史跡整備が進行中で，遺跡からは，中国・朝鮮半島・タイ・ミャンマー・ベトナム産の陶磁器などが多数出土している。また，イエス像と聖母子像を表裏に描いたメダイ(メダル)や，コンタ(ロザリオの珠)などのキリシタン関係遺物も発見されている。2005(平成17)年には，菩提寺であった旧万寿寺跡を

中心とする地区も国史跡に追加指定され，指定名称が「大友氏遺跡」に変更された。旧万寿寺は，日豊本線の南側の南北300m・東西200mの広大な寺院であった。

元町石仏 ❼
097-537-5639（大分市教育総務部文化財課）
097-537-5626（大分市商工部観光課）

〈M▶P.2,8〉大分市元町2-25 [P]
JR日豊本線大分駅🚌戸次方面行元町🚶8分🚗10分

上野の丘陵から大分川をみつめる

　顕徳町の大友氏遺跡から国道10号線沿いに南に進むと，元町に渡るJR久大本線踏切の50mほど手前に，蒋ヶ池と大友氏10代親世の墓がある。大友親世は南北朝時代の武将で，九州探題今川貞世（了俊）の九州における室町幕府権力の確立に貢献した。墓は，明治時代に再建されたものである。

　踏切を渡って左に300mほど進むと，右手の丘にのぼる坂道がある。右手の丘が，前方後円墳の大臣塚古墳である。大臣塚という名称は，地元に伝わる百合若大臣の伝説にちなむという。

　百合若大臣は強弓の者として知られていた。妃の春日姫が家臣にだまされて危機に陥った。そのとき万寿という娘が妃を助けるために身代わりとなって身を投げたのが蒋ヶ池で，その万寿のために建立したのが蒋山万寿寺であるという。

　大臣塚古墳は，江戸時代に風水害に遭い，復旧した際に石棺が発見され，人骨・刀・甲冑などがみつかったと伝えられている。古墳上には，府内藩主日根野吉明が建立した碑が立っている。

　上野丘の史跡と道の分岐点の各所には，「歴史の散歩道」の標識が設置されており，近隣の史跡への道筋と距離を表示している。

　大臣塚古墳をくだり，きた道へ戻って西へ約200m進むと，右手に大分元町石仏（国史跡）がある。古代，この元町付近は「勝津留」とよばれ，宇佐神宮（宇佐市）の社領であった。元町石仏は，上野丘台地の東端の崖，凝灰岩の岩肌に彫られており，「岩

元町石仏

府内城下町と大友氏遺跡，上野丘周辺　13

薬師」ともよばれている。敏達天皇の時代に、百済から来朝した日羅の作、あるいは仁聞の作とも伝えられているが、作風により12世紀末の造像と推定されている。大分市を代表する磨崖仏の1つで、1934(昭和9)年に国の指定史跡となった。

元町石仏は、覆堂の中に収められ、中央に薬師如来坐像、向かって右に毘沙門天立像を挟んで、その妻子とされる善膩師童子と吉祥天像が左右に、左に不動明王を挟んで、左右に矜羯羅・制吒迦の2童子像が刻まれている。中心となる薬師如来坐像は像高約3mで、肉髻は高く、丸い顔面に弓状の眉と切れ長の目、体部の肉付きも穏やかで、定朝様の伝統を踏襲しているといわれる。覆堂の外、向かって右側には、風化しているが、2組の三尊形式の造像が残されている。

岩屋寺石仏 ❽
097-537-5639(大分市教育総務部文化財課)
097-537-5626(大分市商工部観光課)

〈M▶P.2,8〉大分市古国府1-4
JR日豊本線大分駅🚌上野行終点🚶10分、
または大分駅🚌古国府循環岩屋寺🚶1分

傷ついた17軀の磨崖仏

元町石仏から久大本線沿いに歩いて西へ200mほど行くと、岩屋寺石仏(県史跡)がある。岩屋寺石仏は、平安時代後期の制作とみられる17軀の磨崖仏からなる。中央には、如来坐像と思われる像があり、向かって右側には、右端の十一面観音菩薩立像など6軀が彫られ、左側には、右端の不動明王像など10軀が刻まれている。国の指定史跡であったが、損傷が激しいため県の指定史跡となった。

右手の崖には、小さな仏像を収めていた千仏龕がある。十一面観音菩薩立像右側壁の下部にある小穴に、「天文十五(1546)年七月」と刻まれている。この紀年銘は、石仏の覆屋を修理したときのものと考えられている。

岩屋寺石仏

円寿寺 ❾
097-543-9430

〈M▶P.2, 8〉大分市上野丘西23-19
JR日豊本線大分駅🚍上野行終点🚶5分

大友貞親建立の古刹

　岩屋寺石仏から上野への坂を1分ほどのぼると，左手に総社山円寿寺（天台宗）がある。寺伝によると，百済の日羅の開基で，古くは岩屋寺石仏を境内にもつ岩屋寺であったという。1305（嘉元3）年，大友貞親が延暦寺（現，滋賀県大津市）から道勇を招いて中興の祖とし，翌々年，大友貞宗が現在地に移し，総社山円寿寺と改めた。総社山の山号は，同所に豊後国の総社があったことからつけたと伝えられている。大友氏の菩提寺・祈願所として保護され，広大な寺領も与えられたという。

　寺宝として，絹本著色柿本人麿図・紙本著色厩図六曲屏風（県文化）のほか，円寿寺相伝文書及び大友資料などの古文書を所蔵し，境内に資料室がある。

　境内の南側には，府内藩主日根野吉明の霊廟がある。霊廟は，釘を1本も使っていないという。日根野吉明は初瀬井路を開き，農地を灌漑した。今も井路の恩恵を受けた農家が，3合ずつ回向米を出し，毎年3月26日の吉明の忌日に代表者が集まり，法要を営んでいる。

円寿寺

大友屋形跡 ❿
097-537-5626（大分市商工部観光課）

〈M▶P.2, 8〉大分市上野丘西10（屋形碑）
JR日豊本線大分駅🚍上野行終点🚶1分

二階崩れの変は、ここでおきたか

　上野バス停から北方に天満宮の鳥居がみえ，その奥が小高い丘になっている。鳥居をくぐって階段をあがると，西山城大友屋形跡の碑と天満宮がある。この丘の北側一帯が大友屋形跡（上ノ原館）で，かつては「御屋敷」とよばれていた。

　屋形は，台地上に自然の地形を利用してつくられている。屋形の東と北は崖地となっており，北斜面は20m近くの段差がある。土塁跡と空堀跡も確認され，碑と天満宮がある小高い丘は，屋形の南側

西山城大友屋形跡碑

の土塁跡の一部である。土塁の内側の主郭（しゅかく）は、東西約80m・南北約100mの規模で、北西部には、東西約30m・南北約40mの張り出した部分もある。

屋形の築造年代は不明であるが、大友氏3代頼泰（よりやす）が豊後へ定住したことにともなって、13世紀後半には築造され、しだいに整備されていったと推測されている。1550（天文19）年に、宗麟の父義鑑が殺害された二階（にかい）崩れの変（くず）は、この大友屋形でおこったと伝えられている。

　上野丘の史跡を散歩する場合、ここから大臣塚・元町石仏・岩屋寺石仏・円寿寺をめぐってここへ戻り、金剛宝戒寺（こんごうほうかいじ）へと向かうのもよい。大臣塚へは、鳥居前の道を東へ進み、そのまま東へ向かう細い路地に入って行けば、左手に大臣塚があり、坂をくだって右手に進めば、元町石仏の前に出る。

金剛宝戒寺（こんごうほうかいじ） ⓫
097-544-3804

〈M▶P.2,8〉大分市上野丘2-8
JR日豊本線大分駅🚌上野行上野丘高校前🚶3分

上野の丘の古刹

　上野丘高校前バス停から西へ100m余り進むと、清龍山（せいりゅうざん）金剛宝戒寺（しんごん）（真言宗）の大日堂（だいにちどう）がみえてくる。727（神亀4）年に聖武天皇（しょうむ）によって創建され、初めは荏隈郷（えのくまごう）（現、大分市荏隈）にあり、行基（ぎょうき）が開基になったと伝えられている。西大寺（さいだいじ）（現、奈良市）の末寺（まつじ）として律（りつ）宗の霊場となったが、たびたびの水害で荒廃したため、1307（徳治2）年に、大友貞宗が現在地に移して再建したという。そのため、この寺の付近を律院村（りちんむら）といった。

　大日堂には、木造大日如来坐像（国重文）が安置されている。ヒノキの寄木造（よせぎづくり）で、像高は約3mである。左胸部（ぶ）には、「金剛仏師興尊（そん）」の名と「文保二（1318）年十二月」の紀年銘（ほつがんしゅ）があり、像の発願主が西大寺叡尊（えいそん）の高弟で、金剛宝戒寺中興の祖興尊であったことが推測される。如来像後頭部の墨書には、「南都（なんと）興福寺（こうふくじ）大仏師法眼（ほうげん）康

金剛宝戒寺大日堂

俊」や「康盛」の名があることから、鎌倉時代末期から南北朝時代を代表する仏師康俊の作とわかる。大日堂は大晦日に開帳され、檀家や近隣の人びとが参詣する。

　大日堂の横を進むと山門があり、1640(寛永17)年に府内藩主日根野吉明が再建したものという。山門の手前左には、「画聖雪舟　天開図画楼跡」の記念碑が建てられている。雪舟は、1476(文明8)年に大分の小高い風光絶景の地に、天開図画楼を建てて制作活動を行い、「鎮田瀑図」(沈堕の滝)などを描いた。

　金剛宝戒寺は大日如来像のほかに、木造不動明王坐像・木造釈迦如来立像・木造聖徳太子立像(いずれも県文化)など、寺の歴史を物語る貴重な文化財を多く所蔵している。

弥栄神社 ⓬

〈M▶P.2, 8〉大分市上野南
JR久大本線古国府駅🚶10分

祇園の山車の車輪が残る

　金剛宝戒寺の南西に、弥栄神社(祭神素戔嗚尊・大己貴命・稲田姫命)がある。金剛宝戒寺から弥栄神社に行くには、2通りの行き方がある。1つは大日堂前の道を北へ進み、最初の十字路を左折して、上野墓地公園の百段階段の下に出る。さらに左折して進むと、100mほどで着く。百段階段までの途中の三差路を右折すると、50m先の右手に、大分県の近代化遺産の1つに挙げられる、旧大分水電株式会社大分変電所(現、九州電力上野変電所)がある。もう1つの行き方は、大日堂前の道を南に進み、大分上野丘高校のグラウンド沿いを西へ約100m進むと、正面左側に弥栄神社がみえる。

　弥栄神社は、771(宝亀2)年に疫病の災厄をのがれるため、岩屋寺境内に創建されたのが始まりで、大友氏が京都祇園社を分祀したという。大友氏改易後、府内藩主の竹中重義が1617(元和3)年に、現在地に移転を命じて翌年落成、遷宮した。さらに、1636(寛永13)年には、松平忠直(一伯)が府内藩主日根野氏に社殿を寄進した。

府内城下町と大友氏遺跡、上野丘周辺

1656(明暦2)年には祭礼が許され，京都の祇園会に倣って山鉾が出た。神社には時代は不明だが，山車の車輪と軸が残っている。神社は上野丘台地に鎮座するが，氏子は台地の南下にあたる古国府地域の人びとが中心である。弥栄神社の東，大分上野丘高校のグラウンド南側には，平安時代初期に創建されたという社伝をもつ松坂神社(祭神 武内宿禰命)がある。弥栄神社からは1分ほどで行ける。

大分市美術館 ❸
097-554-5800
〈M▶P.2,8〉大分市上野865
JR日豊本線大分駅🚶20分

美術館の敷地内に県内唯一の祭祀遺跡

　弥栄神社から北へ約300m進むと，上野墓地公園入口の三差路に出る。墓地公園の外側をめぐる道を進んで行くと，大分市美術館がある。大分市美術館へは百段階段をのぼって，墓地公園内を通っても行くことができる。

　大分市美術館の敷地内には，上野遺跡群が整備されている。上野遺跡群の中に，弥生時代中期の隅丸方形周溝遺構がある。規模は約10m×7mで，溝からは鉄製鉋や祭祀に用いたとみられる土器が多数出土している。溝の内側には，建物の跡と考えられる遺構もあり，大分県内唯一の祭祀遺跡と推測されている。

　大分市美術館には，戸次の帆足家に伝来した田能村竹田関係資料(国重文)が収められている。

　大分市美術館の東端にある，南太平寺方面へ南下する道を1分ほどくだり，最初の分岐点を左に進むと，地元で「伽藍様」とよばれる小さな社があり，その正面の崖に3つの小さな龕が掘られ，伽藍石仏が彫られている。鎌倉時代から室町時代頃につくられたと推測されている南太平寺磨崖仏である。向かって右側の龕の左に菩薩形立像，右に不動明王立像が彫られ，龕の奥壁に，阿弥陀如来坐像が彫り出されており，部分的ではあるが，彩色が残っている。中央の龕には，風化は激しいが，阿弥陀如来像とみられる像が彫られている。左側の龕内に，さらに小さな龕が掘られているが，像は失われている。南太平寺磨崖仏には，JR久大本線古国府駅から線路沿いに歩き，南太平寺から坂道をのぼっても行くことができる。

春日の森から柞原の森へ

寺社は，時の権力者から崇敬・信仰され，保護を受けた。柞原八幡宮には，社宝として多くの文化財が残されている。

春日神社 ⑭
097-532-5638

〈M▶P.3, 19〉 大分市勢家4-6-87 P
JR日豊本線大分駅🚌別府方面行春日浦🚶3分

　春日浦バス停の横に神宮寺浦公園があり，大友宗麟像と神宮寺浦南蛮貿易場阯の碑が建てられている。16世紀に，府内（現，大分市）の神宮寺浦に外国船が訪れたと伝えられたことから，現在の春日浦が神宮寺浦と推定され，南蛮貿易を記念する公園がつくられた。外国船が府内に近い港に来航したのは相違なく，早い時期のものとしては，1545（天文14）年にポルトガル人がきていることが確認されている。大友氏の貿易港は府内の沖の浜であったが，港は浅かったという。

　神宮寺浦公園の南側には春日神社の社叢があり，公園の西の交差点を左折し，300mほど南へ進んで左折すると，鳥居がある。春日神社（祭神武甕槌命，経津主命，天津児屋根命，姫大神）は，社伝

春日神社

西大分駅周辺の史跡

王子神社鳥居

春日の森と福田画伯生家跡

によると、天平年間(729〜749)に市川某が奈良の三笠山から勧請したとも、860(貞観2)年に国司藤原世数が奈良春日大社の四所大神を勧請したともいう。『豊後国志』には、「貞観二年建立」とある。

社伝によると、大友氏代々の崇敬を受けていたが、天正年間(1573〜92)の島津軍の府内侵攻によって社殿は焼かれ、社宝・記録類も焼失したとされている。1607(慶長12)年に、府内藩主の竹中重利が再建し、境内に10万本のマツを植えたといい、さらに歴代の松平氏も参拝や社殿の修復を行うなど、崇敬が続いた。1871(明治4)年に郷社となり、1917(大正6)年県社に昇格して、社殿・境内の整備が進められたが、1945(昭和20)年の第二次世界大戦時の空襲で、社殿は焼失した。現在の社殿は、1967年に再建されたものである。

境内の南西に、蓬莱丘とよばれる築山がある。1242(仁治3)年に大友親秀が築かせ、府内藩主竹中重利に取りこわされたものの、竹中氏の後に藩主となった日根野吉明によって、1645(正保2)年に再建されたという。

神社の東南には、かつて神宮寺があった。参道を挟んで蓬莱丘と相対する位置にある。現在は礎石も残っていないが、わずかな墓石と土塀にその跡をとどめている。

春日神社の鳥居から西へ向かい、春日神社西交差点を過ぎて100mほど行くと、左手に福田平八郎画伯生家跡がある。さらに西へ300mほど歩くと、右手に王子神社(祭神伊邪那美大神・速玉之男大神・豫母都事解之男大神)がある。この辺りは、中世から駄原鋳物師とよばれる人びとによって、鋳物生産が行われてきた。大友氏のために兵器を鋳造し、のちに駄原鋳物師の1人である渡辺宗覚は、徳川家康から100石の知行地を与えられたという。近世には釜の製

造にかわり，仏像や鳥居もつくった。王子神社の鉄造鳥居は，駄原鋳物師の技術を今に残すものである。

　また，春日神社の東へ200mほど行った法専寺(真言宗)の山門を入った左手には，「貞享三(1686)年」の銘が刻まれた金仏(釈迦如来坐像)がある。これも，駄原鋳物師の代表作といわれる。なお，この金仏には丸い穴が数カ所あいている。これは，1877(明治10)年に，西南戦争に呼応して挙兵した中津隊が，大分県庁を襲撃したとき，警官隊と衝突した際の弾痕であるという。

松平忠直公廟 ⑮

097-537-5639(大分市教育総務部文化財課)
097-537-5626(大分市商工部観光課)

〈M ▶ P. 3, 19〉大分市王子西町8-35
JR日豊本線大分駅🚌別府方面行王子西町
🚶1分

一伯が眠る浄土寺

　春日神社の西方約1km，王子神社からは約500mの所に浄土寺(浄土宗)がある。王子神社の西側の道を南に折れて，国道10号線を渡り，西へ200mほど進んで左折すると，右手にみえる。浄土寺の山門をくぐると，左手に松平忠直公廟がある。

　松平忠直(一伯)は，徳川家康の第2子福井藩(現，福井県北部)祖松平(結城)秀康の嫡男で，家康の孫にあたる。1607(慶長12)年に家督を継いで藩主となった。正室は江戸幕府2代将軍秀忠の女。1615(元和元)年の大坂夏の陣で真田幸村を討つ功績があったが，恩賞に不満をもち，幕府に反抗的な態度をとったため改易となり，1623年に豊後府内萩原(現，大分市萩原)へ流された。さらに1626(寛永3)年には，津守(現，大分市津守)に移された。菊池寛の小説『忠直卿行状記』の主人公である。

　松平忠直は，滝尾(現，大分市津守)の碇山に熊野神社を勧請し，また，霊山寺(天台宗)の山門を寄進するなど，神仏を篤く信仰し，浄土寺とも寺檀関係を結び，分骨・埋葬されている。霊廟の扉と瓦には葵

松平忠直公廟(浄土寺)

春日の森から柞原の森へ

の紋がみられ，中には2基の墓石がある。古い墓石は逆修塔（生前につくられたもの）で，新しいほうには「故越前国主従三位参議西厳院殿」と記されている。霊廟内の左手には，忠直の愛妾お蘭の墓もある。墓参には，住職の許可が必要である。

浄土寺には，霊廟のほかに忠直の遺品として，自筆の肖像画などが保管されている。

柞原八幡宮と大山寺 ⓰
097-534-0065/097-536-1914

〈M▶P.3〉大分市八幡987 P／大分市八幡1380 P

JR日豊本線大分駅🚌柞原行終点🚶1分／大分駅🚌柞原行天神前🚶1分

豊後一宮の社叢

浄土寺から国道10号線に出て別府方面に進み，左手にJR西大分駅をみて，さらに100mほど行くと，左手に柞原八幡宮の御旅所（浜の市仮宮）興玉社がある。興玉社を過ぎて左折すると，柞原八幡宮の大鳥居がある。道路の左手に流れているのが祓川で，古くは放生川とよばれた柞原八幡宮ゆかりの川である。川の反対側には，旧大分紡績株式会社（現，フジボウテキスタイル株式会社大分工場）の建物が並んでいる。大分紡績株式会社は，1912（明治45）年に設立され，1922（大正11）年に富士瓦斯紡績と合併した。第一・第二工場，ボイラー室，事務所など，大正時代の建物の外観を今に残している。大分県の近代化遺産の1つといえる。

大鳥居から車で10分ほど行くと，柞原八幡宮（祭神 仲哀天皇・応神天皇・神功皇后）に着く。バス路線もあるが，バスの本数は少ない。

柞原八幡宮は縁起によると，827（天長4）年に延暦寺（滋賀県大津市）の金亀和尚が，宇佐八幡宮（宇佐市）に参籠したときに神託を受け，836（承和3）年に，豊後国司大江宇久が

柞原八幡宮南大門

宇佐八幡の分霊をまつって創建したという。豊後一宮を大分市寒田の西寒多神社と争ったが，平安時代末期に八幡信仰の隆盛によって，柞原八幡宮が豊後一宮となった。平安時代は，社領246町（2.44km²）余りをもち，坊舎30・社家200余戸といわれた。武家の信仰も篤く，大友氏や歴代の府内藩主に崇敬された。

参道を進むと南大門に着く。南大門は日暮門ともよばれ，二十四孝を始め，竜・花・鳥などが彫刻されている。南大門のかたわらには，神木のクス（国天然）が大きく根を広げている。樹高約30mで，幹の中は大きな空洞になっている。

参道は勅使門への道と一般参道に分かれるが，参道をのぼり詰めると，八幡造檜皮葺きの社殿がある。安政年間（1854～60）に再建されたという。

南大門から本殿への途中の左手に，宝物殿がある。柞原八幡宮には，奈良時代前期の銅造仏像（国重文）や，大友氏が寄進したと伝えられている白檀塗浅葱糸威腹巻（兜・大袖・小具足付），太刀（銘源国），太刀（銘国宗），薙刀直シ刀（銘国重八幡大菩薩天満大自在天神），柞原八幡宮文書（いずれも国重文）を始め，仏像や絵図など，多くの貴重な文化財が所蔵されている。宝物殿を拝観したい場合は，事前の問合せが必要である。

神社の祭礼には，3月15日の初午祭と9月14日からの放生会（仲秋祭）がある。放生会は10日間行われ，この間，大分市生石の御旅所に3基の御輿が神幸する。この祭礼は浜の市として親しまれ，古くから四角い形をした「志きしもち」が売られている。

柞原八幡宮に向かう途中の右手に，金亀和尚が開いたと伝えられる大山寺（天台宗）がある。大山寺には，もと柞原八幡宮の普賢堂の本尊であったとも伝えられる木造普賢延命菩薩坐像（国重文）が安置されている。カヤの一木造で，衣文には翻波式の技法が用いられており，平安時代中期の彫造と推定されている。

古宮古墳 ⓱
097-537-5639（大分市教育総務部文化財課）
097-537-5626（大分市商工部観光課）

〈M▶P.3, 19〉大分市三芳畑 Ｐ
JR日豊本線大分駅🚌にじが丘団地行椎迫1組🚶2分，大分自動車道大分IC🚗3分

九州にみない石例を室

椎迫1組バス停から少しくだり，標識に従って左折して100mほ

春日の森から柞原の森へ

古宮古墳

どのぼると、住宅街の一角に、古宮古墳史跡公園登り口と駐車場がある。1996（平成8）年に史跡公園として整備された。石室は、公園登り口と反対側の道路に面している。

古宮古墳（国史跡）は、南北約12.5m・東西約12mの方墳で、7世紀中頃から終わり頃にかけてつくられたと推定されている。羨道は凝灰岩の切石で組まれ、奥には凝灰岩を刳り貫いてつくられた石棺式石室がある。この形式の石室は、7世紀中頃前後に、有力な皇族に直結する畿内の中級豪族の間で流行したもので、九州ではほかに例をみない。

このことから、被葬者はヤマト政権と深くかかわった人物と考えられ、『日本書紀』に、672年の壬申の乱で活躍したと記されている、大分君恵尺・稚臣という2人の豪族のうち、恵尺ではないかと考えられている。

大分ICの南西2kmほどの庄ノ原台地には、4世紀中頃から後半にかけての築造と推定されている全長約60mの前方後円墳の蓬莱山古墳（県史跡）がある。また、この古墳の近くには、円墳の田崎古墳群があり、台地の麓の賀来には、丑殿古墳（県史跡）がある。

高崎山と高崎山城跡 ⑱

097-532-5010（高崎山自然動物園）

〈M►P.2〉大分市神崎3098-1（高崎山自然動物園） P

JR日豊本線大分駅🚌別府方面行高崎山自然動物園前🚶1分

大友氏の拠点城郭

国道10号線を別府方面へ進むと、左手に高崎山のサル生息地（国天然）がある。右手には、大分マリーンパレス水族館（愛称：うみたまご）があり、多くの観光客で賑わっている。

この高崎山（628m）には、大友氏の本城である高崎山城があった。高崎山は四方を見極めることができる山で、四極山ともいわれる、

上田保と高崎山

> コラム
> アイディア市長とニホンザル

　長い間，大分の人びとから忘れ去られていた高崎山を，ニホンザル群の生息地として一躍有名な観光地にした人物が，上田保である。上田は，1894（明治27）年に大分市で生まれ，1947（昭和22）年4月から1963年3月まで，16年間にわたり大分市長をつとめた。

　当時，サルは作物を食い荒らすだけの厄介な存在であったが，上田は，1952年末から高崎山でのサル寄せを始め，サルを市の重要な観光資源へと転化させた。

　この逆転の発想に「アイディア市長」上田の面目躍如たるものがうかがえる。その経緯は，火野葦平の小説『ただいま零匹』で紹介され，映画化もされた。

　上田は，市長引退後の1964年10月には，生態水族館マリーンパレス（現，大分マリーンパレス水族館）も完成させ，終生大分市の発展に尽力した。

自然の要害であった。奈良時代には烽がおかれたという。

　大友氏初代の能直が，源頼朝から豊後守護職に任命され，先遣隊が1196（建久7）年に豊後に入ってきたときに，大神一族が反抗し，大神の阿南惟家が高崎山城，惟家の弟の家親は鶴賀城（大分市上戸次），大野泰基は神角寺（豊後大野市）に陣を構えて抗戦したという。

　その後，豊後に定住するようになった大友氏は，居館を上野丘の台地に構えた。高崎山城は，山頂部や尾根上に平坦部を造成し，郭を一列に配置した連郭式山城で，総延長は約600mにおよぶ。南北朝時代の争乱のとき，足利尊氏に従って北朝方についた大友氏の本城として，整備・拡張されたとみられる。

　以後，高崎山城は，南朝方の懐良親王や肥後（現，熊本県）の菊池氏の軍勢の標的となり，たび重なる攻撃を受けたが，耐え抜いたという。

　その後，1516（永正13）年に大友氏の加判衆（家老）の朽網鑑満が反乱をおこし，1518年に高崎山城に籠城した。平時は城番がおかれていた程度と考えられているが，1586（天正14）年の島津軍との戸次河原の戦いで敗れた大友義統は，この高崎山城に逃がれた後，さらに豊前の龍王城（宇佐市）に逃げた。

③ 古国府から豊後国分へ

久大本線沿線には国府推定地と国分寺跡があり，古代の豊後へと誘う。古墳も点在し，すぐれた石造物も多数ある。

丑殿古墳 ⑲
097-537-5639（大分市教育総務部文化財課）
〈M▶P.3, 27〉 大分市賀来1755
JR久大本線賀来駅 🚶 10分

庄ノ原台地の円墳

　賀来駅から東へ進み，最初の大きな交差点を左折し，久大本線を横切って右折し，500mほど進むと，左手に上片面公民館がある。丑殿古墳（県史跡）は公民館の裏手にあり，庄ノ原台地の裾部にあたる。横穴式石室墳で，墳丘は盛土をほとんど失っているが，墳形は円墳である。羨道部と玄室からなり，玄室は奥行2.5m・幅2.5m・高さ2.1mである。玄室には巨大な家形石棺がおかれている。石室の構造や石棺の形式から，6世紀後半から7世紀初頭のものと考えられている。

千代丸古墳 ⑳
097-537-5639（大分市教育総務部文化財課）
〈M▶P.3, 27〉 大分市宮苑千代丸595-4
JR久大本線賀来駅 🚶 30分

大分平野唯一の装飾古墳 卯西の大名行列

　賀来駅から北へ進み，突き当りの井路沿いの道を西へ2kmほど行った所に千代丸バス停があり，右に折れて100mほどの民家の裏に，千代丸古墳（国史跡）がある。丑殿古墳前の道をまっすぐ西へ進んでもよい。

　千代丸古墳は，大分平野に残る唯一の装飾古墳で，大分川支流の賀来川左岸の河岸段丘上にある。現状は直径約11m・高さ4.5mあり，流失した封土を復元すると，直径15m以上の円墳になると推測されている。

　南に開口した横穴式石室は，羨道部と玄室からなり，玄室は奥行3.3m・幅1.9m・高さ2.8mである。玄室の奥から水平に突き出した厚さ約50cmの石の前面に，三角形を並列さ

千代丸古墳

せた主文様に四角形や人物などが線刻で描かれている。石室の構造や線刻文様から，7世紀初めの築造と推定されており，被葬者は大分平野の在地首長である大分国造と考えられている。

賀来駅から南へ800mほどの所に，賀来神社（祭神武内宿禰命・建磐龍命）がある。柞原八幡宮の摂社で，武内宿禰命は平素は柞原八幡宮にあって八幡神に奉仕し，秋祭りのときだけ賀来神社に帰るとされる。賀来神社の秋祭りは，毎年9月1〜11日まで催される（現在は7日間）。卯年と酉年のみ11日間卯酉の神事が行われる。卯年と酉年には大名行列が行われ，1・6・11日に道具振りがある。氏子の各地区から4人の男子が選ばれ，総大名・鉄砲大名・弓大名・槍大名となり，各大名は子どもが振る槍・立傘・挟箱などの小道具と，若者が振る天目槍・大唐人傘などの大道具を従えて，神幸の供をする。途中，道具の投げ渡しや鳥居越しの妙技が披露される。

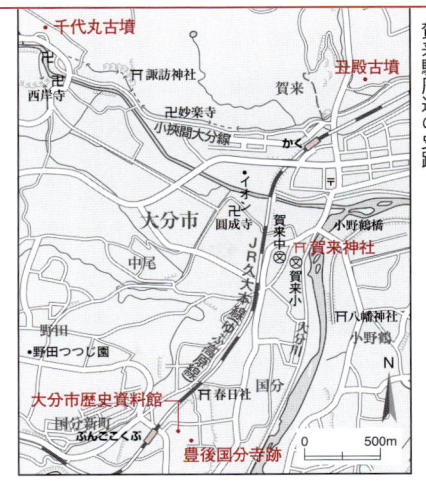

大名行列になったのは明治時代以降で，鎌倉時代以降に国府から柞原八幡宮へ卯酉の年に大神宝を奉納していたことや，国司交替時の神事に倣ったものという。

賀来駅周辺の史跡

豊後国分寺跡 ㉑
097-549-0880（大分市歴史資料館）　〈M▶P.3, 27〉大分市国分　🅿（大分市歴史資料館）
JR久大本線国分駅 🚶 1分

かつては巨大な七重塔が立っていた

国分駅の南側に，大分市歴史資料館がみえる。隣接して豊後国分寺跡（国史跡）があり，史跡公園として整備されている。豊後国分寺跡の一角には，医王山金光明寺（天台宗）がある。大分市歴史資料館には，国分寺の七重塔の10分の1の精巧な模型や，国分寺の伽藍模型が展示されている。

国分寺は741（天平13）年に，聖武天皇の発願で諸国のよい場所を選んで建立され，豊後では，大分川の左岸河岸段丘の国分の地

古国府から豊後国分へ

豊後国分寺跡

が選ばれた。

　豊後国分寺は，1974(昭和49)年以来の発掘調査によって，主要伽藍の規模・寺域などは，全国的にみても屈指の規模をもっていたことが明らかになった。東西約182m・南北約270mにおよぶ寺地は大溝で囲まれ，その中に中門・金堂を結ぶ回廊がめぐり，回廊内西側に塔，金堂の北に講堂・食堂が位置していたとみられている。現在は金堂跡に薬師堂が，塔跡には観音堂が立っている。塔跡には土壇が残っており，その大きさと礎石の配置により，『続日本紀』に記載されているとおり「七重塔」が建てられ，その高さは60mを超えるものであったと推測されている。

　豊後国分寺は国分におかれたが，豊後国府のおかれた場所については推定地は挙げられていたものの，確証はなかった。第一の推定地は大分市古国府であった。古国府には，大国主神社(印鑰神社，祭神大国主命)があり，地元の人からは「いんにゃく様」とよばれている。国司は，国印と税を収納する正倉の鑰(鍵)を管理することが重要な政務であったため，国印と鑰が権威の象徴となり，神格化して国を守る神としてまつられるようになったともいわれる。この印鑰神社と地名によって，国府がおかれていた場所と考えられてきた。大国主神社は，国道10号線の花園バス停横の路地を，北へ150mほど進んだ突き当りにある。

　印鑰神社の北西1kmほどの所にある羽屋井戸遺跡の調査が1995(平成7)年に行われ，巨大な掘立柱建物跡が発見され，都から運ばれた土器も出土した。また，周辺の地でも倉庫跡や大型の掘立柱建物跡がみつかっており，国府のおかれた場所の比定が大きく進んだ。印鑰神社からは少し距離があるが，この羽屋地区に豊後の国府がおかれたと推定されている。大道バイパスの大道トンネルの南側を出た左手で，久大本線の古国府駅と南大分駅の中間地点にあたる。

④ 熊本藩領鶴崎と海部の古墳

熊本藩の参勤交代の湊町として発展した鶴崎は、文教も充実していた。また、古代海部の支配者の権力は強大であった。

毛利空桑旧宅及び塾跡 ㉒
097-521-4893(毛利空桑記念館)
097-537-5639(大分市教育総務部文化財課)

〈M▶P.3, 30〉大分市鶴崎382 Ⓟ
JR日豊本線鶴崎駅🚶10分、またはJR日豊本線大分駅🚌坂ノ市方面行鶴崎高校入口 🚶3分

御茶屋跡と幕末の教育者

　鶴崎駅から国道197号線に出て左折し、500mほど東に進んで右折すると鶴崎小学校、ついで大分鶴崎高校が右手にみえる。この辺り一帯が、熊本藩(現、熊本県の大部分と大分県の一部)の御茶屋(陣屋)跡である。中世には、大友氏の家臣吉岡氏の居城鶴崎城が築かれたといわれている。鶴崎小学校の校庭の一隅に、鶴崎城と御茶屋跡を併記した記念碑が立っている。

　1601(慶長6)年に熊本藩主加藤清正が、熊本と瀬戸内海を結ぶ海路を確保するために、豊後に領地を要望した。幕府は直入郡久住(現、竹田市久住町)から、大分郡野津原(現、大分市野津原町)を通って鶴崎に至る、肥後街道の沿線に約2万石の領地を与えた。熊本藩主が加藤氏から細川氏にかわった後も、領有された。

　鶴崎はこうして熊本藩の瀬戸内海の玄関口となり、参勤交代を中心にした海上交通の要衝として栄えた。御茶屋は本来は藩主の宿泊所であるが、鶴崎の御茶屋には諸役所がおかれ、熊本藩の豊後支庁としての役割をはたした。近くの剣八幡宮(祭神誉田別尊・比売大神・大帯姫神)には、藩主が参勤交代の際に乗船する御座船波奈之丸を、3艘の先導船が曳いて鶴崎港に帰港する様子を描いた「熊本藩船隊鶴崎入港船絵馬」が奉納されており、当時の参勤交代の船団の様子をうかがい知ることができる。

　御茶屋(陣屋)跡の南に、

知来館

熊本藩領鶴崎と海部の古墳　29

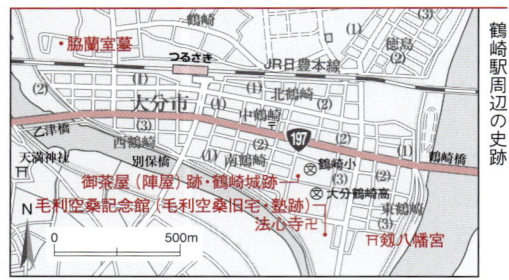

天勝堂

毛利空桑旧宅の天勝堂および塾跡である知来館（毛利空桑旧宅及び塾跡，県史跡）がある。双方とも1857（安政4）年に建てられた。旧宅の西隣には毛利空桑遺品館があり，空桑関係の資料が展示されている。旧宅・塾跡・遺品館を総称して，毛利空桑記念館としている。

鶴崎駅周辺の史跡

毛利空桑は江戸時代末期の儒学者・教育者で，名は倹，字は慎甫，通称は到で，空桑と号した。1797（寛政9）年，熊本藩領常行村（現，大分市常行）に，父太玄・母秀の2男として生まれた。脇蘭室と帆足万里に教えを受け，熊本で大城霞坪に学んだ。さらに福岡に遊学し，広瀬淡窓の紹介で亀井昭陽に学んだ。父太玄も脇蘭室・帆足万里と親交があった。

帰郷後，1824（文政7）年に，郷里の常行に私塾知来館を開いた。知来館は，のちに熊本藩の指示で，1857年に鶴崎国宗に移転後，藩の援助を受けて家塾となった。以後，40年余りにわたって「文ありて武なきは真の文人にあらず。武ありて文なきは真の武人にあらず」という文武両道の信条に基づき，25条の塾則を定め，全国から集まった890人を数える塾生を教育した。また，熊本藩の鶴崎御茶屋（陣屋）で講義もし，郷校成美館や兵学を教える有終館の設立にも尽力した。

空桑は儒学の研究に努める一方，尊王家としても知られ，長州藩（現，山口県）の吉田松陰や岡藩（現，竹田市）の小河一敏らとの交流があった。

参勤交代

コラム

国内交通体系の整備 1年おきの大名行列

　参勤交代は，江戸時代に大名が原則として1年おきに江戸に滞在した制度で，大名は多くの家臣や従者を伴い，毎年，国許と江戸との間を移動していた。

　小藩分立状態であった大分県では，譜代大名の府内藩と杵築藩，外様大名の臼杵藩と岡藩というように，対を組んで参勤の年次をずらすという，御在所交代の方式がとられていた。

　参勤交代の経路は，各藩でほぼ一定しており，江戸時代に各地の街道や宿場などが整備された大きな要因は，この参勤交代制度にあるといえる。

　中津藩は，大坂まで陸路を利用することが多かったが，その他の大分県の大名は，大坂まで瀬戸内海の海路を利用することが多かった。

　内陸部におもな領地をもつ藩は，海岸線に領地を得て，参勤交代を始め，物資輸送などの湊として利用していた。

　岡藩の三佐（現，大分市），森藩の頭成（現，日出町），熊本藩の鶴崎（現，大分市）などである。

　熊本藩は，海の玄関口として河尻（現，熊本市川尻）とともに鶴崎を有しており，参勤交代の乗船や藩のための航海をする船手を配備していた。船手を管轄した役所が船会所で，船方の役人としては船頭首・組脇・船頭・加子（水夫）がおかれていた。

　この役所の下には船入り（ドック）が設置され，藩主の御座船波奈之丸を入れる御船堀，御座船に随行する鳳麟丸・福寿丸・千歳丸をつなぐ三艘堀，小早船が入る千艘堀（総堀）があった。

　熊本藩には鶴崎経由と豊前国大里（現，福岡県北九州市）経由の2つの参勤交代の通路があり，交代でこの通路を利用していた。大里経由の際も，鶴崎から御座船が回航されたため，鶴崎には船とその乗務員がつねにおかれていた。

　藩主の参勤交代には，安永年間（1772～81）に47艘780人，文化年間（1804～18）に67艘788人にものぼる多くの人びとが随行したという。その雄姿は，剱八幡宮に奉納された絵馬によって知ることができる。

　天勝堂の1階は，北側中央に玄関，左手が座敷と奥座敷，右手に居間・台所がおかれている。2階は3間からなり，梯子ははずせるようになっている。江戸時代の民家の質素な造りを伝えている。

　知来館の1階は塾生の日常生活の場，2階が講義室となっている。講義は朝講（午前6～8時）と午講（午前10～12時）があり，午後は武道が行われた。また1日おきに夜講があり，詩会や文会も開かれた。

毛利空桑墓

　1884（明治17）年に88歳で没した毛利空桑墓（県史跡）は，生誕地の常行に建てられている。空桑記念館から東へ進み，突き当りの交差点を右折して200mほど進むと，常行バス停がある。バス停から徒歩5分ほどの所に墓所がある。墓がある周囲一帯は，大野川と乙津川に囲まれた高田輪中集落である。

　記念館の西隣に，1601（慶長6）年に加藤清正が熊本本妙寺（日蓮宗）の常林院日栄を開山として創建した法心寺（日蓮宗）がある。寺宝に，加藤清正の真筆文書，清正の画像，清正着用の鎧・羽織などがある。加藤氏の後は，細川氏の準菩提寺・祈願所として保護を受けた。刀剣不傷の霊験があるとされ，戦時中は出征兵士が祈願し，現在は足腰の病気平癒を祈願する人が多く，履物が奉納されている。

　この鶴崎地区には，大分県を代表する盆踊りの鶴崎踊（国選択）が継承されている。鶴崎踊は「猿丸太夫」と「左衛門」からなっている。大友義鎮（宗麟）の時代に，京都からもたらされたのが起源という説もあるが，確証はない。鶴崎踊といわれるようになったのは大正時代頃からで，それ以前は猿丸太夫踊り・左衛門踊りとよばれていたという。

　盂蘭盆会をすぎた8月第4土・日曜日に開催される大会では，意匠を凝らした踊り子たちの輪を，数万人の観衆が取り巻く賑やかさをみせる。

脇蘭室墓 ㉓
097-537-5639（大分市教育総務部文化財課）

〈M▶P.3, 30〉大分市寺司浜 P
JR日豊本線鶴崎駅🚶10分，またはJR日豊本線大分駅🚌坂ノ市方面行寺司🚶5分

帆足万里の師

　鶴崎駅から鶴崎駅前交差点を右折して300mほど行き，西鶴崎2丁目交差点を右折する。国道197号線の場合は，寺司バス停の西100mほどにある，乙津橋東交差点（三差路）を曲がる。日豊本線の踏切

脇蘭室墓

を越えてすぐ左折して150mほど歩くと、鶴崎墓地公園がある。この公園内に、脇蘭室墓（県史跡）がある。墓碑には、蘭室の高弟帆足万里によって書かれた、「文教脇先生墓」の文字が刻まれている。

　脇蘭室は、江戸時代後期の儒学者・教育者。名は長之、字は子善、通称儀一郎といい、愚山・蘭室と号した。1764（明和元）年、豊後国速見郡小浦（現、日出町平道）に生まれる。熊本の藪孤山に学び、三浦梅園に師事した。ついで大坂に遊学して中井竹山に学び、帰郷後は学問を続けるかたわら、帆足万里らの子弟を教えた。熊本藩の要請で藩校時習館訓導となるが、翌年から鶴崎で定詰藩士や船手の子弟の教育にあたった。門人に毛利空桑らがいる。著作に、文化一揆（1811〜12年）のことを記した『党民流説』のほか、『辺備略』『鶴崎夜話』などがある。漢詩文に堪能で、国文学や和歌にも通じていた。1814（文化11）年、51歳で没した。

　蘭室墓から日豊本線と交差する道へ出て、北へ10分ほど進むと三佐地区に入り、道の左手に岡藩の参勤交代で藩主が宿泊した御茶屋跡がある。岡藩も熊本藩と同様に、参勤交代の湊町を三佐に求めた。

亀塚古墳 ㉔

097-524-2300（海部古墳資料館）

〈M▶P.3, 34〉大分市里　P
JR日豊本線坂ノ市駅🚶30分、JR日豊本線大分駅🚌佐賀関方面行 城原・王の瀬🚶20分、または大分自動車道宮河内IC🚗10分

大分県内最大の前方後円墳

　鶴崎から足を伸ばして、日豊本線坂ノ市駅で降りる。駅から国道197号線との交差点を右折して、志生場・王の瀬バス停を過ぎて左折する。標識に従って右折して坂をのぼって行くか、城原バス停で下車して最初の交差点を右折し、さらに100mほど先を左折して坂をくだると、亀塚古墳の入口がある。

　亀塚古墳（国史跡）は、墳丘の全長約120m、前方部の高さ7m、後円部の径64m・高さ10mの規模をもつ、大分県内最大の前方後円

熊本藩領鶴崎と海部の古墳

亀塚古墳

墳である。5世紀前半の古墳時代中期に築かれ、墳丘の斜面全体に直径10〜20m大の葺石が敷き詰められ、後円部には円筒埴輪が並べられていた。後円部中央の2カ所に、埋葬施設としての箱式石棺が収められていた。

石棺には、副葬品を入れるための空間が設けられており、発掘前に盗掘された跡がみられるが、勾玉や管玉が出土している。1996(平成8)年に国の指定史跡となり、史跡公園として保存・整備された。

坂ノ市駅周辺の史跡

公園の入口には海部古墳資料館があり、亀塚古墳と大分市内の古墳から出土した遺物を始め、古墳の築造や海部の人びとの生活を再現した大型ジオラマが展示されている。

亀塚古墳から離れているが、南西の丹生台地にナイフ形石器や尖頭器などが出土した丹生遺跡がある。亀塚古墳と丹生遺跡の中間にある佐野植物園内には、江戸時代に臼杵藩(現、臼杵市)の原村・久土村(現、大分市佐野・久土)を統轄する丹生原組の庄屋をつとめた池見家の住宅が、移築・復元されている。藩主の来宅に備えた玄関・奥座敷があり、庄屋の邸宅として、また大分市内最古の民家としても貴重である。

⑤ 高瀬石仏から野津原へ

大分川上流に住む人びとは，崖や山の岩肌に仏像を刻み信仰し，都市を結ぶ往還路の要衝の地は，宿場町として栄えた。

高瀬石仏 ㉕
097-537-5639（大分市教育総務部文化財課）
097-537-5626（大分市商工部観光課）

〈M▶P.3, 36〉 大分市高瀬 P
JR日豊本線大分駅🚌木の上方面行下芹🚶20分

5 軀の磨崖仏
大友頼泰の墓所

　下芹バス停から南に向かって歩き，ホワイトロードを越えて右に進むと，七瀬川自然公園に着く。公園の南端から七瀬川を渡った所に高瀬石仏（国史跡）がある。車を利用する場合は，ホワイトロードを木の上方面に進み，下芹からの道との交差点を左折して七力橋を渡り，突き当りを右に折れると，公園の南側に出る。駐車場は，高瀬石仏の標識を過ぎたすぐの所にある。

　高瀬石仏は，高さ1.8m・幅4.5m・奥行1.5mの石窟に，向かって右から馬頭観音坐像・如意輪観音坐像・胎蔵界大日如来坐像・大威徳明王騎牛像・深沙大将立像の5軀が，東向きに彫られている。制作年代は，平安時代末期以降と考えられており，当時この地域は，稙田氏が支配していた。

　向かって左端の深沙大将立像は，赤く彩色された炎のように逆立った髪，額の髑髏，髑髏の首飾り，腹部の童女の顔，赤い褌，身体に巻きつけたヘビの頭を左手で握り締め，両足にもヘビを巻きつかせるという，奇異な姿をしている。大威徳明王騎牛像と，葛城山修験の信仰対象になることがある深沙大将立像が彫られていることから，密教と修験道を融合させた信仰が指摘されている。各像とも，後世の補彩がまざっているとみられている。

　高瀬石仏の手前100mほどの所を左折して，山道をのぼって行くと岡川地区に入り，しばらく進むと，右手に秋岡山常楽寺（臨済

高瀬石仏

高瀬石仏から野津原へ　35

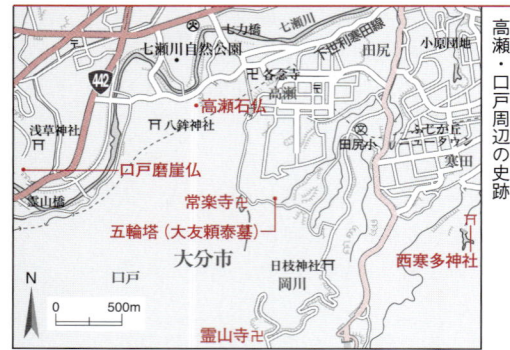

大友頼泰墓(五輪塔)

高瀬・口戸周辺の史跡

宗)がある。さらに150mほど進んだ左手の木立の中に，大友氏3代頼泰の五輪塔がある。頼泰は，大友惣領として初めて豊後に入国し，以後，大友氏は土着した。また，蒙古襲来の際に，鎌倉幕府から九州の武士に対する軍事指揮権が与えられ，『蒙古襲来絵詞』には，騎馬武者姿の頼泰が描かれている。

　大友頼泰墓の南側の山が霊山(600m)である。大友頼泰墓から登山口までは800mほどである。この霊山の中腹に，飛来山霊山寺(天台宗)がある。登山口から約3.5kmの山道をのぼる。

　寺伝によると，708(和銅元)年に豪族田尻七郎祐世が草堂を建てたのが始まりという。その後，中国から渡来した那伽法師が訪れて，山容がインドの霊鷲山に似ているのをみて，霊鷲山の一角が日本に飛来したのではないかと話したことから，山名と寺名が決まったという。古刹ならではの伝承も多い。最澄が入唐成就の願文をささげるためと帰国後の御礼のために2度訪れたといい，また源範頼も参詣し，足利尊氏は寺領を寄進したという。

　大友氏も代々崇敬して寺領を寄進したが，南北朝時代の争乱の戦火で寺院・僧坊が焼かれ，その後，再建されたものの，豊薩合戦(1586〜87年)でも被害を受けたという。江戸時代に入って，松平忠直(一伯)が再建に尽力し，山門は一伯による寄進と伝えられている。

大友頼泰

コラム 人

豊後に定住した大友惣領

大友頼泰は、鎌倉時代後期の武将である。幼名は薬師丸。初め泰直と名乗り、のちに頼泰とし、法名は道忍という。官途は出羽守、兵庫頭。1222（貞応元）年に、大友氏2代親秀と三浦家連の女との間に生まれた。1236（嘉禎2）年頃に、父親秀から豊後国守護職と鎮西奉行職などを譲られ、大友氏3代家督となった。1242（仁治3）年に豊後国を治めるために、鎌倉幕府の御成敗式目を参考にして「新御成敗状」28条を作成し、1244（寛元2）年には、「追加法」16条を定めた。

頼泰は、1265（文永2）年に鎌倉幕府から、小弐資能とともに、大隅正八幡宮（現、鹿児島神宮〈鹿児島県霧島市〉）の遷宮のための大神宝用途催促の準備を命じられた。2年後には、大隅正八幡宮大神宝調達のための別奉行人にも任命された。

蒙古襲来に備えて、鎌倉幕府が鎮西に所領をもつ御家人に下向を命じた1271年と前後する頃に、頼泰も豊後に下向。以後、大友氏は豊後府内（現、大分市）に定住することになる。

1274年10月の文永の役に際しては、頼泰は豊後国守護・鎮西一方奉行として、豊後の御家人たちを率いて、姪浜や百道原などの博多西方海岸で奮戦した。蒙古軍はその夜、全軍を船に引き上げたところを強風に遭い、船が遭難して、日本より退却した。

幕府は1275（建治元）年に、異国警固番役を命じて、豊後国の御家人は秋の3カ月間、豊前国（現、福岡県東部・大分県北部）の御家人は夏の3カ月間、博多湾の防備にあたった。また、翌年には、博多湾沿岸に石築地を築くように命じられ、豊後は香椎前浜、豊前は今宿海岸を担当した。

1281（弘安4）年に蒙古軍が再来し（弘安の役）、香椎前浜を警護していた頼泰率いる軍勢が、博多湾内の志賀島に上陸した蒙古軍を海の中道から攻撃し、侵攻を食い止めた。蒙古軍はその後、肥前鷹島（現、長崎県松浦市）沖で大風に遭遇し、覆没して日本より撤退した。

北条泰時・時頼の執権政治を鎌倉でみてきた頼泰は、豊後に定住して統治するにあたり、「新御成敗状」などの諸法を整備した。それとともに、蒙古襲来を経て鎮西に強い権限を掌握し、大友氏の豊後発展の礎を築き、1300（正安2）年9月に没した。

口戸磨崖仏 ㉖
097-537-5639（大分市教育総務部文化課）
097-537-5626（大分市商工部観光課）

〈M▶P.3, 36〉 大分市口戸643
JR日豊本線大分駅🚌野津原方面行大柳🚶10分

高瀬石仏からホワイトロードに出て、木の上方面に進み、国道

高瀬石仏から野津原へ　37

口戸磨崖仏

442号線に入って七瀬川沿いに約2km進むと、右側の丘陵の中腹に、口戸磨崖仏 附 磨崖五輪双塔（県史跡）がある。山道の入口から50mほどのぼり、岩を刳り貫いたとみられる小さな門をくぐって6段の階段をあがると、石窟がある。石窟には3つの龕がつくられ、中に1軀ずつ像が彫られている。鎌倉時代末期から室町時代の作とみられている。

中央の龕には女神像、向かって右の龕には僧形の半跏像、左の龕には切妻屋根をのせた石殿風の屋形の中に、1面4臂（1つの顔に腕が4本）の女神像が彫られている。中央の龕の左に「小倉山」と彫られ、宇佐八幡を勧請したとみることもできるので、像は、比売神・応神天皇・神功皇后が彫られたものと推定されている。

宇佐八幡を勧請か

今市石畳道 ㉗
097-537-5626（大分市商工部観光課）

〈M▶P.3〉 大分市今市
JR日豊本線大分駅 🚌 今市行終点 🚶 1分

口戸磨崖仏から国道442号線を野津原方面に進み、旧野津原町役場の手前を右折して旧道に入って進むと、右手に加藤清正をまつった加藤神社（野津原神社）がある。野津原バス停からは北へ向かって1分ほどで行ける。神社北側にある東部小学校一帯が、熊本藩が野津原宿におき、参勤交代時に藩主の宿泊所として用いた御茶屋跡である。

再び国道442号線に出て、久住方面に向かい今市に入ると、右手に「今市宿場跡」の標識がみえる。今市は岡藩（現、竹田市）中川氏の領地

参勤交代を今に伝える

今市石畳道

で，豊後鶴崎(現，大分市)と肥後熊本(現，熊本市)を結ぶ肥後(豊後)往還(現，肥後街道)の宿場町であった。参勤交代道路(県史跡)の石畳道が今も残っている。石畳道は約8.5mの道幅中央部に，2.1m幅で長さ約660mにわたって平石が敷き詰められており，民家まで敷石が延びている所が6カ所ある。

宿場は上町・下町からなり，中央部を2回鉤の手状に曲げ，曲がり角に，火防のために竹藪が設けられていた。曲がり角から西が上町，東が下町である。中川氏の本陣(御茶屋)は上町にあり，熊本藩主が通行する際には，中川氏の命で蕎麦を接待したという。

上町の西端に，丸山八幡神社(祭神菅原道真・大己貴命ほか)がある。楼門は，1720(享保5)年に創建されたもので，創建当初の彫刻とみられている，酒造りの行程，二十四孝，十二支などの彫刻が施されている。

後藤家住宅 ㉘
097-537-5626(大分市商工部観光課)
097-537-5639(大分市教育総務部文化財課)

〈M▶P.3〉大分市荷尾杵
JR久大本線豊後国分駅🚗50分，またはJR日豊本線大分駅🚗60分

地方農家の住宅を知る

今市石畳道から竹田市方面へ約8.6km離れた，標高550mの山中に，後藤家住宅(国重文)がある。平成森林公園の2kmほど手前を左折して，50mほどのぼった集落にあり，庄屋をつとめたと伝えられている。

建物は西面しており，北寄りに大戸口が開いている。屋根は寄棟の茅葺き，内部は，北妻から土間，板の間，広間，座敷と並び，広間の背後に小部屋が2間あり，座敷の背後は納戸になっている。18世紀後半の建造とみられており，地方の農家建築物として貴重なものである。

後藤家住宅

高瀬石仏から野津原へ　39

❻ 滝尾から判田，戸次へ

豊肥本線沿線には，古墳・石仏・古戦場を示す遺跡が残り，豊後に配流された松平忠直も後半生を滝尾で送った。

松平忠直居館跡 ㉙
097-537-5639（大分市教育総務部文化財課）
097-537-5626（大分市商工部観光課）

〈M▶P.3,41〉大分市津守
JR豊肥本線滝尾駅🚶5分，JR日豊本線大分駅🚌滝尾循環線富岡🚶5分

豊後に配流された家康の孫

松平忠直居館跡碑

滝尾駅から西に5分ほど進むと，右手に松平忠直居館跡と刻まれた碑が立っている。1623（元和9）年に豊後へ配流となった忠直（一伯）は，当初は萩原（現，大分市萩原）に居館を構えたが，2年ほどで津守に移った。以後25年間，56歳で没するまでこの地ですごした。

居館跡の東方の碇山の中腹に，一伯の霊廟がある。六角円堂で，軒瓦には葵の紋がみえる。霊廟の墓碑には，正面に「西巌院前越州太守相公相誉蓮友大居士」，左面に「慶安三（1650）寅年九月十日」と刻まれている。碇山には，忠直が勧請した熊野神社（祭神熊野大神）がある。神社には忠直が，1628（寛永5）年に寄進した『熊野権現縁起絵巻』13巻（大分市歴史資料館寄託）などが残されている。

滝尾百穴横穴古墳群 ㉚
097-537-5639（大分市教育総務部文化財課）

〈M▶P.3,41〉大分市羽田
JR日豊本線大分駅🚌滝尾循環羽田・米良線滝尾中学校🚶2分

崖にあいた大小75の横穴

滝尾中学校バス停で降りると，滝尾中学校のグラウンドの東に面した崖に，大小75基の横穴墓群がある。これが滝尾百穴横穴古墳群で，古墳時代後期につくられた集団墓であると考えられている。入口の蓋はほとんどなく，低い位置にあるものは，内部に変形がみえるものもあるが，これだけまとまった横穴墓群は，県内に例をみない。

滝尾百穴横穴古墳群

滝尾中学校から北西へ2分ほどの所に、大分社(祭神豊門別命・大分君稚臣)がある。大分君稚臣は、672年の壬申の乱で活躍したことが『日本書紀』に記されており、神武天皇の皇子である豊門別命は、大分君の始祖とされる。

大分社は、古くは大分大明神、津守大分宮といわれ、豊後一宮とよばれていたが、中世に柞原八幡宮が豊後一宮となったため、社勢は衰えた。「大分社由緒略記」によれば、鎮座していた六坊村(現、大分市上野町域)から、869(貞観11)年に下郡滝尾山神ケ迫に遷宮し、以後、大友氏、府内藩(現、大分市・由布市)主から保護を受けた。1657(明暦3)年に現在地に遷り、1871(明治4)年、大分社と改称された。境内に「康永四(1345)年」の銘が刻まれた石灯籠がある。

滝尾駅周辺の史跡

曲石仏 ㉛
097-537-5639(大分市教育総務部文化財課)
097-537-5626(大分市商工部観光課)

〈M▶P.3, 41〉大分市曲 P
JR日豊本線大分駅 🚌 滝尾循環曲 🚶 5分

龕に彫られた7基の板碑

曲バス停から西へ進み、標識に従って最初の交差点を左折して行くと、左手に坂道がみえる。坂道をのぼった所に、森岡小学校と森岡幼稚園がある。その正門手前を右手に進み、山道の階段をおりると、五輪塔2基を薄肉彫りにした龕と、7基の板碑を彫った龕がある。さらに山道と階段をくだると2つの石窟があり、右側は釈迦堂とよばれ、中に像高約3mで、室町時代の作と推定される如来形坐像(通称、釈迦像)が安置されている。坐像は、頭・胸・腰・両膝の石材を組み合わせたものである。

滝尾から判田、戸次へ

曲石仏

　石窟入口の左右には，鎌倉時代の作と推定されている持国天(左)と多聞天(右)の立像が刻まれている。左の石窟は右側の半分ほどの規模で，中央に阿弥陀如来坐像，右に観音，左に勢至菩薩を配した三尊像が刻まれており，平安時代末期の作と推定されている。この石仏は，曲石仏附双塔(五輪塔)磨崖連碑として県史跡の指定を受けている。

西寒多神社と万年橋 ㉜

097-569-4182
097-537-5626(大分市商工部観光課)

〈M▶P.3, 36〉大分市寒田1644 P
JR豊肥本線敷戸駅 30分，JR日豊本線大分駅
戸次方面行軒田 30分

豊後の『延喜式』式内社

　国道10号線沿いの軒田バス停，または敷戸駅から寒田川沿いに30分ほど西へ歩くと，フジの花の名所として有名な西寒多神社(祭神天照大神ほか)がある。神社へは寒田川に架かる神橋，万年橋(県文化)を渡る。万年橋は石造単アーチ橋で，太鼓橋ともよばれる。全長22m・アーチ径間11m・幅3m，径間に対してアーチが低いのが特徴である。

　万年橋は，1862(文久2)年，地元の庄屋佐藤孝兵衛らが発起人となり，大野郡(現，豊後大野市)の石工後藤郷兵衛らが建造した。

　西寒多神社は，社伝によれば，応神天皇9年に武内宿禰が勅命を奉じて西寒田山(本宮山)上に宮殿を建立し，『延

万年橋

豊後鮑腸

コラム

鮑の腸に似たるもの来客へのもてなし

　豊後鮑腸は，小麦粉を練って細長く手で延ばしてうどん状にし，ゆでてだし汁で食べる，来客へのもてなし料理である。

　備中国下道郡新本村（現，岡山県総社市新本）出身の古川古松軒は，1783（天明3）年の九州旅行中，豊後国府内（現，大分市）の国分寺に立ち寄った。

　ここで豊後鮑腸を食し，「豊後の国にかぎりて」「他国になき食物」と紀行文『西遊雑記』に記録し，帰国してから自分でつくるなどしている。

　また，杵築藩領富永村（現，国東市安岐町）出身の三浦梅園は，豊後国の歴史や史跡などについてまとめた『豊後跡考』で，豊後鮑腸に触れ，アワビがとれない時季に，小麦粉で調理したことから，「鮑（の腸）に似たるもの」という意味で名づけられたと記している。

　そして，日田（現，日田市）出身の大蔵永常は，豊後鮑腸の調理方法を，『徳用食鏡』に詳細に記している。

　現在でも，戸次鮑腸保存会などにより伝えられている。

臼杵藩大庄屋の威風

喜式』式内社に列せられて，豊後一宮とよばれたという。国司を始め，大友氏の信仰が篤く，1408（応永15）年に，大友親世が現在地に社殿を遷したと伝えられている。

　境内には校倉造の宝物殿があり，社宝として大友宗麟関係資料，織田信長・豊臣秀吉・徳川家康らの古文書を有している。

戸次本町と帆足本家酒造蔵 ㉟
097-597-4649（帆足本家酒造蔵管理事務室）
097-537-5626（大分市商工部観光課）

〈M▶P. 3, 44〉大分市中戸次4381-1　P（帆足本家酒造蔵）
JR日豊本線大分駅🚌戸次方面行戸次
🚶3分

　戸次本町は，大野川沿いの交通の要衝であり，江戸時代には日向街道筋の在町として栄えた。

　江戸時代末期から第二次世界大戦前にかけて建てられた建築物，とくに臼杵藩（現，臼杵市）の大庄屋であった帆足本家の酒造蔵を中心に，歴史的な町並みの保全が図られている。

　この帆足本家（富春館）は，戸次バス停から細道へ入り，県道38号線（本町通り）へ出て左折し，200mほど行った所にある。田能村竹田がたびたび立ち寄り，竹田の有力な後援者であり，同家から出

滝尾から判田，戸次へ

戸次本町周辺の史跡

楠木生石造五重塔

た帆足杏雨が竹田に入門したこともあって、「暗香疎影図」などの絵画・書籍類26件が伝来した。帆足家伝来の田能村竹田関係資料(国重文)は、大分市美術館に保管されている。

戸次本町から北東へ約1.4kmの所に、南北朝時代の1360(延文5・正平15)年に造立された、総高3.3mの楠木生石造五重塔(県史跡)がある。この塔は、以前は現在地より北側の畑の中の庵跡にあったが、熊野神社の境内に移されたという。さらに、明治時代初期の神仏分離令により、現在地に移ったと伝えられる。

長宗我部信親墓 ㉞
ちょうそかべのぶちかはか
097-537-5639(大分市教育総務部文化財課)
097-537-5626(大分市商工部観光課)

〈M▶P.3, 44〉大分市上戸次嶺
JR日豊本線大分駅🚌犬飼方面行中津留🚏10分、または大分駅🚌吉野経由臼杵方面行嶺🚏1分

戸次河原合戦を静かに物語る

中津留バス停から大南大橋の交差点を過ぎて500mほど行くと、

44　県都大分と別府湾沿岸

長宗我部信親墓

道路の右側に「戸次河原古戦場跡」の標柱が立っている。この辺り一帯が，豊薩合戦の舞台になった戸次河原である。1586（天正14）年の島津軍の豊後侵攻（豊薩合戦）に際し，長宗我部信親は豊臣秀吉の命令で，父の元親とともに援軍の武将の1人として，四国から駆けつけた。信親は，戸次河原で島津軍を迎え討ち，勇猛果敢に戦ったが，敗れた。

遺骸は島津軍によって手厚く葬られるが，のちに父元親は，家臣と僧侶を派遣して墓碑をつくったという。長宗我部信親墓は戸次河原を見下ろす高台に建立されている。墓へ行くには，中津留バス停から大南大橋の交差点を左折し，坂道を700mほどのぼる。

戸次河原から1kmほど南（犬飼寄り）の上利光には，長宗我部信親以下700余人の戦死者の霊をまつった成大寺跡がある。国道10号線から標識に従って左折し，村落の中を通って山手に向かうと成大寺跡があり，成大寺跡の東南の山中には鶴賀城跡がある。

滝尾から判田，戸次へ

湯のまち別府

⑦ 別府湾の最奥部に位置する別府は、日本有数の国際観光温泉文化都市。別府は、まさに温泉とともに歩んできた。

たけがわらおんせん
竹瓦温泉 ㉟　〈M▶P.2, 46〉別府市元町16-23
0977-23-1585　　JR日豊本線別府駅 🚶10分

別府駅東口から国道10号線に向かってくだり、国道10号線と交差する１つ手前を右折し、150mほど進むと、右側に別府温泉のシンボル、竹瓦温泉がある。別府温泉の歴史は古く、『豊後国風土記』に「赤湯泉　郡の北西にあり。此の湯の穴は、郡の北西の竈門山にあり」と記され、奈良時代からその存在が知られていた。赤湯の

別府温泉のシンボル

別府市中心部の史跡

46　県都大分と別府湾沿岸

別府温泉と竹細工

コラム

国際観光温泉文化都市発展の経緯

別府温泉は，1694(元禄7)年に訪れた貝原益軒によって，「昔の別府の村の西にありし温泉，今の別府の東の海浜にあり。潮干ぬれば，かたの内に所々温泉流れいづ」(『豊国紀行』)と記された。

また，1783(天明3)年に来遊した古川古松軒によって，「別府……ながながしき在町にて家毎に湯有り。此温泉は熱からずぬるからず。痔・腫物に功有りとて」(『西遊雑記』)と記された。

別府温泉は，世界一の源泉数(約2800カ所)と，日本一の湧出量(1日約13万6000kl)を誇り，市内の至る所から湯煙が立ちのぼる。「別府八湯」と称される浜脇・別府・観海寺・堀田・明礬・鉄輪・柴石・亀川の各温泉は，情緒あふれる湯治場や近代的な多目的温泉など，さまざまな趣をみせる。この温泉を基盤として，国際観光温泉文化都市別府は，発展し続けている。

また別府には，古くから良質の竹が生えていたことから，竹製品が温泉土産や生活用品として幅広く利用されてきた。地方の殖産興業を目的として，1902(明治35)年に別府工業徒弟学校が設立されてからは，青竹をそのまま使った青物に加えて，染色・漆塗を施したり，煤竹を使った黒物もつくられた。製品も多様化し，1915(大正4)年に別府竹工協会が組織されると，竹工芸は一段と盛んになり，製品も高級化し，藍胎漆器などもつくられるようになった。

別府で育った竹工芸家も多い。その第一人者である生野祥雲斎は，1904(明治37)年に別府市大字内成に生まれ，佐竹邑斎に師事して竹芸の技術を習得し，県内における高級花籠の制作者として，その名を知られるようになった。1938(昭和13)年から，大分県工業試験場別府工芸指導所に勤務した。1940年の紀元2600年奉祝美術展に，「八稜櫛目編盛籠」で入選してのち，数多くの賞を受賞，1967年には，重要無形文化財竹工芸保持者の指定を受け，人間国宝となった。

泉とは，「血の池地獄」を指すと考えられる。

別府が湯治場として活況を呈するようになったのは江戸時代からで，寺島良安の『和漢三才図会』，貝原益軒の『豊国紀行』，古川古松軒の『西遊雑記』などにも記されている。さらに，別府が本格的な温泉町へ発展するのは，明治時代になってからである。

1871(明治4)年に，日田県知事松方正義の提唱で港がつくられ，以後，四国・中国・関西方面からの入湯客がふえ始めた。1920(大正9)年，大阪商船株式会社(現，関西汽船)の別府桟橋(現，楠

港)が完成し，大型客船の接岸が可能となった。1923年の日豊本線の全通により，別府温泉は観光・保養地として，さらに発展した。

　竹瓦温泉は，1879(明治12)年創建で，当初は竹屋根葺きの浴場であったが，その後，改築され瓦葺きになったことから，「竹瓦温泉」の名称がつけられた。1913(大正2)年には，別府町が6259円を投じて改築を行い，2階建て入母屋造となった。2階は畳890枚を敷き詰めた休息室であった。現在の建物は，1938(昭和13)年の建設で，かつての建築物の名残りが随所にみられる。正面は，唐破風の豪華な屋根をもち，その外観は戦前の温泉建築物を代表する，別府温泉の象徴的な存在となっている。

京都大学地球熱学研究施設 ㊱
0977-22-0713

〈M▶P.2, 46〉別府市野口原3088-176
JR日豊本線別府駅🚌扇山団地行
明豊キャンパス前🚶1分

赤レンガのモダンな近代建築物

　別府駅西口から扇状地を直線的にあがると，グローバルタワーを有するコンベンションセンター(ビーコンプラザ)がある。そのコンベンションセンター西側の向かいにあるのが，京都大学地球熱学研究施設である。1924(大正13)年に竣工し，1926年10月に開設された京都大学の施設で，設計・施工は，京都大学営繕課長の永瀬狂三が行った。当時の別府町が学術施設として誘致したもので，広大な敷地の中に映える地上2階建て，地下1階の赤レンガのモダンな建築物である。中央塔屋を中心に，左右対称の伸び伸びとした南面ファサードは端正なデザインで，鮮やかなレンガタイルの色調が親しみを感じさせる。1997(平成9)年に大規模な改修が行われたが，今日まで当時の外観をとどめている。

　その他の近代化遺産としては，別府市朝見浄水場(別府市朝見2)がある。竣工は1917(大正6)年で，幾多の改修工事が行われたが，当時の面影を残す建築物が数点残されている。集合井室は，八角形の平面に球状の屋根を載せた独特のものである。

　また別府駅から徒歩10分ほどの所に，別府市中央公民館があり，一見の価値がある。この建築物は，1924年の別府市制施行記念に別府市公会堂として建設が計画され，1928(昭和3)年に建てられた県

京都大学地球熱学研究施設　　　　　　　　別府市朝見浄水場集合井室

内最古の鉄筋コンクリート造りの建築物である。東側正面は，5連アーチの壁柱によるリズミカルなもので，全体的に大分県における近代建築のモダンデザインの始まりをみることができる。

吉祥寺開山塔（きっしょうじかいさんとう）㊲
0977-21-1111（別府市観光経済部・教育委員会生涯学習課）

〈M▶P.2, 46〉別府市乙原（おとばる）3648
JR日豊本線別府駅🚌鉄輪行ラクテンチ🚶10分

大友氏時創建の古刹跡

　ラクテンチバス停で下車し，約100m行くと，別府ワンダーラクテンチに至る。その南隣に，吉祥寺開山塔がある。吉祥寺は，1342（康永元・興国3）年に，大友氏8代氏時が創建した寺で，現在は廃寺（はいじ）となっている。寺域は最盛期には，ワンダーラクテンチのほぼ全域を含むほどであった。

　開山塔には，「当寺開山 昌華祐公大和尚 貞和（しょうげゆうこう じょうわ）三(1347)年丁亥」の銘文がある。またこの開山塔の横には，「大友氏時之塔」と刻まれた宝篋印塔（ほうきょういんとう）がある。氏時の生きた室町時代の九州は，懐良親王（かねよししんのう）を奉じた肥後（ひご）（現，熊本県）の菊池氏が優勢な時期で，南朝側が九州全域の支配権を握ろうとしていた。これに対して，唯一北朝側に与（くみ）した氏時は，高崎山（たかさきやま）（大分市）に立てこもって，攻め寄せる南朝側と戦い，北朝側の危機を救ったという。

石垣原古戦場跡（いしがきばるこせんじょうあと）㊳
0977-21-1111（別府市観光経済部・教育委員会生涯学習課）

〈M▶P.2, 46〉別府市南荘園町（みなみそうえんちょう）
JR日豊本線別府駅🚗10分

大友義統の豊後奪還の夢破れる

　別府市街地から湯布院へ向かう県道11号線が，九州横断道路と合流する地点に，別府八湯の1つ堀田温泉（ほった）がある。その堀田温泉の最

湯のまち別府　　49

上部近くに，1472(文明4)年に創建された天満神社がある。そして天満神社から南へ80mの所に，1600(慶長5)年の石垣原合戦の際におかれた大友義統の本陣跡の石碑が立っている。この辺りは，別府の扇状地の北側を一望できる要害の地で，敵対した黒田孝高(如水)の本営がおかれた実相寺山を見下ろすことができる。ここと実相寺山との間にある境川の一帯が，「九州の関ヶ原の戦い」とよばれた石垣原古戦場跡である。

　1578(天正6)年の耳川の戦いでの敗戦以後，大友氏は衰退の一途をたどった。そしてついに，1593(文禄2)年の朝鮮出兵の失策にともない，大友氏は豊後から除国され，豊後の大友氏の支配は幕を閉じた。

　関ヶ原の戦い(1600年)の直前，大坂方(西軍)と徳川方(東軍)はそれぞれ味方を募り，全国は2分される情勢にあった。大友義統は西軍に呼応し，旧領の豊後に戻り，浜脇(現，別府市浜脇)から上陸して堀田に陣をしき，東軍に与した黒田孝高らと石垣原で戦った。両軍あわせて約3000人の勢力が激突し，大友軍は劣勢をしいられた。ついには義統は捕らえられ，大友家再興はならなかった。

　この戦いで知られる人物に吉弘統幸がいる。統幸は大友氏の家臣で，初め，義統に東軍と組むことを主張したが受け入れられず，主君のために奮戦し，討死した。のちに統幸の霊をまつるために建てられたのが吉弘神社で，「吉弘」の名も，地名として残っている。

鬼の岩屋古墳 ㊴

0977-21-1111(別府市観光経済部・教育委員会生涯学習課)

〈M▶P.2, 46〉別府市北石垣172・132-1
JR日豊本線別府大学駅🚶10分

別府大学駅から西方に10分ほど歩くと，上人小学校に至る。上人小学校の敷地内に，鬼の岩屋古墳(国史跡)1号墳がある。直径16.5m・高さ5mの墳丘を残している。試掘調査によって，墳径は24mであることが確認されている。この古墳は，6世紀から7世紀にかけての円墳で，県内最大級のものである。内部主体は，前室・後室からなる複式の横穴式石室で，内部一面に朱が塗られており，前室や玄室などに，装飾文様が描かれている。

　また1号墳の南西約100mの所には，鬼の岩屋2号墳がある。こ

鬼の岩屋古墳

の古墳も古墳時代後期のもので、本来は径30m近い規模があったと推定されている。2号墳の石室は単純構造で、南東部に開口している。石室内には朱が塗られ、同心円文や三角文などの文様が描かれている。

　本来、この時期の装飾古墳は、筑後(現、福岡県南部)地方を中心に発達したもので、鬼の岩屋古墳の被葬者と筑後地方とのつながりを想定させる。

　鬼の岩屋古墳から大学通りを200mほど西に行くと、別府大学附属博物館がある。この博物館は、考古資料を中心とした歴史系博物館で、収蔵・展示されている資料の大半が、別府大学の学術発掘調査によって蒐集されたもので、学界でも高い評価を得ている。

　鬼の岩屋古墳の南約1km、実相寺山東麓の標高約50mの所に、実相寺遺跡がある。1953(昭和28)年、九州横断道路建設の際に発見された、弥生時代後期を中心とした遺跡である。当時発掘された2棟の竪穴住居跡を、実相寺古代遺跡公園内に復元している。

　また遺跡内には、太郎塚・次郎塚・鷹塚という、3基の横穴式の円墳がある。太郎塚からは、唐草文の透彫りを施した一対の金銅製の鏡板が出土しており、速見郡域を支配する有力な首長の墓であることが想定される。

　このほか、別府市内の古代遺跡としては、別府大学構内で発見され、弥生時代後期を中心とする住居群が出土した円通寺遺跡や、別府市北部の十文字原の台地上に位置する、縄文時代前期の十文字第1遺跡がある。十文字第1遺跡からは、

復元された竪穴住居(実相寺古代遺跡公園)

湯のまち別府　51

3基の縄文時代早期の配石土壙墓が発見された。このうちの1基は、実相寺古代遺跡公園に移築されている。

また、別府市南部の浜脇地区の丘陵部には、古墳時代後期の群集墓である横穴墓が数多く存在し、金比羅山横穴墓は、丘陵の両面に計26基確認されている。

火男火売神社 ④
0977-66-2402
〈M▶P.2,46〉別府市鶴見948 P
JR日豊本線別府駅🚌扇山団地・湯布院行朝日中学校🚶5分

一遍ゆかりの鉄輪温泉
鶴見山を鎮める

実相寺遺跡から九州横断道路を西に向かうと、毎年多くの湯治客で賑わう鉄輪温泉がある。その鉄輪に、県内唯一の時宗寺院である温泉山永福寺がある。時宗の開祖一遍ゆかりの寺とされ、南北朝時代に描かれた紙本著色遊行上人絵伝(国重文)がある。

これは建治年間(1275〜78)から1278(弘安元)年にかけて、豊後で布教し、別府の上人ケ浜から上陸、鉄輪温泉を開いたと伝えられる、一遍上人の諸人教化の過程を描いたものである。永福寺所蔵の絵伝は、全10巻のうち第7巻のみが現存しており、九州地方における時宗の活動を知る貴重な資料となっている。

また同寺には、一遍の木像が安置されており、毎年秋の湯浴み祭りでは木像を湯浴みさせている。鉄輪という地名は、1285年の『豊後国図田帳』には、鶴見加納と記録されている。これは、火男火売神社領15町に新しく組み込まれた土地のことを示し、この加納が転訛し、鉄輪になったという説がある。

火男火売神社(鶴見権現社、祭神火之迦具土命・火焼速女命)は、鉄輪温泉街から九州横断道路を西にのぼって、朝日中学校に隣接した杉木立の中にある。鶴見山(1375m)の神として歴史は古く、

火男火売神社

867(貞観9)年に鶴見山が大噴火をおこした際，朝廷は火男火売神を鎮撫するために，大般若経を読経させ，鎮静した後に火男神を従五位上，火売神に従五位下を授けたと『日本三代実録』にみえる。さらに朝廷は，『延喜式』式内社として位置づけた。現在の鳥居や石灯籠は，江戸時代に建てられたものである。

火男火売神社とよばれる神社は，ほかに1社存在する。志高湖入口に鳥居がある神社で，江戸時代から御嶽権現社とよばれた。社殿は自然林(県天然)に囲まれ，境内にある石造の宝塔(県文化)は「元亨二(1322)年」の銘が刻まれている。

竈門氏墓地古塔群 ㊶
0977-21-1111(別府市観光経済部・教育委員会生涯学習課)

〈M▶P.2, 46〉別府市野田
JR日豊本線別府駅🚌鉄輪行終点🚶15分

五輪塔・国東塔・板碑

鉄輪バス停から北へ約1kmの貴船城北側の高台に，源為朝をまつった羽室御霊社がある。その境内に，鎌倉時代から室町時代にかけて竈門荘を支配した竈門氏の墓地古塔群(県史跡)がある。1306(嘉元4)年につくられた五輪塔(県文化)を始め，国東塔・板碑などを含めて計23基が群立しており，社殿に向かって左側に9基，右側に10基，境内東南隅に4基が配置されている。

古くから，源為朝の十二妃の墓と伝えられてきた。しかし，「嘉元四年」の銘文がある五輪塔に，「沙弥道善」の名が刻まれていることから，この人物は『豊後国図田帳』の「地頭職竈門次郎貞継法名道善」と同一人物であることが明らかとなり，竈門氏に関わりのある古塔群であることがわかった。

竈門氏墓地五輪塔

8 別府湾北岸を行く

かつて日出藩・杵築藩があり、近世城下町の風情を今に伝え、内陸部では、中世の仏教文化をうかがい知ることができる。

松屋寺 ㊷
0977-72-2561
〈M▶P.2,54〉 速見郡日出町石道1921 P
JR日豊本線暘谷駅 🚶10分

日出藩主の菩提寺

松屋寺

暘谷駅より国道10号線に出て、松屋寺入口バス停を山手に入ると、日出藩主木下氏の菩提寺である松屋寺(曹洞宗)がある。寺伝によると、8世紀前半に仁聞が水月堂を建立したことが始まりとされ、日出藩2代藩主木下俊治が、江戸泉岳寺(現、東京都港区)6世嶺外和尚を招いて住持とし、以後、曹洞宗となった。本堂前庭にあるソテツ(国天然)は、江戸時代より日本一の大ソテツとして名高い。

松屋寺には、そのほか宝台上に側臥する釈迦と悲嘆にくれる会衆・諸動物を描いた絹本著色仏涅槃図(県文化)や、日出藩初代藩主木下延俊が、祖母朝日局らの菩提を弔うために描かせた、絹本著色肖像画(県文化)などの文化財を収蔵している。

また、松屋寺の手前にある龍泉寺(浄土宗)の前を直進すると、右手に帆足万里墓(県史跡)がある。

帆足万里

コラム 人

学者・教育者・家老として藩政に尽力

　豊後三賢の1人，**帆足万里**は，日出（現，日出町）出身の儒学者である。万里は実名で，通称は里吉といった。当時の知識人が称した雅号を，意識して使わない，実直な人柄であった。

　三浦梅園の高弟脇蘭室に学び，間接的ながら梅園の条理学の感化を受けた。万里は，梅園や広瀬淡窓と違って，学問の世界だけではなく，実際の政治にも参画した点が特筆される。日出藩家老として，55歳から約3年間藩政改革に携わった。

　交友関係は広く，とりわけ淡窓とは，4歳違いのほぼ同年代ということもあって，親しく交流した。

　淡窓は，1801（享和元）年に初めて日田（現，日田市）を訪れた万里のことを，自叙伝『懐旧楼筆記』の中で，「幼ヨリ学ヲ好ミ，博聞強記ニシテ，文章ヲ能セリ……此人，後年其名益高ク，一世ニ於テ，大儒ノ称ヲ得タリ」と記している。

　代表的著書は，33歳のときに執筆した『窮理通』である。10余りの蘭書を駆使して著したこの書は，日本最初の自然科学の入門書として名高い。最初の執筆後，誤訳の引用を悔やみ，蘭語を独習しながら，没するまで訂正・加筆を続けた。

　また，万里は1803（享和3）年以来，家塾稽古堂や藩学問所，隠棲後に設けた私塾西崦精舎などで，教育活動にも尽力した。

　生涯の門人数は約150人。その中には福沢諭吉の父百助や，滝廉太郎の祖父平之進らもいる。

致道館 ㊸
0977-73-3158（日出町商工観光課）
0977-72-8608（日出町教育委員会生涯学習課）

〈M▶P.2,54〉 速見郡日出町二の丸
JR日豊本線暘谷駅 🚶10分

日出藩校万里の遺品

　暘谷駅を出て海岸の方へ10分ほど進むと，日出藩の藩校**致道館**（県史跡）がある。日出藩15代藩主木下俊程が，銭14貫余りを投じて，1858（安政5）年に暘谷城内二の丸に開校し，1871（明治4）年の廃藩まで13年間続いた。

　督学は米良東嶠。寮生約50人，通学生約200人で，

致道館

別府湾北岸を行く

能力により，受業生・素読生・四書生・五経生・明経生に分けられていた。

建物は寄棟造・瓦葺きの一部2階建てで，門は切妻造・瓦葺きの薬医門。1951(昭和26)年，帆足万里没後100年祭に際して，現在地に移築された。2011(平成23)年から約4年をかけて進められた修復工事(主屋・門・石垣)は2015(平成27)年に竣工した。大分県に残る唯一の藩校建築物である。

暘谷城跡 ㊹

0977-73-3158(日出町商工観光課)
0977-72-8608(日出町教育委員会生涯学習課)

〈M►P. 2, 54〉速見郡日出町日出2610-1
JR日豊本線暘谷駅🚶10分

別府湾の絶景を望む

暘谷駅を出て南へ10分ほど進んだ所に，江戸時代を通じて日出藩主であった木下氏の居城暘谷城跡がある。1601(慶長6)年，日出藩初代藩主木下延俊が姫路(現，兵庫県姫路市)から移封され，入部直後から築城に取りかかり，翌年完成した。築城の縄張りは，延俊の義兄である細川忠興と伝えられる。

現在は日出小学校敷地として石垣のみを残すが，当初の本丸には，3層の天守閣が存在した。高崎山(大分市)を南正面に，別府湾を望む断崖に立地し，ここからの別府湾の風景は絶景といわれる。また，本丸下の海岸は城下海岸とよばれ，有名な城下カレイの名前の由来となっている。

杵築城 ㊺

0978-62-4532

〈M►P. 2, 57〉杵築市杵築城山15-1 Ⓟ
JR日豊本線杵築駅🚌杵築バスターミナル行終点🚶5分

守江湾に横たわる牛
能見松平氏の居城

杵築バスターミナルより南へ200mほど進むと，左手に大鳥居があり，石段をのぼると，七島藺(畳や筵の原料)の移植者をまつった青筵神社が鎮座する。そこからさらに250mほど進むと，1970(昭和45)年に本丸跡に天守閣が再建された杵築城がある。八坂川と高山川に挟まれ，眼下に守江湾を望む要害の地に建てられた平山城で，別名臥牛城ともよばれる。

1394(応永元)年に木付頼直が築城し，1593(文禄2)年以降，杉原・早川・細川・小笠原氏と城主がかわり，1645(正保2)年からは能見松平氏の居城となり，城下町が整備された。

杵築城天守閣

杵築市中心部の史跡

大原邸 ㊻
おおはらてい
0978-63-4554

〈M▶P.2,57〉杵築市杵築207
JR日豊本線杵築駅🚌杵築バスターミナル行終点🚶5分

杵築バスターミナルから南へ300mほど進むと、右手に勘定場の坂がある。この坂をのぼり詰めると、土塀と長屋門が並ぶ北台武家屋敷である。通り沿いにある杵築小学校の校門には、杵築藩校学習館の正門が使われており、この通りの突き当り左手に、大原邸がある。幕末に杵築藩家老をつとめた大原家の屋敷で、表に桁行8間半・梁間2間の長屋門を設け、屋根は寄棟造の草葺きで、庭園は回遊式庭園となっている。

杵築藩の武家屋敷

大原邸

きつき城下町資料館 ㊼
じょうかまちしりょうかん
0978-62-5750

〈M▶P.2,57〉杵築市南杵築193-1 **P**
JR日豊本線杵築駅🚌杵築バスターミナル行終点🚶15分

大原邸から酢屋の坂を南へくだり、谷町におりて再び志保屋の坂をのぼると、南台武家屋敷に至る。そのすぐ左手に、きつき城下町資料館がある。1993(平成5)年に開館し、近世の杵築藩政の貴重

杵築の先哲を顕彰

別府湾北岸を行く

きつき城下町資料館

な資料や、麻田剛立らに代表される杵築藩出身の先人たちに関する資料を、収蔵・公開している。展望台からは、杵築城・八坂川河口・守江湾が見渡せる。

小熊山古墳・御塔山古墳 ㊽
0977-75-2414(杵築市教育委員会文化・スポーツ振興課)
0978-62-3131(杵築市産業建設部商工観光課)

〈M▶P.2〉杵築市美濃崎
JR日豊本線杵築駅🚗20分／🚗25分

大分県内最大級の墳墓

　杵築駅から東へ向かい、杵築市街地を通過して国道213号線に出て、国東方面に10分ほど進む。さらに狩宿の標識のある交差点を右折して、道なりに二股を右手に進むと集落があり、そこから山にのぼる細道を行くと、美濃崎漁港の北東丘陵部に位置する小熊山古墳(国史跡)の後円部に出る。

　4世紀中頃から後半の築造とみられる前方後円墳で、墳長120m、大分県内2番目の規模をもつ。前方部は3段、後円部は2段に築かれ、壺形埴輪と葺石なども確認されている。

　小熊山古墳からさらに北へ350mほど行くと、御塔山古墳(国史跡)がある。5世紀前半頃につくられたとみられる大型円墳で、墳丘部は径75m・高さ約12mで、4段に築成されている。県内最大規模の古墳である。

奈多宮 ㊾
0978-63-8088

〈M▶P.2〉杵築市奈多
JR日豊本線大分駅🚌国東行奈多八幡🚶3分

宇佐八幡行幸会の終着地

　奈多八幡バス停から海岸沿いに松林の中を進むと、瀬戸内海を望む奈多海岸に鎮座する奈多宮(祭神応神天皇・比売大神・神功皇后)に着く。宇佐神宮(宇佐市)の別宮で、八幡奈多宮ともよばれる。かつて、宇佐神宮の最大神事に行幸会があったが、その終着地である。そのため同社には、木造僧形八幡神坐像1軀・木造女神坐像2軀(いずれも国重文)など、多くの神像が残されている。

　また、このほかに、応永年間(1394〜1428)に書写された『八幡宇

城下カレイ

コラム

将軍に献上された「殿様の魚」

速見郡日出町は、豊臣秀吉の正室北政所一族の木下氏を藩主とし、幕末まで栄えた日出藩の城下町である。

その日出町を代表する食が「城下カレイ」である。「城下カレイ」とは、別府湾に生息するマコガレイのことである。

カレイの古名は王余魚であるが、やがて「比目の魚」「鰈」などとよばれるようになった。とりわけ日出では、江戸時代に入り「城下カレイ」と称され、美味な高級魚として珍重されてきた。

暘谷城(日出城)下の近海に生息し、「殿様の魚」として明治時代に至るまで、庶民には食べられない魚であったことが、名称の由来である。

旬は5～6月で、藩主家では毎年端午の節句の際、城下カレイを使った特別な料理が供された。また将軍へ、これを献上したという記録も残っている。

城下カレイが美味である理由として、崖下の海底から湧き出る淡水の影響で、餌が豊富であることや、海底が砂であるため、底魚特有の泥臭さがないことなどがあげられる。

料理は元禄・宝永年間(1688～1711)頃から始まり、最盛期には約50種類の献立を有したという。また栄養価の高い皮・肝を無駄なくいかすなど、理にかなった料理として、今日でも高い評価を得ている。

地元出身の先人脇蘭室や帆足万里の著作にも、城下カレイに関する記述がみられる。現在の安心院町出身の明治～昭和時代初期の政治家で、美食家としても知られる木下謙次郎が、昭和時代に著した『続美味求真』で、全国にその名が知られるようになった。

佐宮御託宣集』を始めとする、宇佐宮に関する多くの文化財が収蔵されている。

木造僧形八幡神坐像・女神坐像

別府湾北岸を行く

倉成磨崖仏 ㊿

0977-75-2414(杵築市教育委員会文化・スポーツ振興課)
0978-62-3131(杵築市産業建設部商工観光課)

〈M►P. 2〉杵築市山香町倉成
JR日豊本線杵築駅🚗20分

静かに村を見守る7軀の石仏

倉成磨崖仏

杵築駅から西へ向かい，国道10号線に出て，宇佐方面に15分ほど進み，山香中学校手前の交差点を右折し，道なりに進み二股を2回右折，3回目は左に向かう小道を進むと堂がある。ここから徒歩で民家脇の道をのぼると，14世紀に制作されたと思われる倉成磨崖仏がある。

破損・剥落が激しいが，横3.3m・縦2.35mの龕の中に，向かって右から，童子形立像・十王坐像・倶生神坐像・地蔵菩薩立像・童子形坐像・十王坐像・倶生神立像の順に，7軀の石仏が刻まれている。

龍蓮寺国東塔・石丸国東塔 (51)(52)

0977-75-2414(杵築市教育委員会文化・スポーツ振興課)
0978-62-3131(杵築市産業建設部商工観光課)

〈M►P. 2, 61〉杵築市大田波多方／杵築市大田石丸
大分空港🚗20分／🚗25分

鎌倉・南北朝時代の国東塔

大分空港から国道213号線を杵築方面に1kmほど進み，右折して県道34号線に入り，豊後高田方面へ約17km行くと，左手に現在は無住となっている福寿山龍蓮寺(臨済宗)がみえてくる。ここには，「永和二(1376)年」の銘をもつ龍蓮寺国東塔(県文化)が残されている。

総高は約3.5m，基礎は3重で，その第3重は各面とも3区に分けられ，それぞれに格狭間が刻まれている。台座は反花と蓮華座からなり，塔身は押しつぶした球形状につくられている。

龍蓮寺国東塔から県道34号線を豊後高田方面へ約2kmほど行くと，大田中学校があり，そのすぐ南側に「元徳二(1330)年」の銘を

龍蓮寺国東塔　　　　　　　　　　　　　　　石丸国東塔

もつ石丸国東塔（宝塔，国重文）がある。

　総高は約2.2mで，小塔ながらも安定感がある。相輪の上部は失われているが，反りの少ない屋根やどっしりとした塔身，力強い反花に，鎌倉時代の名残りが感じられる。塔身に「奉納 妙法華経三部」と刻まれており，鎌倉時代末期に，納経のために造立されたものと考えられる。

杵築市北部の史跡

別府湾北岸を行く

田原家五重塔 ㊼
0977-75-2414(杵築市教育委員会文化・スポーツ振興課)
0978-62-3131(杵築市産業建設部商工観光課)

〈M▶P.2, 61〉杵築市大田沓掛
P
大分空港🚗30分

　石丸国東塔から，県道34号線を1.5kmほど豊後高田方面へ進み，県道31号線と交差する所を右折する。県道31号線を国東方面に行くと標識があり，田原家五重塔(国重文)に至る。

　総高は約4.1m，3重の基礎に5重の塔身が立っており，相輪はそのほとんどを失っている。基礎の第3重は各面とも3区に分けられ，それぞれに格狭間が刻まれている。塔身は，各層とも軸部と屋根は別材でつくられている。

　1968(昭和43)年の解体修理の際，格狭間に「延元四(1339)年」の銘があることが判明した。鎌倉時代に田原別符(現，杵築市大田)に入り，豊後国守護大友氏の庶家として勢力を拡大していった田原家の墓とみられる。

　この田原家のものと伝えられている墓地が，田原家五重塔から約300m上流にある。地元では，丸山墓地(田原家墓地，県史跡)ともよばれている。鎌倉時代から南北朝時代にかけて造立されたと考えられる，五輪塔や宝篋印塔を始め，約30基の石塔類が並び立つ。

西専寺 ㊶
0977-75-2414(杵築市教育委員会文化・スポーツ振興課)
0978-62-3131(杵築市産業建設部商工観光課)

〈M▶P.2, 61〉杵築市大田永松
大分空港🚗30分

　田原家五重塔から県道31号線に戻ると，ほぼ正面に現在は無住となっている養水山西専寺(臨済宗)がある。

　この西専寺の小堂には，木造地蔵菩薩坐像(県文化)がある。像高51.2cmで，カヤの寄木造。切れ長の目，うねりの強い唇など，端正な目鼻立ちをしており，さらに複雑な衣文の表現には，洗練さが感じられる。鎌倉時代後期の作とされる。

　またここには，総高約2.8mの宝篋印塔(県文化)が残されている。完形の秀作で，無銘ながらその形態などからみて，南北朝時代末期から室町時代初期頃の造立と考えられる。

　なお，隣接する永松天満宮には3面の懸仏(県文化)がある。鎌倉時代から室町時代にかけての作とされ，いずれも十一面観音を

田原家五重塔　　　　　西専寺宝篋印塔 　　　　　　　　田原若宮八幡社国東塔

本尊としている。

田原若宮八幡社 ㊺
0977-75-2414(杵築市教育委員会文化・スポーツ振興課)
0978-62-3131(杵築市産業建設部商工観光課)

〈M▶P.2, 61〉杵築市大田永松
200
大分空港🚗35分

貴重な板絵八幡曼陀羅

　西専寺から県道31号線を国東方面に約1kmほど進むと、田原若宮八幡社(祭神仁徳天皇・仲哀天皇・神功皇后・応神天皇ほか)に着く。ここには、鎌倉時代末期から南北朝時代にかけての作とされる国東塔(県文化)がある。基礎は3重で、その第3重は各面とも2区に分けられ、それぞれに格狭間が刻まれている。相輪上部を失っているが、総高約2.4mの秀作である。

　また、1429(正長2)年の作とされる板絵の八幡曼陀羅(県文化)は、絵画資料の少ない中世における貴重な作品である。縦38cm・横73cmで、キリ材に描かれている。これは、田原若宮八幡社の祭神を曼陀羅図として表現したもので、円の中に菩薩形坐像4神と武官2神が描かれている。

財前家墓地 ㊻
0977-75-2414(杵築市教育委員会文化・スポーツ振興課)
0978-62-3131(杵築市産業建設部商工観光課)

〈M▶P.2〉杵築市大田小野 🅿
大分空港🚗45分

中世石造文化財が集中

　田原若宮八幡社から県道31号線をさらに、国東方面に4kmほど直進すると、小俣道板碑(県文化)がある。総高は約1.4mで、碑身

別府湾北岸を行く　　63

財前家墓地

の中央部がへこんでおり、一見わずかに前傾しているようにみえる。碑身上部には、種子が大きく薬研彫りされ、また下部には、「貞和三(1347)年」の銘がある。

　ここから200mほど上流へ離れた所に、諸田越板碑(県文化)がある。総高は約1.7mで、高さ約2mの巨大な自然石に嵌め込まれて立っている。碑身上部には三尊の種子が、下部には「貞治第五(1366年)」の銘が刻まれている。

　諸田越板碑からさらに上流へ200mほど進むと、財前家墓地(県史跡)に着く。墓地中央の基壇には、「元応第三(1321)歳次」の銘がある総高約3mの財前家宝塔(国東塔、国重文)のほか、塔下から火葬骨が出土

財前家墓地国東塔

した鎌倉時代末期の作という国東塔と、室町時代の作と考えられる国東塔がある。

　これを中心として、向かって右に2列10基の小型の国東塔、左に1列3基の小型国東塔がある。これらはいずれも、室町時代から戦国時代にかけてのものと考えられる。

　財前家墓地には、ほかに約150基の五輪塔・板碑・宝篋印塔などの石塔類がみられる。国東塔を中心に墓地が形成されたことがわかるとともに、中世の石造文化財の秀作が、1カ所に集中している点も貴重である。

Kunisaki
Usa
Nakatsu

神の里，仏の山と蘭学の道

富貴寺大堂内部復元模型（大分県立歴史博物館内）

福沢諭吉胸像（福沢諭吉旧宅内）

◎神の里，仏の山と蘭学の道散歩モデルコース

1. 大分空港 50 熊野磨崖仏 10 真木大堂 10 富貴寺 20 長安寺 15 天念寺 40 岩戸寺 15 文殊仙寺 30 千燈寺跡 35 霊仙寺 45 両子寺 10 三浦梅園旧宅 30 大分空港

2. JR日豊本線宇佐駅 10 大分県立歴史博物館・宇佐風土記の丘 5 宇佐神宮（本殿・宝物館・弥勒寺跡・呉橋） 5 大善寺 10 百体社 1 凶士塚（凶首塚古墳） 2 化粧井戸 15 極楽寺 5 大楽寺 10 JR宇佐駅

3. JR日豊本線柳ヶ浦駅 5 航空隊踏切 15 柳ヶ浦小学校 15 蓮光寺生残り門 40 航空隊滑走路跡 10 城井1号掩体壕 35 宇佐海軍航空隊忠魂碑 15 JR柳ヶ浦駅

4. JR日豊本線柳ヶ浦駅 15 双葉の里 5 芝原善光寺（豊前善光寺） 10 四日市陣屋門 5 東本願寺別院・西本願寺別院 15 東光寺五百羅漢 5 JR柳ヶ浦駅

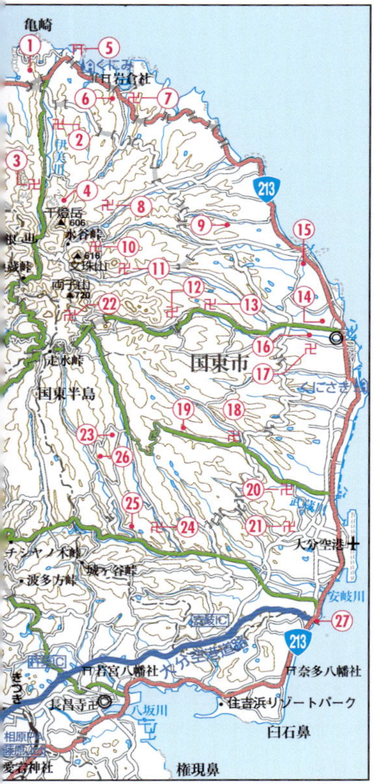

①鬼塚古墳
②平等寺
③千燈寺
④千燈寺跡
⑤伊美別宮八幡社
⑥国見ふるさと展示館
⑦胎蔵寺
⑧岩戸寺
⑨長木家国東塔
⑩文殊仙寺
⑪成仏寺
⑫神宮寺
⑬泉福寺
⑭吉木九重塔
⑮狐塚古墳
⑯安国寺集落遺跡
⑰安国寺
⑱報恩寺
⑲西光寺国東塔
⑳照恩寺国東塔
㉑宝命寺
㉒両子寺
㉓三浦梅園旧宅
㉔瑠璃光寺
㉕釜ヶ迫国東塔
㉖護聖寺板碑
㉗塚山古墳
㉘熊野磨崖仏
㉙真木大堂
㉚元宮磨崖仏
㉛富貴寺
㉜天念寺
㉝長安寺
㉞真玉寺
㉟福真磨崖仏
㊱無動寺
㊲別宮八幡社
㊳霊仙寺
㊴大分県立歴史博物館
㊵宇佐風土記の丘
㊶宇佐神宮
㊷大楽寺
㊸百体社
㊹城井１号掩体壕
㊺双葉の里・双葉山生家
㊻芝原善光寺
㊼四日市別院
㊽虚空蔵寺跡
㊾東光寺五百羅漢
㊿御許山
51鳥居橋
52荒瀬橋
53龍岩寺奥院
54下市・折敷田地区
55龍王城跡
56佐田神社
57楢本磨崖仏
58寺町界隈
59大江医家史料館
60福沢諭吉旧居
61中津城
62中津市歴史民俗資料館
63村上医家史料館
64自性寺
65鷹神社

5. JR日豊本線宇佐駅 30 鳥居橋 8 富士見橋 10 龍岩寺 20 佐田神社 10 安心院 下市・折敷田地区 10 龍王地区 40 JR宇佐駅

6. JR日豊本線中津駅 10 寺町 5 大江医家史料館 10 増田宋太郎旧宅跡 2 福沢諭吉旧居・記念館 15 中津城 10 中津市歴史民俗資料館 2 井上屋敷(織部灯籠) 5 村上医家史料館 10 自性寺(大雅堂) 10 金谷武家屋敷 15 JR中津駅

東国東を歩く

六郷満山文化が開花した国東半島，伊予灘に面した東側は，貴重な木造・石造美術があり，華やかな仏教文化が垣間見られる。

鬼塚古墳 ❶
0978-82-1115（国見教育事務所生涯学習課）
0978-72-2677（国東市教育委員会文化財課）

〈M ▶ P. 67, 68〉 国東市国見町中 P
JR日豊本線宇佐駅 🚗 40分

線刻画による装飾

　宇佐駅前の国道10号線を中津方面へ400mほど進み，右折して国道213号線に入る。約30km国見方面へ進み，案内板に従って左折，5分ほどで鬼塚古墳（国史跡）に着く。この古墳は6世紀末の築造とみられ，周防灘を望む丘陵上に立地し，計11基あった西山古墳群の1つとして知られる。

　外形は直径約13mの円墳で，馬蹄形に空濠がめぐる。横穴式石室をもち，その奥壁と左右の壁には，線刻画による装飾が施されている。刻線の重複が多く，画題や後世の追刻を判断することが困難であるが，人物・鳥・舟・樹木などが描かれている。

　1984（昭和59）・85年に行われた修復工事にともなう発掘調査の際，石室に向かう羨道部から金環やガラス玉，あるいは大刀金具や鉄鏃などが出土している。また鬼塚古墳

神の里，仏の山と蘭学の道

鬼塚古墳　　　　　　　　　　　　　　　　　　　平等寺周辺の石造物群

は，中世の時期に墓地として再利用されたとみられ，土壙墓2基と白磁碗や染付碗といった中世の遺構や遺物も出土している。

平等寺 ❷　〈M▶P.67,68〉国東市国見町野田字平等寺
0978-82-1115（国見教育事務所生涯学習課）　JR日豊本線宇佐駅🚗50分
0978-72-2677（国東市教育委員会文化財課）

鬼塚古墳から国道213号線に戻り，左折したらすぐに右折して県道31号線に入る。3kmほど南へ進み，案内板に従って左折し，平等寺橋を渡ると，すぐに野田山平等寺（天台宗）がある。伊美川右岸，野田山西側の中腹に立地するこの寺は，六郷山寺院の1つとして知られるものの，現在は無住になっている。

　収蔵庫内にある木造釈迦三尊像（県文化）は，中央の釈迦坐像（像高82.5cm），向かって右の文殊菩薩像（像高67.5cm），向かって左の普賢菩薩像（像高56cm）の三尊一具からなり，いずれもカヤの一木造である。地方色の濃い国東平安仏の中にあって，もっとも古様，かつ典型的な作といえる。平等寺伝来の平安仏としては，上記の釈迦三尊像と同時期の作とされる木造二天王立像（県文化）がある。いずれもカヤの一木造であり，像高は92.1cmと104.2cmである。平等寺周辺には，中世のものとみられる石造物が多数ある。

千燈寺 ❸　〈M▶P.67,68〉国東市国見町千灯558
0978-82-0767・1012　JR日豊本線宇佐駅🚗50分

平等寺から県道31号線に戻り左折し，2kmほど進むと補陀落山千燈寺（天台宗）に着く。この寺は，718（養老2）年に仁聞が開いた六郷山寺院といわれている。ただし，本来の千燈寺は現在地ではな

東国東を歩く

千燈寺石造宝塔　　　　　　　　千燈石仏

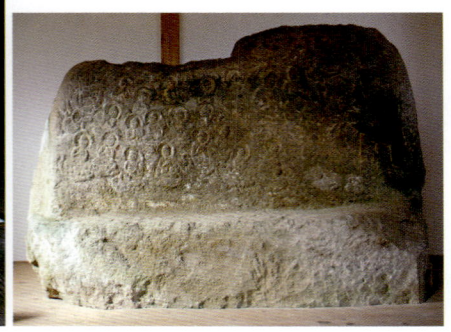

く，約 1 km 南東の千燈寺跡にあった。

　この寺に伝わる木造如来坐像(県文化)は，像高51.5cmでヒノキの寄木造，鎌倉時代の作とされる。しかし，小さく整った螺髪や切れ長の目，小さく引き結んだ口元などには，平安時代後期の洗練された技法もみられる。

　石造文化財では，総高59cmで，平安時代末期作とされる千燈寺石造宝塔(県文化)がある。これは，旧千燈寺奥の院の岩屋にあったものが，山火事で基礎を破損したために，千燈寺へ移されたものである。茶壺形の塔身には，その上部から塔身内を円形に刳り貫いた奉納孔があり，塔身側面に開かれた縦約20cm・幅約 7 cmの口に通じている。笠には露盤があるが，残念ながら相輪は失われている。

　また千燈寺には，六郷山寺院特有の祭礼である修正鬼会で使用された鬼会面 4 面(県文化)が残されている。荒鬼 2 面・鈴鬼 1 面・鈴鬼女 1 面からなり，江戸時代に作成された。修正鬼会で実際に使われたことが判明している鬼会面の中では，今のところ最古のものである。

　なお，千燈寺からさらに600mほど南に進むと，千燈石仏(県史跡)がある。これは，高さ約70cm・幅約160cm・厚さ約50cmの板石に，弥陀来迎図が刻まれたものである。鎌倉時代末期から南北朝時代にかけての作とされ，六郷山寺院における浄土信仰の広まりを物語る貴重な文化財といえる。

70　　神の里，仏の山と蘭学の道

姫島黒船騒動

コラム

黒曜石の島に外国艦隊が集結

姫島は、国東半島北端の伊美港の東北6kmほどの周防灘に浮かぶ周囲約17kmの島である。黒曜石を始め、ナウマンゾウの臼歯・骨などの化石のほか、いろいろな地質現象がみられ、島全体が「地質の標本室」といわれている。

黒曜石は、石鏃や石斧などの石器の材料として盛んに利用され、山口県・愛媛県など、瀬戸内海西部沿岸各地に運ばれていた。

全国的にみて、黒曜石は黒色のものが多いが、姫島のものは灰白色半透明の点が特徴である。

この姫島に住む人びとを驚かせる大事件が、1863(文久3)年5月30日に発生した。島民が「夜分、牛を曳き、或は老少の手を引き、嶽へ登り候などいたし、至って騒ぎ候」(『万年記』)とあわてふためいたのは、姫島の南瀬戸にアメリカ艦ワイオミング号が碇泊したからである。初めて間近に外国船をみた驚きであった。

6月1日、ワイオミング号は下関(現、山口県)の亀山砲台を壊滅状態にまで砲撃し、再び姫島の南瀬戸に碇泊したが、翌2日には姫島を離れた。

驚きも冷めやらぬ翌1864(元治元)年6月23日、今度はイギリス艦2隻が碇泊し、2人の人物が上陸した。イギリスに留学していた伊藤博文と井上馨であった。彼らは、攘夷を決行した長州藩(現、山口県)の無謀な行動をやめさせようと帰国したのであった。

姫島村庄屋古庄虎治は、2人を長州に送り届けたが、説得は失敗し、長州藩の攘夷の考えをかえることはできなかった。

同年8月1日、姫島沖にイギリス・フランス・アメリカ・オランダの四カ国連合艦隊が、長州攻撃のために集結し始めた。18隻(19隻とも)となった四カ国連合艦隊は、4日、下関方面へ向かって出発し、長州軍は完敗した。

その後、姫島に江戸幕府の御用石炭が保管されることとなったが、貯蔵されていた石炭120万斤(約723 t)は、第2次長州戦争のさなか、1866(慶応2)年6月26日に出火し、4カ月燃え続けたという。

幕末動乱の荒波が姫島に押し寄せてきたのであった。

千燈寺跡 ❹
0978-82-1115(国見教育事務所生涯学習課)
0978-72-2677(国東市教育委員会文化財課)

〈M▶P.67, 68〉国東市国見町千灯
JR日豊本線宇佐駅 🚗60分

創建時の千燈寺

千燈寺からさらに南へ500mほど進み、案内板に従って左折し、不動橋を渡ると、しばらくして千燈寺跡に着く。ここを含め、同寺に所属していた周辺の坊跡・岩屋跡や奥の院は、一括して県史跡に

東国東を歩く 71

千燈寺跡石造仁王像

指定されている。

　本堂跡に向かう参道には，石垣を積みあげた坊跡が残っており，本堂跡の前には，レリーフ状の石造仁王像(阿形が像高160cm，吽形が像高165cm，県文化)が立っている。さらに本堂跡を過ぎると，講堂跡や奥の院，そして1000基を超える石塔群がある。手前は，弘法堂跡と仁聞国東塔(県文化)を中心とする五輪塔群で，約140基からなる。

　仁聞国東塔は，総高約2ｍで南北朝時代の作とみられ，仁聞の墓と伝えられているものである。この奥に広がる約900基の五輪塔群には，目を奪われる。

伊美別宮八幡社 ⑤
0978-82-1115(国見教育事務所生涯学習課)
0978-72-2677(国東市教育委員会文化財課)

〈M▶P.67, 68〉国東市国見町伊美2710 P
JR日豊本線宇佐駅 🚗 50分

石清水八幡宮の分霊を分祀

伊美別宮八幡社国東塔

　千燈寺跡から国道213号線に戻って右折し，3分ほど進んで案内板に従い左折すると，伊美別宮八幡社(祭神品陀和気命・帯中津日子命・息長帯比売命)に着く。ここは，宇佐宮弥勒寺領伊美荘(現，国見町中・伊美・櫛来・赤根・千灯・野田付近)の鎮守で，社伝によると，886(仁和2)年に京都石清水八幡宮の分霊を勧請したという。宇佐宮ではなく，遠く石清水から勧請されたのは，弥勒寺領荘園の本家職が，石清水八幡宮へ寄進されたことによるものと考えられる。

伊美別宮八幡社にある国東塔(石造宝塔，県文化)は，「正応三(1290)年」の銘があり，総高は約4.8mである。これは，明治時代初期に取りこわされた塔を，1933(昭和8)年に復元したもので，各部とも均整のとれた秀作である。

国見ふるさと展示館 ❻
0978-83-0321
〈M►P.67,76〉国東市国見町岐部536 Ⓟ
JR日豊本線宇佐駅 🚗 60分

庄屋屋敷を保存・活用

　伊美別宮八幡社から国道213号線に戻り左折し，さらに4kmほど東へ進むと，国見ふるさと展示館に着く。この施設は，明治時代初期に建造された庄屋屋敷を，保存・活用するために設置された資料館である。約3000m²の敷地に史料館(母屋，342m²)，民俗資料室(離れ，186m²)，展示室(蔵，150m²)，食堂・売店(馬屋)，庭園がある。なお展示は「ペトロ岐部カスイ」「六郷満山文化」「民俗文化」「国見出身の芸術家たち」の各コーナーにより構成されている。

胎蔵寺 ❼
0978-83-0302・0321
〈M►P.67,76〉国東市国見町岐部1806 Ⓟ
JR日豊本線宇佐駅 🚗 60分

天台宗寺院から浄土宗寺院へ

　国見ふるさと展示館から，国道213号線をさらに東へ600mほど進んで左折すると，すぐに天地山胎蔵寺(浄土宗)に着く。この寺は，もともと六郷山寺院の1つとして天台宗に属していたが，1533(天文2)年に了閑上人が浄土宗に改宗し，中興したといわれている。

　胎蔵寺に伝わる木造地蔵菩薩立像(県文化)は，像高78.7cm，ヒノキの一木造で，境内地蔵堂の本尊である。丸顔に目鼻立ちも小づくりな円満相には，平安時代後期の特徴があり，12世紀に入ってか

国見ふるさと展示館　　　　　　　　　　　　　　　　　　胎蔵寺

東国東を歩く

らの作と考えられる。

　同じく，境内地蔵堂に安置されている木造大日如来坐像（県文化）は，像高46.5cmの小像で，ヒノキの寄木造である。半円形の眉に切れ長の目，小さく引き結んだ口元などには，平安時代末期の特徴がみられる。

岩戸寺・長木家国東塔 ❽❾

0978-77-0537（岩戸寺）/0978-72-2677（国東市教育委員会文化課）

〈M▶P.67, 76〉国東市国東町岩戸寺1232
P／国東町 東堅来
大分空港 🚗50分／🚗45分

大分県内最古の国東塔

　大分空港出口の交差点から，国道213号線を国東・武蔵方面に20kmほど進んで，左折して県道544号線に入る。7kmほどで石立山岩戸寺（天台宗，県史跡）に着く。この寺は，718（養老2）年に仁聞が開いた六郷山寺院の1つといわれている。山腹に立地し，麓から頂上部に向かって，縦に連なる伽藍配置をもっている。

　奥の院へ向かう参道入口には，「文明十（1478）年」の銘をもつ石造仁王像（金剛力士立像，県文化）が立っている。像高は阿形140cm・吽形135cmである。参道の途中には，右手に総高約2.5mの石幢（県文化）と県内最古の紀年銘をもつ岩戸寺国東塔（岩戸寺宝塔，国重文）がある。石幢は，龕部に阿弥陀三尊や六地蔵・閻魔王が陽刻され，銘文から「文明十年」に造立されたことがわかる。岩戸寺国東塔は総高約3.3m，1283（弘安6）年に，如法経を奉納するために造立されたものである。奥の院に安置されている木造薬師如来坐像（県文化）は，像高96.1cmでカヤの一木造である。劣化のため，本来の像容が失われている点は惜しまれるが，作風から12世紀前半の作と考えられる。なお，岩戸寺では国東町の成仏寺と隔年交代で，旧暦正月に修正鬼会（国民俗）が行われている。

岩戸寺石造仁王像

ペトロ岐部カスイ

コラム

人

初めてエルサレムを訪れた日本人

　1587(天正15)年，ロマノ岐部を父，マリア波多を母としてペトロ岐部カスイ(ペトロは洗礼名，カスイは号)が生まれた。岐部氏は国見(現，国東市)を拠点とする大友氏の家臣であった。

　ペトロは1606(慶長11)年頃，有馬(現，長崎県)のセミナリオ(神学校)を卒業し，イエズス会入会を志願したが，受け入れられなかったため，同宿(伝道士)となって，福岡から長崎辺りで司祭を助けて布教活動を行った。しかし，幕府の禁教令(1612年)や宣教師の国外追放によって，国内では勉学を深めることができなくなり，1615(元和元)年，マカオに渡った。マカオでも勉学と司祭になる希望を絶たれたため，ローマを目指してマカオを出立。インドで，ローマに船で向かう友人たちと別れ，陸路でローマを目指す旅を始めた。

　インドからアラビア半島に渡り，バグダッドを通り，砂漠と荒野を横断し，日本人として初めて聖地エルサレムを巡礼。さらに旅を続け，1620(元和6)年頃ローマに到着。同年，司祭適性試験を受けてラテラノ教会で司祭に叙階され，その5日後に聖アンドレア修練院で，イエズス会への入会を許された。

　ローマで司祭となった後，満足せずに帰国の決意をかため，1622年ローマを立ち，リスボンに至った。リスボンでインドへの渡航船に乗り，1624(寛永元)年ゴアに至り，翌年マカオに到着。しかし，マカオで日本渡航の希望がかなわず，帰国の手立てを求めて東南アジアの地をさまよった後，マニラで船を入手し，マニラ沖合のルバング島で出航の準備をした。出航直前に船がシロアリに食われるというトラブルが発生するが，応急措置を施して，1630年にルバング島を立つ。途中難破したものの，薩摩国坊津(現，南さつま市)にたどり着くことができた。

　帰国後は，長崎から東北に潜入して布教に従事したが，1639年に仙台藩領で捕縛され，江戸送りとなる。大目付井上筑後守政重の訊問を受け，穴吊しの拷問にかけられるが，棄教せずに殉教した。

　岩戸寺から国道213号線に戻り，右折して大分空港方面に4kmほど進んで，東堅来橋のすぐ手前を右折する。案内板に従って進むと，長木家国東塔(長木家宝塔，国重文)がある。総高約3.9mにもおよぶこの塔は，「元亨元(1321)年」の銘をもち，破損部分はなく，造立された当初の姿を今に伝えている。銘文が刻まれた国東塔としては，県内最大のものと考えられる。長木家国東塔に近接して，総高約3.4m，「元亨二年」の銘をもつ鳴板碑(県文化)が立っている。

東国東を歩く　75

文殊仙寺・成仏寺 ❿⓫
もんじゅせんじ・じょうぶつじ
0978-74-1400/0978-76-0625

⟨M ▶ P. 67, 76, 79⟩ 国東市国東町大恩寺2432 P／国東町成仏1140 P
大分空港 🚗 40分

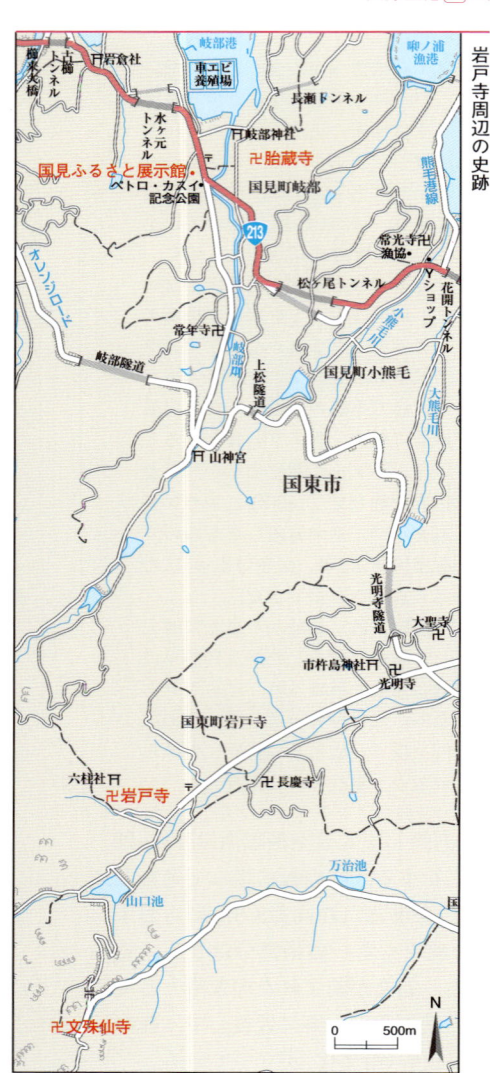

古式の石造仁王像が迎える

岩戸寺周辺の史跡

長木家国東塔から国道213号線に戻り，右折して大分空港方面に3kmほど進み，案内板に従って再び右折し，県道652号線に入る。10kmほどで峨眉山（がびさん）文殊仙寺（天台宗，県史跡）に着く。文殊山（616m）中腹に立地するこの寺は，役行者（えんのぎょうじゃ）が開いたともいわれる六郷山寺院として知られ，境内地に広がる自然林（県天然）と調和して，仏の里に相応しい美しい景観を形づくっている。

参道入口に立つ石造仁王像（阿形・吽形像ともに高約180cm）は，無銘ながら古式の形態を示している。石造十王像（県文化）も伝わっており，銘文から1378（永和4）年から翌年にかけて造像されたことがわかっている。

また，総高95.8cmの

76　神の里，仏の山と蘭学の道

国東塔

コラム

国東半島にしかみられない石塔

国東塔は宝塔の一種で、塔身の下に蓮華座をもち、相輪の宝珠に火焔がめぐらされている点が大きな特徴となっている。こうした特徴をもつ宝塔は、全国でも大分県の国東半島域にしかみられないことから、大正時代に京都大学の天沼俊一が「国東塔」と命名した。

現存する最古の国東塔である岩戸寺国東塔（国重文）には、「奉修如法経」の銘文が、また岩戸寺国東塔についで古い伊美別宮八幡社の国東塔（県文化）にも、同じく「奉修如法経」の銘文がある。

これらの銘文から、本来、国東塔は、納経塔としての役割をもっていたことがうかがえる。

一方、千燈寺跡の国東塔は、仁聞国東塔ともよばれ、国東半島の六郷山寺院を開いた仁聞の墓と伝えられる。

このほか、財前家墓地にある「元応第三（1321）歳次」銘の国東塔には、生前供養のために建てられたことが刻まれている。

これらの例は、国東塔が、本来の納経塔としての役割だけではなく、墓塔や供養塔などとしての役割も与えられるようになったことを示している。

長木家国東塔 　　　岩戸寺国東塔 　　　仁聞国東塔

梵鐘（県文化）は、江戸時代に鋳物師の活躍がみられた現在の豊後高田市でつくられたもので、「応永四（1397）年」の銘をもつ。さらに、「康正二（1456）年」の銘をもつ銅造鰐口（県文化）の大きさ・作ぶりはともに、大分県を代表する優品である。表面の銘文には、願主の1人として、豊後国守護大友親繁（大友氏15代）の名がみえる。

文殊仙寺から約5kmくだって県道652号線に戻り、三差路を右折して4kmほど進む。途中、みょうち橋を渡り、犬鼻トンネルを抜けると、ほどなく龍下山成仏寺（天台宗）に着く。この寺は、718（養老2）年に仁聞が開いた六郷山寺院といわれる。開山当初は、妙

東国東を歩く　77

文殊仙寺石造仁王像　　　　　　　　　　　　　　　　　　　　　　成仏寺

見山浄土院と称していた。のちに，浄土院の2代住職が，裏山の岩屋に竜を封じ込めたところ，その竜が仏になったことから，現在の寺号に改めたといわれている。

　なお，旧暦正月に行われる修正鬼会(国民俗)は，国東町の岩戸寺と隔年交代で行われている。

神宮寺(じんぐうじ)⓬
0978-72-4066
〈M▶P.67,79〉国東市国東町横手(よこて)8378
大分空港🚗40分

　成仏寺から県道650号線を東へくだり，三差路を右折して県道29号線に入る。4kmほど進んで，高皿(こうさら)バス停がある三差路を右に入ると，ほどなく大嶽山(おおたけさん)神宮寺(天台宗)に着く。この寺は標高561mの大嶽山の中腹に立地し，718(養老2)年に仁聞が開いた六郷山寺院といわれている。

　神宮寺の収蔵庫には，南北朝時代の作とされる8面の懸仏(かけぼとけ)(県文化)がある。このうちの1面には，裏板に「正応(しょうおう)五(1292)季」の銘がみられる。懸仏は神鏡に由来するといわれ，しだいに鋳造した仏像を銅板に貼付するようになったものである。

　また，江戸時代中期から末期にかけてつくられたと考えられる密教法具(みっきょうほうぐ)(県文化)がある。江戸時代のものながら，往時の密教法具が県内にほとんど伝わっていない現状で，まとまって残っている点は貴重である。

　神宮寺参道を進んで奥の院へ至ると，神宮寺国東塔(石造宝塔，県文化)が立っている。総高は約3.3mで，塔身の銘から「建武(けんむ)三(1336)年」に造立されたことがわかる。

近世の密教法具

成仏寺周辺の史跡

九州曹洞宗の拠点

泉福寺 ⓬
せんぷくじ
0978-72-2035

〈M▶P.67,79〉 国東市国東町横手1913 [P]
大分空港 🚗 40分

　神宮寺から県道29号線に戻り，左折して1kmほどくだると，妙徳山泉福寺（曹洞宗）に着く。この寺は，1375（永和元）年に無著妙融を開山として創建され，九州における曹洞宗の拠点となった。

　無著妙融は禅宗の名僧として知られるが，泉福寺開山堂（国重文）は無著の墓とその覆堂である。応永年間（1394〜1428）に建てられたが大破し，1636（寛永13）年に，古材も利用して再建したのが，現在の開山堂である。小規模ながら，本格的禅宗様式を示す貴重な建築物である。現在は覆屋で保護されている。なお，正面奥の仏壇下に安置された無著の墓は，石造無縫塔（国重文）である。

　泉福寺の建築物の中心となる仏殿（国重文）は，単層入母屋造・鉄板葺きで，1526（大永6）年に建立されたものである。応永年間の作とされる厨子（県文化）は，仏殿奥にある須弥壇の上に安置されている。

　このほか，道元の弟子経豪が，『正法眼蔵』75巻の注釈書として1308（延慶元）年に刊行した『正法眼蔵抄』（県文化）は，全31巻からなる『正法眼蔵』最古の注釈書である。また『宋版宏智録』（国重文）は，南宋の禅僧宏智正覚の語録を集成したも

泉福寺

国東国東を歩く

のである。全6巻からなる本書は，道元が中国からもち帰った南宋の木版本で，日本で刊行された『宏智録』の底本とされている。

吉木九重塔・狐塚古墳 ⑭⑮
0978-72-2677（国東市教育委員会文化財課）

〈M▶P.67, 81〉 国東市国東町北江／国東町浜崎

大分空港 🚗35分／🚗40分

田原貞広の供養塔 大規模組合せ式箱形石棺

　泉福寺から県道29号線を東へ5kmほどくだり，案内板に従って進むと，吉木九重塔（県文化）がある。これは，飯塚城（国東市）主田原氏能が，父貞広のために造立した供養塔と伝えられている。総高約6.1mで，基礎は4重になっており，第1層の軸部4面には，それぞれ金剛界四方仏の種子が薬研彫りされている。最上層と相輪を失っている点は惜しまれるが，力量感あふれる豪壮な秀作で，鎌倉時代後期の作といわれている。

　吉木九重塔から県道29号線をさらに東へくだり，国道213号線との交差点を左折して4kmほど進むと，左手に狐塚古墳（県史跡）がみえる。伊予灘に面した海岸段丘上に立地する大型古墳で，5世紀前半代の築造と考えられる。現状は径約45m・高さ約5mの円墳状となっているが，一部に前方部の痕跡を残しているとみられる。主体部は，2重構造の大規模な組合せ式箱形石棺である。

吉木九重塔

狐塚古墳

安国寺集落遺跡 ⑯
0978-72-2677（国東市教育委員会文化財課）

〈M▶P.67, 81〉 国東市国東町安国寺 P

大分空港 🚗35分

　吉木九重塔から県道29号線をさらに東へくだり，国道213号線と

神の里，仏の山と蘭学の道

の交差点を右折して，大分空港方面に進む。途中，国東橋を渡り，安国寺集落遺跡の案内板に従って右折すると，ほどなく右手に安国寺集落遺跡（国史跡）が広がる。弥生時代後期の集落遺跡で，田深川右岸の低湿地と自然堤防上に立地している。

昭和20年代の調査によって，多数の柱穴や杭列が発見され，低湿地からは大量の土器と木器が出土した。静岡県の登呂遺跡に対して「西の登呂」ともよばれ，その後，1985（昭和60）年から4年間実施された調査でも，高床式倉庫とみられる建物の部材などが多数出土し，注目された。

現在，こうした調査成果をもとに，高床式の建物や竪穴住居などが復元され，2001（平成13）年から安国寺集落遺跡公園「弥生のムラ」として，一般に公開されている。

安国寺集落遺跡公園に隣接して設けられているのが，国東市歴史体験学習館である。安国寺集落遺跡の紹介のほか，弥生時代の出土遺物と現代の民具との比較を通して，道具の変遷をたどるなど，興味深い展示が行われている。この館に付属する施設では，発掘や稲作体験などができる。

安国寺集落遺跡（弥生のムラ）

「西の登呂」と称される遺跡

安国寺 ⓱
0978-72-1620

〈M▶P.67, 81〉 国東市国東町安国寺2245 P
大分空港 🚗 35分

尊氏の安国寺建立計画

安国寺

安国寺集落遺跡から国道213号線に戻り，右折して大分空港方面に進む。歩道橋のある交差点を右折して，国東小学校を通り過ぎ，大神社のある交差点を左折すると，ほどなく寺下池のすぐそばにある太陽山安国寺（臨済宗）に着く。

この寺は，足利尊氏らが全国に建立を計画した安国寺のうち，豊後国のそれに相当する寺院といわれている。しかし寺伝では，応永年間（1394〜1428）に田原氏能が絶海中津を迎えて開山したともしており，創建の経緯については判然としない。

安国寺には，室町時代中期の作といわれる像高92cmの木造足利尊氏坐像（国文化）が伝わっている。また室町時代の作と考えられる木造地蔵菩薩立像（県文化）は，像高96.1cm。ともにヒノキの寄木造である。さらに山門前に立つ石造仁王像は，阿形が像高177cm，吽形が像高172cmで，熊野石工の作と考えられる。

報恩寺・西光寺国東塔 ⓲⓳
0978-69-0747／0978-69-0247

〈M▶P.67, 84〉 国東市武蔵町麻田643 P
／武蔵町吉弘2556
大分空港 🚗 25分

県内現存の最古の鰐口 18行にわたる銘文が珍しい

大分空港出口の交差点から，国道213号線を国東・武蔵方面に4kmほど進み左折して，県道55号線に入る。さらに7kmほど進み，交差点を右折してオレンジロードに入る。武蔵西小学校を通り過ぎ，中平バス停のある三差路を左折する。報恩寺橋を渡ると，ほどなく金剛山報恩寺（天台宗）に着く。この寺は，718（養老2）年に仁聞が開いた六郷山寺院といわれている。

報恩寺の本尊である木造阿弥陀三尊像（県文化）は，三尊ともヒノ

報恩寺　　　　　　　　　　　西光寺国東塔

キの一木造である。像高は，阿弥陀像が102cm，向かって右の観音菩薩像が123.6cm，向かって左の勢至菩薩像が123cmである。これらは，いずれも丸味のある円満相に，小ぶりな目鼻立ちをしており，12世紀後半の地方作の形式をよく伝えている。また，この寺に伝わる鰐口（県文化）は，県内に現存するものとしては，最古となる「応永五(1398)年」の銘をもつ。

　報恩寺から県道55号線に戻り，右折して約4km進むと，蓮台山西光寺（臨済宗）に着く。この寺の境内に立つ西光寺国東塔（石造宝塔，県文化）は，総高約2.6mで，「至徳四(1387)年」の銘をもつ。基礎の第2重に刻まれている格狭間には，現世と来世での平穏を願った18行にわたる銘文があり，珍しい。また鉢形の塔身には，4面に地蔵像が半肉彫りされている。

照恩寺国東塔 ⑳　〈M▶P.67, 84〉国東市武蔵町三井寺408　P
しょうおんじくにさきとう
0978-68-0306　　大分空港🚗20分

椿八幡社の国東塔を移す

　西光寺から県道55号線を東へ向かい，途中，武蔵中学校前バス停を過ぎて9kmほどくだり，交差点を右折して藤棚橋を渡る。ほどなく，椿八幡社のすぐそばにある三井山照恩寺（浄土真宗）に着く。
　この境内に立つ照恩寺国東塔（宝塔，国重文）は，もともと椿八幡社境内にあったものを，1889(明治22)年に現在地へ移したといわれている。総高は約2.5mで3重の基礎をもち，第3重は各面とも2区に分けられ，それぞれに格狭間が刻まれている。塔身の「正和第五(1316)暦」の銘文から，納経のために造立されたことがわかる。

東国東を歩く

報恩寺周辺の史跡

照恩寺国東塔

宝命寺国東塔

宝命寺 ㉑
ほうめいじ
0978-68-0094（武蔵教育事務所生涯学習課）
0978-72-2677（国東市教育委員会文化財課）

〈M▶P. 67, 84〉国東市武蔵町小城499　P
大分空港 🚗 20分

スダジイ原生林

　大分空港出口の交差点を右折して，すぐに県道545号線に入り，小城入口バス停のある交差点を通り過ぎ，つぎの三差路を右に進む。そのまま直進すると，小城山宝命寺（天台宗）に着く。この寺は，

84　神の里，仏の山と蘭学の道

718(養老2)年に仁聞が開いた六郷山寺院といわれている。なお，小城山(246m)の宝命寺境内林は，よくまとまったスダジイ原生林として，県天然記念物に指定されている。

　宝命寺に伝わる国東塔(県文化)は，総高約4mで，重量感にあふれている。3重の基礎をもち，第3重は各面とも格狭間が刻まれている。銘文はないが，形式からみて，鎌倉時代末期から南北朝時代にかけての造立と考えられる。

両子寺(ふたごじ)㉒　〈M▶P.67, 86〉国東市安岐町両子1548　Ｐ
0978-65-0253　　大分空港🚗35分

杵築藩松平家の祈願所

　大分空港出口の交差点を杵築方面に1kmほど進み，最初の信号がある交差点を右折して，安岐方面に入る。約4km進んで県道34号線に入り，7kmほどで右折し，県道651号線を行く。途中，三浦梅園(ばいえんきゅうたく)旧宅を左手にみながら案内板に従って進むと，足曳山(あしびきさん)両子寺(天台宗，県史跡)に着く。

　この寺は，718(養老2)年に仁聞が開いた六郷山寺院といわれている。江戸時代には，杵築藩松平(まつだいら)家の祈願所となり，近世六郷山の中心寺院となった。

　参道入口には，田染石工の作とされる石造仁王像(阿形・吽形ともに像高2.3m)がある。その躍動感あふれる姿は，国東の石造仁王のなかでも白眉(はくび)である。参道の両側には坊跡が残っている。さらにのぼると，庫裏(くり)・客殿・護摩(ごま)堂・鐘楼(しょうろう)があり，稲荷社(いなりしゃ)・講堂跡を経て奥の院へ至る。奥の院の入口には，鎌倉時代の造立とされる総高約4.5mの石造国東塔(県文化)が立っている。

　両子寺には，修正鬼会で使われた荒鬼6面と鈴鬼2面が伝わっている。このうち，面長19.7cm・面幅14.3cm・面高8.3cmの木造鈴鬼面(げんな)(県文化)は，「元和四(1618)年」の銘をもつ。

両子寺参道

東国東を歩く　　85

三浦梅園旧宅 ㉓

0978-64-6311（三浦梅園資料館）

〈M▶P.67, 86〉国東市安岐町富清2507-1 P
大分空港 🚗 35分

両子寺から南へ5kmほどくだり，案内板に従い三差路を右折して進むと，ほどなく三浦梅園資料館がある。現安岐町の出身で，江戸時代中期のわが国を代表する医者・思想家・教育者として有名な三浦梅園の遺稿（国重文）を，保存・活用するために設立された公立の資料館である。

まず，三浦梅園の生涯を紹介した映像や，梅園に関する貴重な文化財をみることができる。展示は，梅園の多彩な活動にあわせて，哲学者・科学者・政治経済学者・医学者・教育者などの視点により，その事蹟を顕彰する構成となっている。またライブラリーもあり，梅園に関する多くの書籍を閲覧できる。

資料館に隣接して，三浦梅園旧宅（国史跡）がある。寄棟造・カヤ葺き平屋建ての住居で，梅園みずからが設計し

三浦梅園

コラム

豊後聖人とよばれた哲学者

「豊後三賢」の1人三浦梅園は、杵築藩領富永村（現、国東市安岐町）に生まれた哲学者・思想家である。梅園という呼称は彼が開いた私塾の名で、本名は晋、字は安貞といった。

三浦家は、鎌倉時代からの旧家で、武士から帰農し、祖父の代から医を業とするようになった。

父義一は、医業のかたわら碁や俳諧を好む一方、飢饉には、医薬・食糧・金品を提供するなど、正義感の強い人物であった。

この父親の影響を受けながら、何事にも疑問を抱き、根元的な思索を試みる梅園の性癖は、幼少時より顕著であった。不明な語句があれば、辞書のある約4km離れた西白寺（臨済宗）まで通った。

また自分で天球儀を制作し、自然探求に努めた。その天球儀は、現存している。

梅園は、杵築藩（現、杵築市）侍講綾部絅斎と中津藩（現、中津市）儒藤田敬所に師事した後、伊勢参宮を含む数度の遊学以外は、ほとんど故郷を離れることなく、独学で学んだといわれる。

2度目の長崎遊学で訪れたオランダ通詞吉雄耕牛との交流は、帰藩後も続いた。また、師の綾部絅斎の4男で、天文学者として名高い麻田剛立とも親交があり、医学・天文学などの有為な情報を得ている。剛立が大坂に開いた日本最初の天文学塾先事館に、子の黄鶴や女婿の永松寿助を学ばせている。梅園三語（『玄語』『贅語』『敢語』）に結実される条理学という学問は、こうして広範に収集された情報と深奥なる思索によって樹立された。

天球儀

たと伝えられている。また、旧宅南側の丘の上には梅園の墓があり、旧宅とともに国史跡に指定されている。

この旧宅横の畑の隅には、梅園塾の標柱が立っている。梅園自身には開塾する意志はなかったが、梅園を慕い全国から門人が集まったた

三浦梅園旧宅

めに，開塾したといわれている。塾生は，17カ国で約200人にものぼったとされる。

瑠璃光寺(るりこうじ) ㉔
0978-65-0528
〈M▶P. 67, 86〉 国東市安岐町糸永(いとなが)1339 P
大分空港 🚗 30分

カヤの一木造の阿弥陀如来

三浦梅園旧宅から県道651号線に戻り，南へ4kmほどくだり，瑠璃光寺の案内板に従って三差路を右折する。杉山橋(すぎやま)を渡ると，ほどなく楯山(すぎ)瑠璃光寺(天台宗)(やま)に着く。この寺は，718(養老2)年に仁聞が開いた六郷山寺院といわれている。境内のサルスベリは，樹齢約600年といわれる見事なものである。なお本来の本堂は，現本堂から北側100mほどの位置にあったとみられている。

瑠璃光寺の本尊は，木造阿弥陀如来立像(県文化)である。像高は156.5cmで，カヤの一木造である。作風には，平安時代前期の名残りがみられるが，伏し目で穏やかな表情などに，11世紀前半の特徴がみえる。このほかにも，平安時代後期の作とされる木造釈迦如来立像(像高167.5cm)や，修正鬼会で使われたとみられる計7面の鬼会面が伝わっている。

瑠璃光寺

釜ヶ迫国東塔・護聖寺板碑(かまがさこくにとう・ごしょうじいたび) ㉕㉖
0978-67-3731(安岐教育事務所生涯学習課)
0978-72-2677(国東町教育委員会文化財課)
0978-66-0559(護聖寺)
〈M▶P. 67, 86〉 国東市安岐町朝来(あさく)／安岐町朝来583 P
大分空港 🚗 30分

建武2年の国東塔鎌倉時代の2基の板碑

瑠璃光寺から再び県道34号線を西に向かい，約3kmで県道405号線との交差点に至る。ここを右折して2kmほど進むと，右手に釜ヶ迫国東塔(宝塔，国重文)がみえる。総高約3.1mで，「建武二(1335)年」の銘がある。銘文から，父母の追善供養のために，紀友房(きのとも)・守房(もりふさ)・中子・乙子によって造立されたことがわかる。

周囲には，五輪塔を始めとする石塔類が15基ほどあり，中世には，

護聖寺板碑　　　　　　　　　　　　釜ヶ迫国東塔

ここが墓地になっていたことを物語っている。国東塔が造立された場所が，その後，墓地として認識され，多くの石塔類が建てられた一例である。

　釜ヶ迫国東塔から，県道405号線をさらに3kmほど北へ進むと，久末山護聖寺(曹洞宗)に着く。この寺は，718(養老2)年に仁聞が開いた六郷山寺院といわれているが，15世紀に曹洞宗寺院として再興された。

　護聖寺の境内には，2基の板碑(県文化)がある。いずれも総高約2mで，向かって右の板碑は「正応四(1291)季」の銘をもち，左の板碑には「嘉暦四(1329)年」の銘がある。このうち「正応四季」銘板碑は，額部と碑身とが別の石材からなるが，現在，県内でもほとんど類例がみられない。

塚山古墳 ㉗
0978-67-3731(安岐教育事務所生涯学習課)
0978-72-2677(国東市教育委員会文化財課)

〈M▶P.67〉国東市安岐町塩屋
大分空港🚗20分

伊予灘を望む円墳

　護聖寺から県道34号線を東へ行き，9kmほど進んで，国道213号線との交差点を杵築方面に右折する。約500mで，右手に塚山古墳(県史跡)がみえる。この古墳は，伊予灘に面した台地上に位置する横穴式石室墳で，6世紀後半に築造された，安岐川下流の内陸部を支配した首長の墓と考えられる。

　墳丘は径約20〜25mのほぼ楕円形で，石室は南に開口している。石室からは，鉄刀や短甲などの武器・武具類が発見され，墳丘には，円筒埴輪が並べられていたという。

東国東を歩く　89

② 西国東をめぐる

六郷満山の国東半島のなかで，西国東は宇佐に近いことから，宇佐宮の影響を受けた文化財が多く存在する。

熊野磨崖仏 ㉘
0978-26-2070（熊野磨崖仏管理委員会）
0978-53-5112（豊後高田市教育委員会）

〈M▶P.66, 91〉 豊後高田市田染平野 P
JR日豊本線宇佐駅 🚗 25分

石段の先にたたずむ大日如来

　宇佐駅前の国道10号線を大分方面へ10kmほど進み，熊野磨崖仏の交通案内により，県道655号線へ左折する。約5kmで県道の分岐点に突き当るので，右折しておよそ3km進むと，左手に熊野磨崖仏入口がみえる。この入口を入ると，今熊山胎蔵寺（天台宗）に着く。

　胎蔵寺は六郷山寺院の１つで，1337（建武４）年の「六郷山本中末寺次第幷至等注文案」に記されている「今熊野寺」にあたると考えられる。現在，1337年の作である阿弥陀三尊，鎌倉時代のものと推定される如意輪観音，そして室町時代の作と考えられる阿弥陀如来の３面の懸仏（県文化）が伝わっている。

　胎蔵寺横の山道を約700mのぼった先の崖面に，向かって右の大日如来像と左の不動明王像からなる熊野磨崖仏（国重文）が刻まれている。山道の途中には，鬼が一夜で築いたという自然石を使った急な石段がある。

　県内最古の磨崖仏の１つである大日如来像は，像高約6.8mで，平安時代中期の作とされる。周囲の岩壁を浅く掘りくぼめた龕形の中央に刻まれており，明確な上半身に比べ，下半身の表現は確認できない。また，頭部上方には，３面の種子曼荼羅が刻まれているが，この内容については諸説ある。

　一方の不動明王像は像高約8.1m，鎌倉時代初期の作とされる。両脇には，矜羯羅童子と制吒迦童

熊野磨崖仏

90　神の里，仏の山と蘭学の道

子が刻まれているが、風化が激しく、その容姿は明確ではない。

なお、熊野磨崖仏は、周辺の元宮磨崖仏(豊後高田市田染真中)と鍋山磨崖仏(豊後高田市田染上野)を附として国史跡にも指定されている。

真木大堂 ❷
0978-26-2075

〈M▶P.66, 91〉 豊後高田市田染真中1796 P
JR日豊本線宇佐駅🚗25分

熊野磨崖仏から県道655号線へ右折、13kmほど進むと左手に真木大堂がある。ここは、もともと馬城山伝乗寺(天台宗)とよばれた六郷山寺院の1つである。木造阿弥陀如来坐像・木造大威徳明王像・木造不動明王二童子立像・木造四天王立像(いずれも国重文)の諸仏が、真木大堂に伝わっている。

阿弥陀如来像は像高214.9cm、ヒノキの寄木造で、国東半島の木彫仏のなかでも注目される巨像である。大威徳明王像は像高252cm、阿弥陀如来像とともに、平安時代後期の作とされる。

不動明王像は像高249.1cm、向かって右の矜羯羅童子は像高125.8cm、左の制吒迦童子は像高129.5cmである。これらは、鎌倉時代初期の作とされる。大威徳明王と不動明王は、密教で尊崇され

真木大堂

馬城山伝乗寺の諸仏たち

た五大明王に含まれるもので、いずれも九州を代表する密教彫刻の大作である。

四天王像は像高161.2〜167cm、12世紀後半の作とされる。いずれも、ヒノキの寄木造である。現在、阿弥陀如来像の周囲に安置されているが、これは本来のあり方ではない。

以上の諸仏は、もともと1つの場所にあったのではなく、周辺の寺や堂から移されたものであるが、その経緯は明らかではない。なお、真木大堂に隣接する古代文化公園では、国東半島を象徴するさまざまな石造文化財をみることができる。

元宮磨崖仏 ㉚
もとみやまがいぶつ
0978-53-5112（豊後高田市教育委員会）
0978-22-3100（豊後高田市商工観光課）

〈M▶P.66,91〉豊後高田市田染真中
JR日豊本線宇佐駅 🚗 30分

半肉彫りされた顔の表情

真木大堂駐車場から右折して、県道655号線を2kmほど進むと、左手に元宮磨崖仏がある。これは、鍋山磨崖仏とともに、熊野磨崖仏の附として国史跡に指定されている。近年、保存整備が行われ、木造の覆屋が建てられた。

向かって右から、毘沙門天（像高約2m）、矜羯羅童子（像高約1.2m）、不動明王（像高約2.1m）、持国天（像高約1.9m）、地蔵菩薩（像高約1.3m）と並ぶ。不動明王の向かって左には、制吒迦童子が刻まれていたとされるが、現在はその痕跡すら確認できない。また持国天

元宮磨崖仏

92　神の里、仏の山と蘭学の道

は，風化により容姿が明らかではなく，増長天とする説もある。

　各像とも，体部の浅い省略的な彫り口に比べ，半肉彫りされた顔の表情には，鎌倉彫刻らしい写実性があり，南北朝時代の作とみられる。なお，仏龕の周囲には，方形の穴があることから，磨崖仏を本尊とする覆堂が建てられていた可能性が高い。

富貴寺 ㉛
0978-26-3189
〈M▶P.66, 91〉豊後高田市田染蕗2395　**P**
JR日豊本線宇佐駅🚗35分

九州で現存最古の木造建築物

　元宮磨崖仏を出て，県道655号線を交通案内により3kmほど進むと，蓮華山富貴寺（天台宗）に着く。宇佐宮大宮司の祈願寺として12世紀後半に建てられたこの寺は，六郷山寺院の1つとして知られる。富貴寺の建築物のうち，大堂（国宝）は，現存する九州最古の木造建築物である。また，大堂内部には壁画と木造阿弥陀如来坐像（ともに国重文）がある。

　富貴寺大堂は，正面3間（約5.4m）・奥行4間（約7.2m）の構造で，周囲には広縁がめぐる。また屋根は，本瓦行基葺きの宝形造からなる。しかし，創建当時からこのような構造ではなかったと考えられる。

　大堂の周囲には，1241（仁治2）〜68（文永5）年にかけて造立された笠塔婆5基（県文化）を始め，さまざまな石造文化財がみられる。

　大堂内部にある木造阿弥陀如来坐像は，像高85.7cmでカヤの寄木造である。12世紀末の作とされ，いわゆる定朝様の特徴を受け継いでいる。本来は，漆箔が施された姿であったというが，現在は失われている。

　このほか，現在の本堂には木造阿弥陀三尊像（如来坐像及脇侍，県文化）がある。中央の阿弥陀如来像は像高87.5cm，向かって右は観音菩薩像で像高103cm，左の勢至菩薩像は像高102.5cmである。ヒノキの寄木造で，平安時代の作と

富貴寺大堂

西国東をめぐる

される。じつは、これが本来の大堂本尊であったといわれている。

参道入口には、「延文六(1361)年」の銘をもつ板碑と、室町時代の作とされる2基1対の石殿(十王石殿、いずれも県文化)がある。

天念寺 ㉜

0978-27-3049(長岩屋伝統文化伝習施設鬼会の里)
0978-22-3100(豊後高田市商工観光課)

〈M▶P.66, 99〉豊後高田市長岩屋1152　P
JR日豊本線宇佐駅🚗25分

旧暦正月7日の修正鬼会

宇佐駅前の国道10号線を中津方面へ400mほど進み、右折して国道213号線に入る。約4km進み県道34号線に右折し、すぐに県道29号線を国東方面へ向かう。その後3kmほどで、左手に青宇田画像石(県文化)がみえる。安山岩質の板石94枚に、1385(至徳2)年作の六地蔵や1391(明徳2)年作の弥陀来迎図など、浄土思想を主題とする図像が線彫りされている。現在は丘陵崖上の収蔵庫にあり、普段はみることができない。

ここから、さらに国東方面へおよそ800m進むと、左手の崖面に穴瀬横穴群(県史跡)がみえる。19基の横穴のうち、10基には朱色を主とした彩色がある。その彩色は、穴の上部あるいは左右に、円文や同心円文として描かれている。6世紀後半のものとされる。

穴瀬横穴群から4kmほど進み、県道548号線を国見方面へ入ると、5分ほどで長岩屋山天念寺(天台宗、県史跡)に着く。この寺は、718(養老2)年に仁聞が開いた六郷山寺院といわれている。桂川の支流長岩屋川右岸に面した断崖の下に、講堂・身濯神社(旧六所権現)・本堂が並ぶ。古くは12坊10岩屋を有したとされ、行者修行の霊場であった可能性が高い。

天念寺には、木造阿弥陀如来立像(国重文)を始め、6軀の平安仏が伝わっている。阿弥陀如来立像は像高198cm、カヤの一木造で、12世紀の作とされる。現

天念寺

修正鬼会

コラム **行**

鬼に松明で叩かれ、厄払い

　古代以来、国東半島に広がる寺院の集合体として六郷満山がある。その年頭の法会として行われていたのが、修正鬼会である。

　旧正月に赤鬼と黒鬼が松明をもって暴れまわり、国家安穏・五穀豊穣・万民快楽を祈願する仏教行事である。

　六郷満山を開いた僧仁聞が、養老年間(717〜724)に「鬼会式」6巻を六郷28カ寺の僧侶に授けたことが始まりと伝えられる。

　鬼会の鬼は、人びとに幸せをもたらすよい鬼で、赤鬼は災払鬼で愛染明王の化身、黒鬼は鎮鬼で不動明王の化身とされた。

　江戸時代、鬼会は20カ寺以上で実施されていたが、現在は、国東市の岩戸寺・成仏寺、豊後高田市の天念寺のわずか3カ寺で行われるのみである。

　天念寺の修正鬼会では、午後7時頃、天念寺前の長岩屋川で松明入れ衆が身を清めることから祭りが始まり、午後8時頃、大松明に火がつけられる。

　松明をゆすったり、地面にぶつけるなどして火の粉を飛び散らせ、だんだんと火祭りらしい雰囲気になると僧侶があらわれ、講堂内で読経が始まる。

　そして、午後10時頃、まず赤鬼があらわれ、松明をもって講堂内を暴れまわり、続いて黒鬼があらわれると、祭りはクライマックスを迎える。

　松明の煙が立ち込め、火の粉が飛び散るなかで、見物客は鬼に、松明で背中や尻を叩いてもらい、無病息災を祈る。

本堂の本尊である木造釈迦如来坐像は、像高93cmでクスの一木造。両脇の木造日光・月光菩薩立像は、向かって右側の日光菩薩像が像高94.5cm、左側の月光菩薩像が像高87cm、ともにカヤの一木造。ほかに、木造勢至菩薩立像は像高96.5cmでクスの一木造、木造吉祥天立像は像高107cmで、カヤの一木造。これらの諸仏は、12世紀後半の作とみられ、いずれも県指定文化財である。このうち阿弥陀如来像は、天念寺に隣接する長岩屋伝統文化伝習施設鬼会の里で

川中不動尊

西国東をめぐる

拝観できる。

　天念寺では，毎年旧暦の正月7日に修正鬼会（国民俗）が行われている。これは新年の招福除災を願い，寺と地域が共同で行う祭礼である。修正鬼会の様子は，鬼会の里で映像をみることができる。

　県の史跡である天念寺周辺は，天念寺耶馬とよばれる景勝地が広がる。眼前を流れる長岩屋川のなかにたたずむ川中不動尊などや周囲の美しい景観は，訪れた人びとの心をなごませる。

長安寺 ㉝
0978-27-3842
〈M▶P.66, 99〉豊後高田市加礼川635　P
JR日豊本線宇佐駅🚗35分

中世六郷山の中心寺院

　天念寺から県道29号線に戻り，左折して国東方面へ進むと，すぐに金剛山長安寺（天台宗，県史跡）の入口がみえる。この寺は，718（養老2）年に仁聞が開いた六郷山寺院といわれている。治承・寿永の乱（1180〜85年）にともない荒廃したが，鎌倉時代以降は，六郷山の中心寺院として63カ寺を率い，僧兵を擁していたという。屋山・弥山・屋山寺ともよばれている。

　収蔵庫内の木造太郎天及二童子立像（国重文）は，脇侍の矜羯羅童子・制吒迦童子とともに躍動的な美しさがあり，平安時代彫刻の秀作といえる。太郎天像は像高162cm，カヤの一木造で，1130（大治5）年の作である。

　また19枚の銅板法華経（国重文）は，長安寺裏山から出土したといわれ，銅板の表裏には法華経が刻まれている。これを収めたとされる銅筥板4枚の表裏には，六観音や種子が毛彫りされており，銘文から銅板経が「保延七（1141）年」に書写されたことが判明している。

　本堂横から身濯神社に至る参道右手の森のなかに，総高約3.5mの国東塔（県文化）がある。これは，鎌倉時代末期から南

長安寺

96　神の里，仏の山と蘭学の道

北朝時代初期にかけての造立とされる。

真玉寺（しんぎょくじ）㉞
0978-53-5112（豊後高田市教育委員会）
0978-22-3100（豊後高田市商工観光課）

〈M▶P.66, 99〉豊後高田市西真玉（にしまたま）3237
JR日豊本線宇佐駅 🚗 20分

真玉氏居館跡に建立

宇佐駅前の国道10号線を中津方面へ400mほど進み，右折して国道213号線に入る。11kmほど行って県道654号線へ進む。その後，右手にみえる真玉町農業者トレーニングセンター入口から最初の交差点を右折すると，高田高校真玉分校跡地に隣接して龍守山（りゅうじゅさん）真玉寺（臨済宗（りんざい））がある。

この寺は現在は無住（むじゅう）であるが，中世真玉荘（しょう）（旧西国東郡真玉町）の地頭（じとう）真玉氏居館跡（またまし）（県史跡）に建てられている。1731（享保（きょうほう）16）年に記された「真玉氏系図」が伝わっている。

真玉寺の周囲は幅約12mの堀がめぐり，これを内堀（うちぼり）とよんでいる。内堀に接して，内城・外堀・外城（うちしろ）などがあり，かなり広大な複郭式居館であったことを物語る。

山門外には，仁王像を始め，さまざまな石造文化財がみられる。入母屋造（いりもや）の屋根をもち，軸部の正背面に六地蔵を刻んだ石殿（県文化）は，1459（長禄（ちょうろく）3）年の作である。

真玉寺

福真磨崖仏（ふくままがいぶつ）㉟
0978-53-5112（豊後高田市教育委員会）
0978-22-3100（豊後高田市商工観光課）

〈M▶P.66, 99〉豊後高田市黒土（くろつち）
JR日豊本線宇佐駅 🚗 25分

六観音と六地蔵

真玉寺から県道654号線に戻り，右折して夷谷（えびすだに）方面へ約6km進むと，右手に福真磨崖仏入口がみえる。この途中には，左手に鎌倉時代から南北朝時代初期のものと推定される安養寺（あんようじ）国東塔（県文化）がある。

福真磨崖仏には駐車場がないので，約250m先の椿光寺（しゅんこうじ）駐車場か

西国東をめぐる　97

福真磨崖仏

ら，徒歩で福真磨崖仏入口へ戻って真玉川に架かる橋を渡り，急傾斜の石段を10mほどのぼると，福真磨崖仏に着く。

　1857（安政4）年築造の石造覆屋に囲まれた岩壁に，浅い龕が掘られている。そこに，大日如来坐像を始めとする金剛界五仏を中央に配し，向かって右に六観音，左に六地蔵を刻んでいる。これらの諸仏の両端には，向かって右に不動明王立像，左に毘沙門天立像が彫られている。

　龕の外側には，種子曼荼羅が陰刻されている。金剛界五仏に六観音・六地蔵を組み合わせるなど，密教と浄土教の六道思想の結合がうかがえる。この磨崖仏は，南北朝時代の作とされる。

　福真磨崖仏は，堂ノ迫磨崖仏（豊後高田市大岩屋）を附として，県の史跡に指定されている。

無動寺 ㊱　〈M▶P.66, 99〉豊後高田市黒土1475 Ｐ
0978-53-4895　JR日豊本線宇佐駅🚗30分

　椿光寺駐車場から小岩屋山無動寺（天台宗）までは，500mほどの距離である。この寺は，718（養老2）年に仁聞が開いた六郷山寺院といわれている。創建時の寺域は，県道654号線を約1.5km戻った所にある身濯神社と，その周辺に広がっていたとされる。

　無動寺には，本尊である木造不動明王坐像を始め，木造薬師如来坐像・木造大日如来坐像・木造伝弥勒仏坐像（いずれも県文化）の平安仏

無動寺

クスの一木造の諸仏

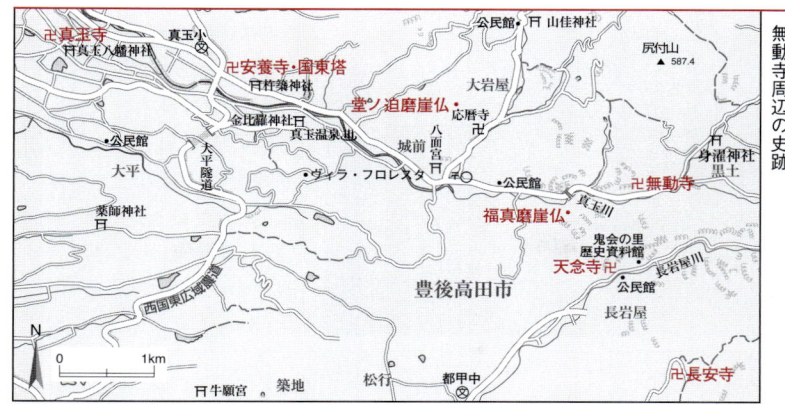

4軀が伝わっている。ヒノキの一木造である不動明王坐像をのぞけば、ほかはクスの一木造。薬師如来坐像は像高155cm、11世紀後半の作とされる。不動明王坐像は像高115.8cm、12世紀前半の作と考えられる。大日如来坐像は像高178cm、伝弥勒仏坐像は像高125cmで、ともに12世紀後半の作とされる。

　これらの諸仏は、本来1つの場所にあったのではなく、周辺の堂舎や末坊から移されたものである。4軀の平安仏は、かつての無動寺が、その末坊まで含めると、かなりの規模の寺院であったことを物語っている。

別宮八幡社 ㊲

0978-54-2461
0978-54-3111（豊後高田市香々地庁舎水産・地域産業課）

〈M▶P.66〉豊後高田市見目885　P
JR日豊本線宇佐駅🚗30分

　宇佐駅前の国道10号線を中津方面へ400mほど進み、右折して国道213号線に入る。約30分進んで、左手にみえる香々地郵便局を過ぎ、竹田川に架かる新竹田橋を渡ってすぐに左折すると、別宮八幡社（祭神誉田別命・息長足姫命・三女神）へ着く。社伝では、養老年間（717〜724）に宇佐宮の別宮として、その分霊を勧請したとされているが、中世香々地荘（旧西国東郡香々地町）の成立にともない創建されたものであろう。

　別宮八幡社入口の八幡川に架かる潮観橋（県文化）は、長さがおよそ10mの石造単アーチ橋である。要石の先端を橋外に出し、この部分から石製高欄の親柱を支える技法は珍しく、幕末の安政年間

別宮八幡社潮観橋

(1854〜60)に築造されたとみられる。また橋のかたわらには、潮観橋の由緒などを記した潮観橋序碑(石灯籠とともに潮観橋の附として県文化)がある。

霊仙寺(れいせんじ) ㊳
0978-54-2723
〈M►P.66〉豊後高田市 夷(えびす)1016 P
JR日豊本線宇佐駅🚗40分

夷耶馬の広がる景勝地

　別宮八幡社から国道213号線を真玉方面へ戻り、すぐに左折して県道653号線に入る。その後、15分ほどで夷山霊仙寺(えびすさん)(天台宗)に着く。この寺は、718(養老2)年に仁聞が開いた六郷山寺院といわれている。なお、霊仙寺が位置する夷谷(県名勝)は、周辺に夷耶馬が広がる景勝地になっている。

　霊仙寺には、境内に夷石工の作とされる石造の仁王像(阿形(あぎょう)が像高170cm・吽(うん)形が像高163cm)があり、山門前の板石にも、半肉彫りされた仁王像(阿形が像高180cm・吽形が像高165cm)がみられる。また、隣接する実相院(じっそういん)(天台宗)には、南北朝時代初期の作とされる総高約4mの国東塔がある。

霊仙寺

100　神の里、仏の山と蘭学の道

③ 八幡神降臨の地, 宇佐

八幡神を生んだ宇佐平野には, 古代・中世の神仏と近代の「戦争遺跡」が同居する。

大分県立歴史博物館 ㊴
0978-37-2100
〈M▶P.66, 102〉宇佐市高森字京塚710 P
JR日豊本線柳ヶ浦駅🚗5分, またはJR日豊本線宇佐駅🚗10分

再現, 富貴寺大堂の復元壁画「くらしと祈り」などをテーマに

柳ヶ浦駅から駅館川に沿って南下し, 高森方面へ5kmほど行くと, 大分県立歴史博物館がある。1981(昭和56)年に開館した大分県立宇佐風土記の丘歴史民俗資料館を前身とする。1998(平成10)年4月, 館名を大分県立歴史博物館と改め, 同年10月には「豊の国・おおいたの歴史と文化」をメインテーマに, 常設展示を一新した。

常設展示は, 富貴寺大堂の実物大復元模型を中央に配置し, 周囲に「生・死・いのり」「豊の古代仏教文化」「宇佐八幡の文化」「六郷山の文化」など6つのコーナーを設け, 貴重な文化財を展示している。この常設展示からは, 宇佐・国東を中心とする大分独特の文化を感じとることができる。なかでも富貴寺大堂復元模型は, 技術の粋を集め, 極彩色の壁画を再現し, 創建当時の阿弥陀堂内部の荘厳な雰囲気をかもし出している。なお館では, 綾本著色法華経絵, 免ヶ平古墳出土品(ともに国重文)を所蔵している。

宇佐風土記の丘 ㊵
0978-37-2100(大分県立歴史博物館)
〈M▶P.66, 102〉宇佐市高森字京塚 P
JR日豊本線柳ヶ浦駅🚗5分, またはJR日豊本線宇佐駅🚗10分

川部・高森古墳群 首長たちの墳墓

県立歴史博物館に隣接する宇佐風土記の丘は, 宇佐市を流れる駅館川東岸の河岸段丘上の台地に広がる, 総面積19.2haの史跡公園である。公園内には川部・高森古墳群(国史跡)があり, 3世紀末から6世紀にかけての6基の前方後円墳と多数の方形周溝墓や円墳が集中する。これらの古墳は, 宇佐平野とその周辺を支配した首長墓であると考えられている。

古墳群中で最古の赤塚古墳は, 全長57.5m。3世紀末から4世紀初め頃に築造された前方後円墳で, 九州でももっとも古い古墳の1つである。1921(大正10)年, 地元民によって発掘され, 後円部の箱式石棺から, 三角縁神獣鏡4面・三角縁盤竜鏡1面・碧玉製管

八幡神降臨の地, 宇佐　101

宇佐風土記の丘周辺の史跡

玉などが出土した。

このうち三角縁神獣鏡は，椿井大塚山古墳（京都府木津川市山城町）や石塚山古墳（福岡県京都郡苅田町）などから出土した鏡と同笵（同じ鋳型）である。このことから，宇佐地域はヤマト政権の九州支配の最前線に位置していたと考えられている。

古墳群の南端に位置する免ケ平古墳は，現在は径30mの円墳であるが，もとは全長約50mの前方後円墳であったことが，調査によって判明している。4世紀後半の築造とみられ，竪穴式石室からは斜縁二神二獣鏡1面・仿製三角縁神獣鏡1面，碧玉製釧などが出土した。風土記の丘では，この免ケ平古墳や鶴見古墳（全長31m，6世紀）の墳丘や石室が復元されており，多様な古墳の構造をみることができる。

宇佐神宮 ❹

0978-37-0001

〈M▶P.66, 102〉 宇佐市南宇佐2859　Ｐ

JR日豊本線宇佐駅🚗約10分

全国八幡宮の総本社
国宝宇佐神宮本殿

　宇佐風土記の丘から南下し，国道10号線に出て左折，東へ1.5kmほど行くと，宇佐神宮（祭神八幡大神ほか，境内国史跡，社叢国天然）がある。全国八幡宮の総本社で，宇佐八幡宮・宇佐宮ともいわれる。宇佐神宮本殿（国宝）は，八幡造といわれる独特の建築様式である。南面している本殿は，向かって左から第一殿・第二殿・第三殿が並んでいる。第一殿には八幡大神（応神天皇），第二殿には比売大神，第三殿には息長帯姫命（神功皇后）が，それぞれ祭神としてまつられている。平安時代以来，豊前国（現，福岡県東部・大分

宇佐神宮のおもな祭礼

コラム 祭

勇壮なけんか祭
疫病を鎮める心経会

夏越祭り（7月下旬または8月上旬の金～日曜日）

古くは「御祓会」とよばれ、上宮での祭典の後、本殿の三殿の御驗（神体）を3基の神輿に載せ、境内の頓宮（御仮屋）まで神幸する。この祭りは、3基の神輿が先陣争いをすることから、別名を**けんか祭**ともよばれる勇壮なものである。

三殿の神体は、頓宮に3日2夜滞在して、再び神輿に載せられ、上宮本殿に還幸される。

仲秋祭（体育の日と前日・前々日の3日間）

明治時代までは**放生会**とよばれ、宇佐神宮の祭礼では、もっとも古いとされる。

720（養老4）年大隅・日向国（現、鹿児島県・宮崎県）の隼人の大反乱の際、敗れた隼人に多くの犠牲者が出たため、八幡神が放生するようにと神託したことが始まりという。

本来、放生会は仏教的儀礼であったが、これを年中行事化したところに、日本の神となって仏教に帰依したという、八幡神の性格がよくあらわれている。

和間の浮殿（仮殿）まで行列が進み、寄藻川河口付近で傀儡子を舞い、蜷貝を放つ。蜷貝を放つのは、隼人の霊が蜷貝に依りつき、その霊を鎮めるためという。

鎮疫祭（2月13日）

心経会が、明治時代になって鎮疫祭と改められた。**弥勒寺**金堂の鬼門の守護神として建てられた八坂神社で、疫病災禍を祓え鎮め、国家の安全を祈る祭典が行われる。

かつて、この祭は夜中にとり行われ、般若心経が唱えられていたので、今も地元では、心経会といっている。

祭礼当日は、上宮で神事が行われた後、八坂神社で長さ4mほどの五色の大御幣を、神職の従者が鳥居越しに本殿に向かって投げる。

それを参拝者が競って奪いあい、鎮疫の御守として家にもち帰る。

県北部）の一宮でもあった。

八幡神、そしてこれをまつる宇佐八幡宮の成立については諸説があり、八幡神は、これまで不明な点が多い神とされてきた。しかし近年、律令国家の形成期に八幡神が出現したことに注目し、八幡神を律令国家の成立と密接に連動して生まれた神ととらえる説が有力になってきた。豊前国宇佐地方は、ヤマト政権にとって九州支配の最前線であり、とくに南九州における隼人の勢力を完全に服属させる過程で、八幡神が成立したとする。

713（和銅6）年、大隅国（現、鹿児島県）が設置された翌年、隼人

宇佐神宮本殿

の教導のためとして、豊前国から200戸の入植が行われた。これに対し、720(養老4)年には大隅隼人の大反乱がおこる。このような攻防のなかで、律令国家の国境を守り、さらに九州支配を強固にする軍神としての八幡神があらわれた。

「八幡」とは、地名や氏に由来する語ではなく、中国の唐時代の軍の制度を象徴する「八幡・四鉾」制に由来する。すなわち、軍隊の「幡」を意味するという。

隼人の反乱が鎮圧された後の725(神亀2)年、律令国家の西の辺境であった宇佐の小倉山(御許山山麓)に、あらたに社殿が造営された。この社殿が、現在の宇佐神宮の原型となる。

隼人支配に功績のあった八幡神は、対朝鮮政策においても政府の崇敬を受け、古代においては、鎮護国家の神として尊崇を集めた。東大寺(奈良市)大仏鋳造に際しては、八幡神の神託により黄金を得たとされ、八幡神は、東大寺の守護神として、奈良に勧請された。

749(天平勝宝元)年の入京のときには、八幡大神と比売大神に対し、それぞれ一品と二品の位が与えられた。740(天平12)年の藤原広嗣の乱に際しては、隼人を率いる広嗣に対し、軍神として八幡神が立てられた。

「宇佐八幡神託事件」では、769(神護景雲3)年に和気清麻呂が宇佐宮に派遣され、「無道の人(道鏡)を排除せよ」との神託を持ち帰って、道鏡の即位が阻止された。このように宇佐八幡神は、古代国家の政治的に重要な節目において、国家神として大きな役割をになっていたといえる。

古代国家における宇佐宮の重要性が増すにつれ、社領も拡大していった。9世紀末からは、宇佐宮と神宮寺である弥勒寺の荘園が拡大し、平安時代末期には、九州最大の荘園領主となった。神仏習合においても宇佐宮は先駆けをなし、六郷満山独特の仏教文化や、大分(現、大分市)・臼杵(現、臼杵市)の石仏なども、強大な宇

104　神の里、仏の山と蘭学の道

佐宮・弥勒寺の影響下で生まれたものである。

　中世に入ると，宇佐宮・弥勒寺の荘園は，武士たちの押領によって減少の一途をたどる。近世では，豊前の領主となった黒田長政や細川忠興，江戸幕府3代将軍徳川家光らの崇敬を受け，社領を寄進されるが，古代・中世の権威は失われた。

　明治時代になり，神仏分離令(1868年)，大教宣布(1870年)などの神道国教化政策のなかで，廃仏毀釈が行われた。弥勒寺にあったと伝えられる本尊の薬師如来坐像などの諸仏が流出するなど，神仏が「共存」していた宇佐宮の環境は一変することになる。

　1868(慶応4)年5月の太政官達では，石清水・宇佐・筥崎などの「八幡大菩薩」という称号が，仏教的であることを理由に禁止され，かわって「八幡大神」という称号を用いるよう命じられた。

　その後，祭政一致を目指す明治政府は，全国の神社に社格を与え，伊勢神宮(三重県伊勢市)を頂点とした神社制度をつくりあげた。宇佐神宮は，官幣大社という高い社格を与えられ，近代国家の新しい制度のなかで，再び繁栄することになった。

　現在の宇佐神宮本殿は，1855(安政2)年から1861(文久元)年にかけて造営されたもので，切妻の屋根が並列に結合された社殿である。宝物館には，宇佐宮と弥勒寺に伝えられた貴重な文化財が展示されている。

　1209(承元3)年に弥勒寺に納められた孔雀文磬(国宝)のほかに，「延喜四(904)年」銘の銅鐘(国重文)など，文化財も多数収蔵されている。

　宇佐宮の神宮寺である弥勒寺は，神宮寺としてはわが国でもっとも早い成立とされている。平安時代に隆盛を誇ったが，中世後期以降は，衰退の一途をたどった。薬師寺式の伽藍配置で，金堂・講堂に東西の塔があったとされるが，現在は礎

寄藻川にかかる呉橋

石を残すのみである。

　境内の西端には，寄藻川に架かる呉橋（県文化）がある。呉橋は，宇佐宮参詣勅使が寄藻川を渡って西参道に入る神橋で，朱塗りの橋には屋根がある。境内を覆う鬱蒼としたイチイガシの森は緑深く，鳥居や門，社殿の朱がいっそう鮮やかである。

大楽寺 ⑫
0978-37-0356　〈M▶P.66, 102〉宇佐市南宇佐2077
JR日豊本線宇佐駅🚌四日市行宇佐八幡🚶3分

弥勒寺の繁栄を偲ばせる数々の仏像

　宇佐八幡バス停から，国道10号線を東に約100m，さらに細い路地を北へ100mばかり歩くと，大楽寺（真言宗）がある。境内の弥勒堂には12世紀頃の作とみられる木造弥勒仏及両脇侍像（国重文）がある。ヒノキの寄木造で，像高142.5cm。穏やかな表情をした定朝様の仏像である。脇侍の木造日光・月光菩薩立像も，しなやかな体軀の洗練された仏像である。また，木造四天王立像（国重文）も本尊と同時代の作と思われる。

大楽寺木造弥勒仏及両脇侍像

　宇佐神宮前，国道10号線沿い駐車場のすぐ西側に，極楽寺（浄土真宗）がある。本堂には15世紀前半の作と考えられる，木造弥勒仏坐像（県文化）がある。本像は，ヒノキの寄木造・像高278cmで，もともと旧弥勒寺講堂にあったが，明治時代初期の神仏分離によって，極楽寺に移された。極楽寺も，もと宇佐神宮境

大善寺木造薬師如来坐像

神の里，仏の山と蘭学の道

内にあったが，昭和の宇佐神宮大造営（1933〈昭和8〉～17）の際，現在地に移された。

宇佐神宮の呉橋の前から，寄藻川沿いを上流へ200mほど進むと，寄藻川に架かる大善寺橋がある。この橋を渡ると，大善寺（曹洞宗）の山門である。門をくぐって左手の禅堂に，木造薬師如来坐像（国重文）がある。ヒノキの寄木造で，像高は280cm。堂々とした体軀，厳しい表情の薬師仏である。その写実的な衣文の彫りから，14世紀前半の作と考えられる。旧弥勒寺金堂の本尊で，神仏分離によって大善寺に移された。

大善寺には，ほかにも旧弥勒寺から移された木造日光・月光菩薩像，木造不動明王像，木造愛染明王像があり，いずれも14世紀初頭作とみられている。

百体社 ㊸
ひゃくたいしゃ
0978-32-1111（宇佐市教育委員会）

〈M▶P.66, 102〉宇佐市南宇佐上町
JR日豊本線宇佐駅🚌四日市行宇佐八幡🚶10分

傀儡つかいの守り神
穢れを祓う化粧井戸

宇佐神宮の呉橋前から西へまっすぐに延びる道路は，かつて勅使が宇佐神宮にきたときに通過した旧街道で，勅使街道・宇佐大路などとよばれた。

呉橋から西に向かい，国道10号線を横断して10分ほど歩くと，上り坂となる。その坂をのぼりきる手前右側に，宇佐神宮境外末社の百体社がある。720（養老4）年の隼人の大反乱のおり，八幡神が討ちとった隼人をまつった神社と伝えられているが，本来は傀儡師たちの守護神であった。

百体社から，坂道をわずかに西へ進むと，道路から20mほど右手に，石槨が露出した状態の凶首塚古墳（県史跡）がある。やはり隼人の首級を埋めたという伝説があり，凶士塚あるいは凶首塚などといわれるが，石室の形態から，6世紀末から7世紀初め頃に築造さ

化粧井戸

八幡神降臨の地，宇佐

れたものと推定される。墳丘が失われているため、古墳の形状や規模は不明である。

さらに西へ50mほど進んで坂をのぼりきると、左手に化粧井戸とよばれる3基の井戸が並んでいる。この井戸は、宇佐神宮の放生会(現、仲秋祭)で、「細男の舞」を奉納する古要神社(中津市)と、古表神社(福岡県吉富町)の傀儡師が化粧する井戸として、利用したとされる。しかし本来は、穢れが宇佐宮内に入るのを防ぐ役目をはたしていたと思われる。

城井1号掩体壕 ⓮

0978-32-1111(宇佐市教育委員会)
〈M▶P.66〉宇佐市城井159-3 P
JR日豊本線柳ヶ浦駅🚗5分

多くの戦争遺跡 宇佐海軍航空隊

柳ヶ浦駅を出て左折し、西へ約500m歩くと、宇佐で唯一航空隊の名を冠した航空隊踏切がある。この踏切を渡り、1.2kmほどまっすぐ南下すると、県道629号線(フラワーロード東西線)との交差点に出る。ここを右折し、県道629号線を約1.5km進むと、道路脇に航空隊の滑走路跡を示す記念碑が立っている。

記念碑を過ぎてまもなく左折し、およそ500m南にくだると、城井1号掩体壕がある。掩体壕とは、戦闘機を空襲から守るコンクリート製の格納庫のことである。

城井1号掩体壕は、幅21.6m・奥行14.5m・高さ5.4m。1995(平成7)年、戦争の「生き証人」として宇佐市の史跡に指定された。第二次世界大戦に関係した遺構の史跡指定は、沖縄県の南風原陸軍病院壕趾について、全国で2番目である。戦争遺跡が史跡に指定された背景には、市民団体の地道な掘り起こし活動と市とが一体になった保存運動があった。1号掩体壕のある城井地区のほか、畑田地区・森山地区にあわせて10基の掩体壕が現存している。

城井1号掩体壕

蓮光寺生残り門

　1939(昭和14)年に練習用航空隊として，宇佐海軍航空隊が設けられた。当初は隊員約800人であったが，第二次世界大戦末期の1945年には，宮崎県の赤江基地に所属する特別攻撃隊神雷部隊が，宇佐へ移動したため，保有機157機・隊員2486人の特別攻撃隊の基地となった。ここから，154人が特攻による体当り攻撃を行った。

　掩体壕や滑走路のほかにも，宇佐市には戦争遺跡が数多く残っている。柳ヶ浦駅の南方，柳ヶ浦高校正門の対面には，航空隊慰霊の宇佐海軍航空隊忠魂碑がある。忠魂碑脇には，予備学生の戦死者名と出身地を刻んだ「特攻隊士の碑」も立つ。

　また，柳ヶ浦高校の東方約500mほどの駅館川の河畔には，蓮光寺生残り門がある。1945年4月のアメリカ軍による空襲で，航空隊があったこの一体は，焦土と化し，壊滅的な被害を受けた。蓮光寺も本堂のほかすべての堂宇が焼失したが，この山門だけが奇跡的に被害を免れた。このことから，「蓮光寺生残り門」とよばれるようになった。礎石や柱には弾痕もあり，空襲の被害を今に伝えている。

双葉の里・双葉山生家 ㊺　〈M▶P.66, 111〉宇佐市下庄269 P
0978-33-5255　　　　　JR日豊本線柳ヶ浦駅🚗15分，またはJR日豊本線中津駅🚗20分

大相撲の近代化に貢献した「不世出の名横綱」

　宇佐市方面から県道629号線を西に進み，宇佐市中敷田の交差点を右折。北へ向かって直進して，日豊本線と交差する陸橋を越え，さらに進むと県道23号線との三差路に出る。中敷田交差点から約2kmの距離である。ここを右折するとすぐ左手に双葉の里がみえる。

　昭和時代前期の名横綱双葉山は，1912(明治45)年宇佐郡天津村布津部(現，宇佐市下庄)に生まれた。本名は穐吉定次。立浪部屋に入門し，1927(昭和2)年3月初土俵，1938年に第35代横綱になった。

　1936年1月場所7日目から，1939年1月場所3日目までの69連勝(年2場所制)という連勝記録は，現在も破られていない。通算優勝

八幡神降臨の地，宇佐　　109

双葉山生家　　　　　　　　　　　　　　　　　　　芝原善光寺本堂

回数12回，うち全勝優勝8回。「不世出の横綱」とよばれた。
　1945年に引退，年寄時津風を継ぎ，日本相撲協会理事長として，部屋別総当り実施など，大相撲の近代化につくした。1968年に56歳で死去。
　1968年に生家は公民館として改装され，遺族から宇佐市に寄贈された。1999(平成11)年に生家に隣接して，双葉山の業績を紹介し，遺品や書，直筆の書簡などを展示する双葉の里が設けられた。

芝原善光寺 ㊻
0978-32-7676
〈M▶P.66, 111〉宇佐市下時枝237
JR日豊本線豊前善光寺駅🚶20分

日本三善光寺　鎌倉建築の遺構

　双葉の里から一旦，県道629号線へ戻り，中敷田の交差点を左折して，宇佐方面へ向かう。まもなくすると，「芝原善光寺」の看板がある交差点に出る。左折して北に向かい500mほど行くと，左手に芝原善光寺(浄土宗)がある。芝原善光寺は豊前善光寺ともいい，信濃善光寺(長野県長野市)・甲斐善光寺(山梨県甲府市)と並ぶ「三善光寺」の1つ。958(天徳2)年，空也上人によって開かれたと伝えられる。本堂(国重文)は梁間5間・桁行7間の折衷様で，1250(建長2)年に建立された。そのほか，境内には鎌倉時代の板碑や石塔などもある。

四日市別院 ㊼
0978-32-0050(東本願寺別院)
0978-32-1901(西本願寺別院)
〈M▶P.66, 111〉宇佐市四日市1425-1(東本願寺)／四日市1410(西本願寺)
JR日豊本線柳ヶ浦駅🚗20分

幕府領の商人町　勅使街道の宿場町

　宇佐市西部にある四日市は，中世には文字通り市場町として，また宇佐へ向かう勅使街道(宇佐大路)の宿場町として発展し，近世

には幕府領となった。
1720(享保5)年か
らは，日田(現，日
田市)の西国筋郡代
の出張陣屋(四日
市陣屋)がおかれた。

宇佐神宮の呉橋か
ら勅使街道を西に進
み，旧四日市市街地
に入ると，市街地の
ほぼ中央付近に，ひ
ときわ大きな寺院の
瓦屋根が2つみえ
てくる。東本願寺四
日市別院(浄土真宗)
と西本願寺四日市別
院(浄土真宗)である。

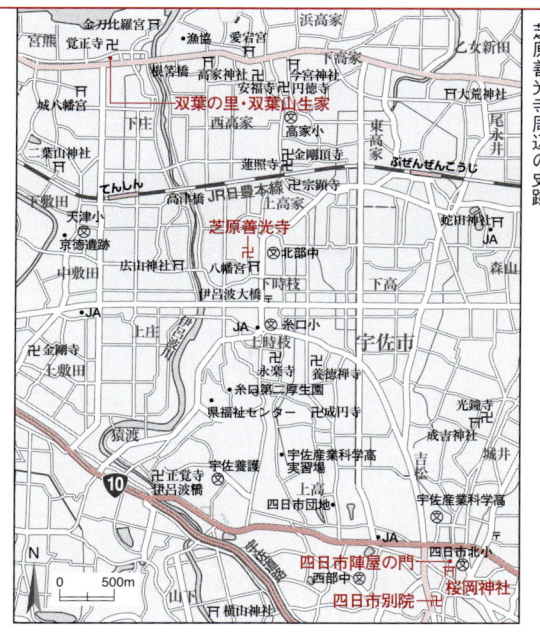

芝原善光寺周辺の史跡

東本願寺四日市別院は，この地域に勢力を有した渡辺氏が，中世末期に建立した真勝寺(東本願寺末寺)を前身とする。1737(元文2)年におこった内紛と西本願寺への改宗問題がこじれ，真勝寺は幕府に没収されてしまった(別院騒動)。1744(延享元)年，真勝寺は幕府の裁定によって，東本願寺に下付されることになり，以後，東本願寺の四日市別院として今日に至っている。

大門(山門)を入ると，正面に壮大な本堂がある。この本堂は，もと1803(享和3)年に建立されたものであるが，1868(慶応4)年の御許山騒動のときに焼失し，1876(明治9)年に再建された。

一方，別院騒動のとき，訴訟に敗れた西本願寺への改宗派も東別院に対抗し，宇佐市川部にあった正明寺(浄土真宗)を本山に出し，さらにこれを四日市に移すことを願い出た。1747(延享4)年にこの願出が許可され，現在の西本願寺四日市別院が創建され，本堂は1859(安政6)年に建てられた。

東別院から北側の市街地の街路に出ると，右手に桜岡神社(祭

西本願寺四日市別院

神蛭子命ほか）がみえる。左折して西の中津方面へしばらく歩くと，三差路がある。細い路地を右に入ると，正面に木造の古い門がみえる。これが四日市陣屋の門で，この門は，旧県立四日市高校の正門でもあった。

　近世の四日市は，この陣屋を中心に発展した町である。大きな商家や東本願寺・西本願寺の別院もあって，多くの文人たちも集まった。四日市陣屋は，宇佐・国東地域の沿岸部の埋立て，新田開発においても，大きな役割をはたした。

虚空蔵寺跡 ㊽
0978-32-1111（宇佐市教育委員会）

〈M▶P.66〉宇佐市山本1632
JR日豊本線宇佐駅 🚗 25分

塼仏出土　畿内と強い結びつき

　宇佐神宮から国道10号線を西に向かうと，国道387号線と交差する法鏡寺交差点に出る。ここを左折して南下する。最初の交差点を右に向かうと三差路に出る。ここを右折して「虚空蔵寺跡」の案内標識に従って進む。虚空蔵寺跡は，宇佐別府道路のすぐ脇にある。

　宇佐地方には，白鳳期から天平期にかけて創建された寺院が数多く認められる。なかでも，虚空蔵寺と法鏡寺は壮大な伽藍を備え，すでに7世紀後半には創建されたとみられる。この地域で，もっとも古い寺院である。

　虚空蔵寺は法隆寺式伽藍配置であったことが確認され，法隆寺系の軒瓦とともに，九州で唯一の塼仏が出土している。塼仏は，塔の内壁の装飾として，タイル状に貼りつけられたものである。出土した塼仏は，縦6.4cm・横5.7cm・厚さ0.8cmの粘土板で，椅座する仏が描かれている。これは奈良県の南法華寺（壺阪寺）の塼仏と同じ様式のもので，宇佐と畿内の強い結びつきが推定される。

　1313（正和2）年成立の『八幡宇佐宮御託宣集』には，法蓮が山本の地に虚空蔵菩薩をまつったとある。法蓮とは『続日本紀』にその名がみえる僧侶で，703（大宝3）年にその医術を賞して，豊前

虚空蔵寺塔跡の礎石   東光寺五百羅漢

国に野40町を賜ったとされる。また721(養老5)年には，その善行により，法蓮とその一族に，宇佐君の姓を与えたという記事もみえる。

　虚空蔵寺の塔は三重塔であったと推定され，現在，その心柱の礎石(心礎)をみることができる。虚空蔵寺跡の西に隣接する丘陵には，虚空蔵寺瓦窯跡がある。7基の窯跡が発見されており，ここで虚空蔵寺の瓦を焼いたものと考えられる。

　ここから駅館川の左岸を上流へ向かって800mほど行くと，鷹栖観音堂がある。観音堂は，百間岩とよばれる絶壁の壁面を刳り貫いて建てられており，堂内には，11世紀頃の作とみられる如来形2軀と菩薩形1軀が安置されている。法蓮によって養老年間(717〜724)に開かれたというが，詳らかではない。

　現在この一帯は，鷹栖つり橋公園として整備されている。また，毎年1月4日には鬼会が行われる。

東光寺五百羅漢 ㊾
0978-38-3830

〈M▶P.66〉宇佐市江須賀1754　P
JR日豊本線柳ヶ浦駅🚶9分

穏やかな羅漢様の顔　民衆の心を救う

　JR柳ヶ浦駅から南へ約750m，田園の中に東光寺(曹洞宗)がある。寺が開かれたのは1362(貞治元・正平17)年で，開山当初は臨済宗であった。江戸時代に再興され，1658(万治元)年に長門国功山寺(現，下関市)の末寺となり，曹洞宗に改められた。

　東光寺の住持道琳が，干害に苦しむ農民を救うために五百羅漢造立を図り，製作を日出(現，日出町)の石工覚之丞に依頼した。覚之丞は，1859(安政6)年から彫り始め，1882(明治15)年までに合計

八幡神降臨の地，宇佐　　113

御許山 ㊿
0978-32-1111（宇佐市経済部商工観光課）

〈M▶P.66〉宇佐市・杵築市
JR日豊本線宇佐駅🚌30分

八幡神降臨の地　二豊の草莽と御許山騒動

　宇佐神宮の南東に御許山（647m）がある。大元山・馬城峰ともいう。宇佐神宮奥の院で、この山上に八幡神が降りたとの伝承がある。山道をのぼると石畳があらわれ、その先に大元神社（祭神八幡大神ほか）の拝殿がある。もとはここに霊山寺があって一帯を支配していたが、明治時代初期の神仏分離で廃寺となり、霊山寺の講堂は大元神社の拝殿となった。拝殿の背後には注連縄が張られ、禁足となっているため、入ることができない。しかしながら、21年に1度行われる六郷山峰入りのときには、注連縄が切られる。

　鳥羽・伏見の戦い直後の1868（慶応4）年1月14日深夜、勤王家佐田秀ら60人余りの花山院隊は、四日市陣屋を襲撃し、焼き払った。翌朝、彼らは宇佐宮へ向かい、八幡神発祥の地といわれる御許山にのぼり陣を構え、錦の御旗を押し立てた。

　花山院隊は、近隣の諸藩へ使者を送り、義挙に応ずるようよびかけたが、豊前・豊後の各藩は、静観するしかなかった。20日、長州藩（現、山口県）兵が、花山院隊の討伐のため豊前宇島（現、福岡県豊前市）に上陸し、四日市の正明寺（西別院）に陣取った。

　長州藩は、勅許を得ないままの挙兵で、また長州藩の名を勝手に使用したなどとして、花山院隊を厳しく追及し、23日の会談の際に佐田秀を斬殺したうえ、御許山の花山院隊を鎮圧した。佐田ら首謀者の首級は、「口に正義を唱え、盗賊の所業せし者」として、さらされた。花山院隊は、長州藩の方針に従わない別派行動を行ったため、抹殺されたのである。この一連の事件を、御許山騒動という。

　花山院隊の末路をみると、戊辰戦争（1868〜69年）中、年貢半減令を掲げて東征軍の先鋒として活躍したにもかかわらず、のち偽官軍の汚名をきせられ、同じく抹殺された相楽総三の赤報隊によく似ている。

　なお、熊本では花山院別働隊が、天草（熊本県天草市）の富岡代官所を襲撃している。

4 宇佐山郷

人びとの多くの血と汗が染み込んだ石造アーチ橋や，幸福を願う思いが託された鏝絵など，匠の技とロマンに触れる。

鳥居橋 (51)

0978-42-5111(宇佐市院内支所産業課商工観光係)
0978-42-5107(院内町観光協会)

〈M►P.66〉宇佐市院内町香下 P
JR日豊本線中津駅🚌院内行両川🚶1分

橋脚の美しさは「石橋の貴婦人」とよばれる

中津駅から宇佐方面に国道10号線を進み，四日市から南進する国道387号線に入り，駅館川に沿って上流に進む。白岩橋を渡って宇佐市院内町に入ると，その後，津房川と合流して駅館川となる恵良川の左岸を遡り，北大道路院内ICからの道路と出合う。そこに両川バス停がある。

両川バス停から東に進むと，恵良川に架かる鳥居橋(県文化)をみることができる。鳥居橋は５連アーチ橋で，1916(大正５)年７月に，恵良川に架けられた。地形にあわせて，橋の径間と橋脚の長さが違っている。橋長約55.2m・橋幅約4.4m・橋高約14.1m。設計者は都留清一郎，石工は松田新之助である。

橋脚の美しさから「石橋の貴婦人」とよばれている。名前は，近くに香下神社の鳥居があり，地名の香下字鳥居原からつけられた。１年中夜間もライトアップされ，昼とは違った石橋の顔をみることもできる。

当初，通学路として利用されたが，その後，旧日出生鉄道線三又川駅と安心院(宇佐市)の中心部を結ぶ主要道路の橋として活用された。現在は，上流側に新橋が架けられ，アーチ橋の美しさを保ったまま残されている。

鳥居橋

国道387号線を玖珠方面に進むと，道の駅「いんない」がある。徒歩で少し引き返すことになるが，ここに駐車して石造アーチ橋の散策に向かうと便利である。

国道387号線を玖珠方面に進むと，右方向に打上橋がある。1863（文久3）年に架設された約18mの1連アーチ橋で，袂には石橋供養塔が建てられ，安全を願った人びとの思いを現在に伝えている。橋の下には，昭和時代初期に架けられた打上水路橋がある。

　さらに国道387号線を進むと，右手方向に御沓橋（県文化）がある。二日市バス停を目印にするとよい。生活路の主要道として，川の両側に住む人びとが工事費を出し合い，1925（大正14）年に架橋された。橋長59mの3連アーチ橋で，川面に映る姿は優美であり，夜間にライトアップされた姿は幻想的である。

　副バス停のかたわらに，覚正寺支坊石幢（県文化）がある。総高約2mで，「大永二（1522）年壬午九月吉日」の銘がある。宝珠と露盤をのぞき断面が六角形で，笠と露盤は一石からなる。波屋根は六注造で，垂木42本が刻まれている。

荒瀬橋 52
0978-42-5111（宇佐市院内支所産業課商工観光係）
0978-42-5107（院内町観光協会）

〈M▶P.66〉宇佐市院内町荒瀬
JR日豊本線中津駅🚌院内行荒瀬🚶3分

架橋当時の面影が残る地域の道

　国道387号線沿いにある道の駅「いんない」の右方向に，荒瀬橋がある。荒瀬橋は，1818（文政元）年頃，木造で架けられたが，洪水になると流されることが多かった。

　1913（大正2）年，石工松田新之助が県の工事として請け負い，橋長約47mの石造2連アーチ橋として完成させた。この工事により，松田は負債を抱えることになり，当分の間，渡り賃を徴収することが県から許可されている。生活道路として活用され，陸軍日出生台演習道路としても利用された。

　1939（昭和14）年には大修理が実施され，径間が若干広げられ，現在の姿になったが，架橋当時の面影は色

荒瀬橋

神の里，仏の山と蘭学の道

両合川橋と両合棚田

濃く残っている。橋の袂にある展望公園から見上げると、高く聳える橋の姿とともに、アーチの間から山並みを望むことができる。

道の駅「いんない」から玖珠方面に進むと、左方向高橋バス停の付近に、富士見橋への案内板がある。富士見橋は、1925(大正14)年に架設された3連アーチ橋で、橋の上に立つと、由布岳(豊後富士)を遠望できることから命名された。この橋は工事途中に崩落したが、松田新之助が私財を投じて完成させた。橋長は約41mで、展望公園からその全容をみることができる。

高橋バス停からさらに玖珠方面に進むと、右方向に分寺橋がある。分寺バス停が目印になる。第二次世界大戦中の1945(昭和20)年3月に架橋された、橋長約46mの3連アーチ橋である。石を丁寧に積み上げ、均整のとれた姿で、夜間ライトアップされている。

分寺橋の手前を左に入り、院内余温泉を通り過ぎて進むと、「日本の棚田百選」の1つに選ばれた両合棚田がある。この棚田の風景にとけ込むように、両合川橋がある。1925年に架設された。

龍岩寺奥院 53
0978-42-6560
〈M▶P.66〉宇佐市院内町大門 P
JR日豊本線中津駅 院内行龍岩寺 10分

張り出した斜面の高床式の舞台

龍岩寺バス停から右方向に1kmほど進むと、龍岩寺(曹洞宗)に着く。746(天平18)年、僧行基が開いたと縁起には記されている。天正年間(1573〜92)、大友義鎮(宗麟)が領内の社寺を焼き払った際に、龍岩寺も災難に遭ったが、奥院は難を逃れ、本尊が現在に伝えられている。

谷間を入った山腹にある龍岩寺奥院には、棟木の墨書から、1286(弘安9)年に上棟されたことがわかる礼堂(国重文)があり、12世紀前半頃の作とみられる、3軀の仏像が安置されている。右から木造薬師如来坐像・木造阿弥陀如来坐像・木造不動明王坐像(いずれも国重文)で、いずれも高さ約3m、一木造、腰部以下は横一材で

宇佐山郷　117

龍岩寺奥院

素木造りである。

　礼堂は,岩が大きく抉られた斜面に立地し,高床式の舞台を設け,最奥部に仏像を安置する構造になっている。仏像が安置されている部分は岩の下にあたり,礼堂部分だけに屋根が設けられている。礼堂は懸崖造で,正面3間(約5.4m)・側面2間(約3.6m),縁がめぐらされている。礼堂の床下に,長さ約10mのクスの丸太梯子が架けられている。このような古式の梯子は,ほかに伊勢神宮(三重県伊勢市)と鵜戸神宮(宮崎県日南市)にあるだけといわれる。

下市・折敷田地区の鏝絵 54
0978-44-1111
(宇佐市安心院支所産業課商工観光係)

〈M▶P.66〉宇佐市安心院町下毛・安心院町折敷田

JR日豊本線中津駅🚌安心院方面行安心院🚶5分

幸福を願う思い鏝を使った浮彫り

　宇佐市安心院町の中心街西側に最明寺(曹洞宗)があり,寺の境内に「正元元(1259)年己未五月二日」の銘を有する石造五輪塔(県文化)がある。総高約1mで,各輪の4面に月輪が線刻されており,その中に,五輪塔四方門の梵字が薬研彫りされている。

　最明寺は,鎌倉幕府執権北条時頼の侍臣であった二階堂恵日が開基したと伝えられており,この五輪塔は,恵日の墓石と考えられている。

　最明寺近くの下市・折敷田地区に,鏝絵がある。鏝絵は,土蔵や家の戸袋・壁などに,左官職人が鏝を使って薄肉状に浮彫りにし,彩色したレリーフである。幸福を願う人びとの素朴な思いが託されている。下市・折敷田地区では5カ所に鏝絵がある。
① 〆野家には,制作年代・職人は不明であるが,母屋妻壁に「花菖蒲」と「水」の文字が描かれている。
② 勝見家では,母屋妻壁に明治時代の高吉の作である「竹に虎」の鏝絵をみることができる。

神の里,仏の山と蘭学の道

重松家の鏝絵

③重松家では、4カ所に鏝絵が描かれている。母屋妻壁・戸袋に、「富士山」「虎」「三階松」「竜」の絵柄で、1884（明治17）年に長野鐵蔵によってつくられた。

④賀来家には、母屋妻壁に明治時代の作と考えられる「唐獅子・七五桐」の絵柄の鏝絵がある。職人は高吉という。

⑤佐藤家では、母屋戸袋に「夷 大黒・鯛の三番叟」を絵柄とする長野鐵蔵作成の鏝絵をみることができる。1895年の作である。

　最明寺から西方向に進み、津房川に架かるばば橋を渡って北東方向に進むと、三女神社（祭神田心姫命・湍津姫命・市杵島姫命）があり、さらに行くと、左手の崖下に下市磨崖仏（県史跡）がある。この石仏群は、不動明王坐像を中心に配して、左右に9軀の如来・菩薩・天部などが刻まれている。彫技は平板でやや弱く、室町時代初期の作と推定されている。

龍王城跡 55

0978-32-1111（宇佐市教育委員会文化課）
0978-44-1111（宇佐市安心院支所産業課商工観光係）

〈M▶P.66, 120〉宇佐市安心院町龍王
JR日豊本線中津駅🚌安心院方面行、または湯布院方面行龍王🚶5分

大友義統が逃げ込んだ中世の山城

　龍王バス停で下車し、バス停手前の消防機庫から龍王山（315.4m）にのぼると、中世山城の龍王城跡がある。

　龍王城は、安心院盆地の南端、深見川の左岸に位置し、山容がウシが臥した姿に似ていることから、別名臥牛山城ともいう。宇佐大宮司安心院公泰が、安心院荘16カ村（現、宇佐市）の地頭職を正安年間（1299～1302）に得て、築城したのに始まるといわれる。

　宇佐氏系安心院氏が、9代280年にわたってこの地を支配したが、1582（天正10）年、大友義鎮（宗麟）に滅ぼされた。1586年、大友義統が戸次河原の戦いに敗れた際、本城の高崎山城（大分市）を捨てて、この城に逃げ込んでいる。

　龍王山周辺の龍王地区は、数多くのすぐれた鏝絵を描いた長野鐵

宇佐山郷　119

龍王城跡

　蔵の居住地で，この地区では鐵蔵が描いた鏝絵を始めとして，4カ所で鏝絵をみることができる。

①上田家には，明治時代に高吉が母屋妻壁に描いた「虎」と「家紋」の絵柄の鏝絵がある。

②古荘(ふるしょう)家には，1882(明治15)年に長野鐵蔵が，母屋戸袋に描いた「朝顔・雷」の絵柄の鏝絵がある。

③大江(おおえ)家には，1887年に長野鐵蔵が，母屋戸袋に描いた「鷲」の鏝絵がある。

④妙庵寺(みょうあんじ)では，1903年に長野鐵蔵が，欄間(らんま)に描き奉納した，「蓮(はす)の華」の鏝絵をみることができる。

　龍王山の北東約1kmの妻垣地区に，妻垣神社(つまがけ)(祭神比咩大神(ひめおおかみ)・応神天皇(おう)・神功皇后(じんぐう))がある。妻垣神社は妻垣入口バス停からほぼ南の丘の上にあり，神社下から石段がある。社伝によると，比咩大神がくだった宇佐島は，当地であるという。また，神武天皇の東征に際して，宇沙都比古(うさつひこ)(菟狭津彦)と宇沙都比売(菟狭津媛)が一柱(あしひとつ)

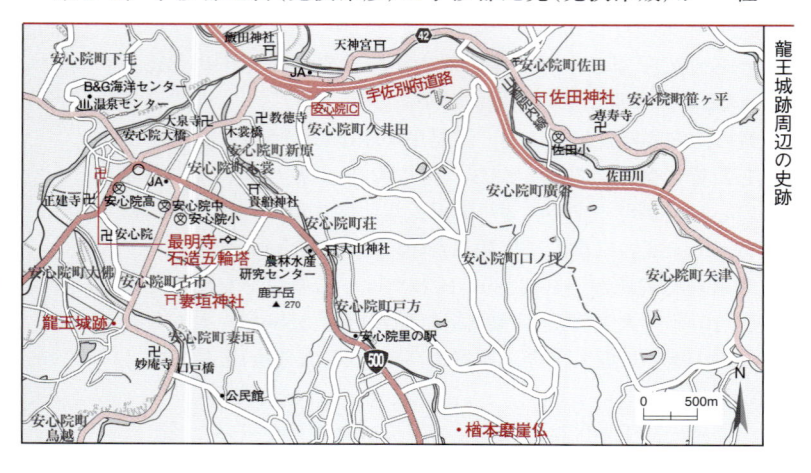

龍王城跡周辺の史跡

騰宮を建てて,御饗を献じた地であるとの説もある。応神天皇は侍臣と宇沙都比売を結婚させ,そのときに垣根をめぐらせたので,妻垣の地名が生まれたとの伝承もある。

佐田神社 ㊷

0978-44-1111
(宇佐市安心院支所産業課商工観光係)

〈M▶P.66, 120〉宇佐市安心院町佐田
JR日豊本線中津駅🚌安心院方面行安心院,乗換え🚌山香方面行下佐田🚶3分

土塀に残る反射炉使用のレンガ

下佐田バス停で下車し,バスの進行方向に約300m進むと,左手に佐田神社(祭神 武内宿禰・素盞嗚尊・大山祇命)がある。神社の西側に表参道,バス通り側に脇参道がある。

脇参道の急な石段をのぼり鳥居をくぐると,左手に佐田神社の板碑がある。現在は4基並んでいるが,境内に散在していたものを1カ所に集めたものである。

右端の四面板碑形式の角塔婆は,碑身の4面に種子を薬研彫りしており,「元弘三(1333)年」の南朝年号が刻まれている。この左隣の板碑には,碑身上部に阿弥陀をあらわす種子が薬研彫りされており,「正慶元(1332)年」の北朝年号が刻まれている。これら2基は,県の文化財に指定されている。神社境内には,十数基の石灯籠が奉納されているが,そのほとんどは江戸時代の造立である。

表参道からのぼった左手には,宮の台とよばれる平地がある。1853(嘉永6)年,賀来惟熊が反射炉を築いて大砲を鋳造した所といわれている。反射炉に使用されていたレンガの一部は,現在,神殿の周囲にめぐらされている土塀に,塗り込められている。

佐田神社の板碑

佐田の京石

宇佐山郷

下佐田バス停から県道716号線を北東に約1.5km進むと，道路の北側に大年神社(祭神大年神ほか)がある。境内に大年社板碑２基(ともに県文化)がある。１基は「建武元(1334)年」，他の１基は「暦応四(1341)年」の北朝年号が刻まれている。また，神社の南傾斜地には，民家に接した根周り12.1m・樹高24mのイチイガシ(県天然)がある。

下佐田バス停から県道658号線を北に約1.5km進むと，右手の米神山麓に佐田の京石がある。道路からみえる位置に，柱状の自然石が林立している。また，米神山(475m)の中腹には，巨石の環状列石(ストーンサークル)もある。これらの巨石群には，神社の起源説，鳥居の原始の姿説，一字一石経を埋めて，その上に柱状石を立てたとする説など，さまざまな説がある。

楢本磨崖仏 (57)

0978-44-1111
(宇佐市安心院支所産業課商工観光係)

〈M►P. 66, 120〉宇佐市安心院町楢本
JR日豊本線中津駅🚌安心院方面行安心院，乗換え🚌別府方面行岡🚶15分

岩盤に刻まれた四十数体の仏像

岡バス停で下車し，東側を流れる津房川を渡り，700〜800m上流に向かった左手に，楢本磨崖仏(県史跡)がある。像高50cm〜２mほどの仏像が，岩盤に上下２段に分けて刻まれており，仏・菩薩・天部・明王・神将・比丘などが四十数軀ある。不動明王像の右側壁面には，「応永三十五(1428)年戊申三月」という墨書がある。

岡バス停から，国道500号線を南に約１km進み，楢本バス停から東に約１km進むと，桂昌寺跡に地獄極楽が表現されている。江戸時代末期につくられたもので，約70mの洞窟内には，閻魔大王・青鬼・赤鬼などの石像により地獄が表現されている。洞窟を抜けると，丘上の阿弥陀如来を始め，多くの仏などで極楽が表現されている。

楢本磨崖仏

賀来惟熊・賀来飛霞

コラム

進取の気性 実学の人びと

賀来惟熊は，江戸時代末期の公益事業家・砲術家である。島原藩飛び地領宇佐郡佐田村（現，宇佐市安心院町佐田）に生まれ，農業のかたわら，搾蠟や酒造なども行っていた。

所有する山林に杉苗を植え，植林の重要性を説き，1852（嘉永5）年の洪水に際しては，井堰の復旧に尽力している。そのほか，貯水池の築造や宇佐神宮の改築などにも尽力している。

また，師の帆足万里から大砲をつくることをすすめられた惟熊は，蘭書から知識を得るなどの研究を重ね，1855（安政2）年，佐田村の宮の台に鉄鋳造の反射炉を築いた。3年後には，大砲3種，計8門の鋳造に成功している。

惟熊の従兄弟にあたる賀来飛霞は，江戸時代後期～明治時代前期の植物学者・医者。生まれは島原藩飛び地領国東郡高田（現，豊後高田市）。2歳のとき，父の死により，母の郷里杵築（現，杵築市）に移った。

帆足万里に本草学や医学を，十市石谷に絵画を学んだ。1841（天保12）年には江戸で本草学を学び，奥州を始め各地の採薬も行った。1844（弘化元）年から，佐田村で医者として生活するようになる。1876（明治9）年に，小倉県第八大区医務取締役となり，宇佐郡立四日市病院長兼医学校長となった。

1878年，植物学者伊藤圭介に招かれて，東京大学小石川植物園の取調掛となり，植物の調査に専念した。1888年に退職して安心院に帰る。

著書には，『油布嶽採薬記』『杵築採薬記』『高千穂採薬記』のほか，図譜・植物雑記がある。

反射炉に使用されていたレンガの一部（佐田神社）

　楢本バス停からさらに南に約3km進んで，六郎丸バス停から県道659号線を北西に約2km進み，松本口バス停で下車する。ここから北西に延びる町道を約1km歩くと，無住の南光寺（曹洞宗）がある。この寺には，鎌倉時代後期の作とみられる木造金剛力士立像（県文化）がある。2軀ともクスの寄木造で，玉眼は欠けているが，面相や上半身・四肢の肉取りなどは，写実的で抑揚に富んでいる。

　なお，南光寺へは，龍王から南西に松本川に沿って進み，松本に至るコースもあるが，距離がある。

宇佐山郷　123

⑤ 城下町のたたずまいが残る中津

城下町中津は、黒田氏・細川氏・小笠原氏、さらに奥平氏へと受け継がれ発展した。そして、今も近世城下町の風情が残る。

寺町界隈 ㊺
0979-22-1111（中津市産業振興部観光商業課観光係）

〈M▶P.66, 124〉 中津市寺町
JR日豊本線中津駅 徒歩10分

城下町の東縁 ユニークなお寺さん

合元寺

中津駅北口を出て、本町商店街を抜け、福沢通りに出る。ここを右折すると、まもなく銀行がある。ここから右斜めに入ると、寺町である。近世の城下町は計画都市であり、寺院が密集する寺町は、城下町の周縁部に位置することが多い。中津の寺町も、城下町の東側

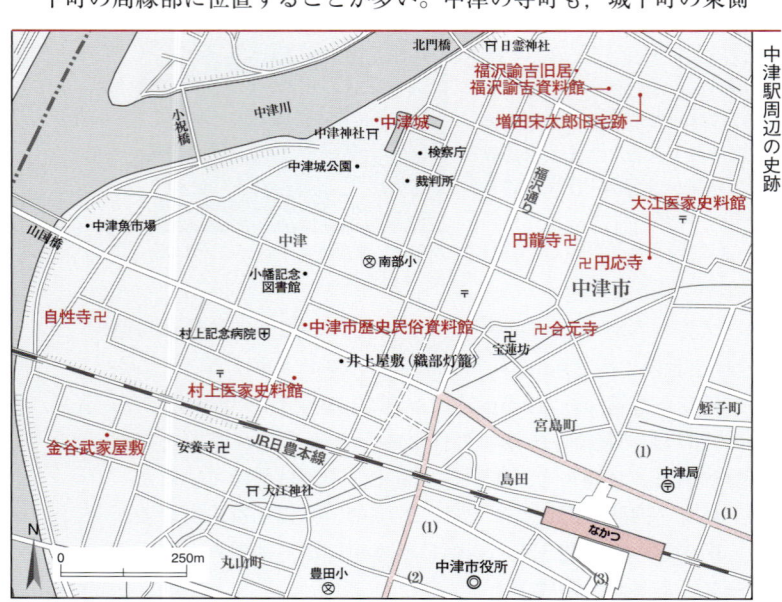

中津駅周辺の史跡

124　神の里、仏の山と蘭学の道

前野良沢

コラム 人

『解体新書』翻訳をリード

　中津藩(現、中津市)藩主奥平昌鹿は、長崎のオランダ通詞吉雄耕牛が昌鹿の母親の脛骨の治療を手際よくしたことで、蘭学に心服する。

　1769(明和6)年、昌鹿は江戸藩邸の藩医前野良沢を中津に連れて帰り、さらに長崎に留学させている。昌鹿は、蘭学に没頭する良沢を庇護し、援助し続けたという。

　1771年、江戸小塚原(現、東京都荒川区)で行われた解剖を見学した前野良沢は、長崎で購入した『ターヘル・アナトミア』の精緻さ・正確さに驚き、若狭国小浜藩(現、福井県小浜市)藩医の杉田玄白らと翻訳を始めた。

　翻訳過程の困難さについては、杉田玄白の『蘭学事始』に詳しいが、翻訳作業をリードしたのは、前野良沢であったという。

　1774(安永3)年、ついに『解体新書』全5冊が刊行された。ところが『解体新書』の序文に、良沢の名前は載せられていない。

　一説には、翻訳が不充分なまま刊行することに同意できなかったとも、名を挙げるために学問をしたのではないという考えを、実践したかったのだともいう。

　前野良沢はまた、天文学や地理書の翻訳なども行っている。

の周縁部にあたる。

　寺町を北へ歩くと、真っ赤に塗られた塀の壁が目に入る。これが合元寺(浄土宗)で、その壁の様子から、赤壁寺ともよばれている。

　言い伝えによれば、1587(天正15)年に黒田孝高(如水)が中津に入部した際、この地域の有力土豪宇都宮鎮房を謀殺した。このとき、合元寺には鎮房の家臣たちが投宿していたが、黒田勢に攻められ全員討死し、寺の白壁は血で染まった。その後、壁を何度白く塗り替えても下から赤い色が浮き出てくるため、壁全体を赤く塗ったのだという。新領主と国人・土豪との軋轢を、想像させるエピソードである。

　寺町には、ほかにもユニークな寺院がある。合元寺の前を東へ少し進むと、河童伝説が残る円応寺(浄土宗)がある。享保年間(1716〜36)、この寺の住職が境内にあらわれる河童と問答し、ついに説き伏せて仏門に入らせた。その後、河童はこの寺を水難・火難から守ったという。

　境内には、河童があらわれたという小さな池の跡と、河童の墓と

称する小さな祠がある。河童に授けたという戒名が現存し、今でも法要のときは、河童の頭目の回向を行っている。

　円応寺の道を隔てた前にある円龍寺（浄土宗）は、「閻魔さまのお寺」として、庶民の信仰を集めた。閻魔は地獄を支配し、死者の生前の罪を裁き、罰を与えるという。境内には閻魔堂のほか、観音堂などがある。

大江医家史料館 �59
0979-22-0049

〈M▶P.66, 124〉中津市鷹匠町906
JR日豊本線中津駅 🚶10分

近代医学への展開
「医は仁ならざるの術」

大江医家史料館

　円龍寺を出て北に向かい、初めの角を右に折れ、150mほど東に進むと、右手に大江医家史料館がある。ここは幕末から明治時代にかけて、医学の道に貢献した大江雲沢の居宅であった。居宅は明治時代以降に改築され、受付や調剤室が設けられた。現在、改築時の室内が再現されている。

　大江家は代々中津藩（現、中津市）の藩医で、雲沢はその6代目である。雲沢は、世界で初めて全身麻酔による乳がん手術を行ったことで有名な華岡青洲の大坂分塾で学び、のちに中津医学校の初代校長をつとめた。100石取りの藩医にもかかわらず、貧しい人びとの治療を行い、病人を抱える家には、米や塩を与えたという。「医は仁ならざるの術　努めて仁をなさんと欲す」は、外科手術を得意とした大江家の家訓という。

　館内には、華岡青洲の肖像画や、中津藩医前野良沢らが翻訳した『解体新書』などが展示されている。また、裏庭には薬草園も整備されている。

126　神の里、仏の山と蘭学の道

福沢諭吉旧居

ふくざわ ゆきちきゅうきょ
0979-25-0063

〈M▶P.66, 124〉中津市留守居町1586 P
JR日豊本線中津駅 20分

福沢諭吉の原点　西郷と運命をともにした増田宋太郎

　大江医家史料館から寺町方面へ戻り，寺町の通りに出たら，右折して北へ約200m進む。突き当りを左折して，案内標識に従ってしばらく歩くと，福沢諭吉旧居（国史跡）がある。

　福沢諭吉は，1834（天保5）年，大坂の中津藩蔵屋敷（現，大阪市福島区）で，藩士福沢百助の末子（2男）として生まれた。1836年，父が死去したため，母子6人は中津に帰郷した。福沢家は，藩士中では身分が低かったため，諭吉は門閥制度に苦しめられた。著書『福翁自伝』の中で諭吉は，「門閥制度は親の敵でござる」といい切っている。この中津時代の苦い経験が，近代的な市民的自由を追求する力になった。

　長崎と大坂で蘭学を学んだが，とくに大坂では，緒方洪庵の適塾の塾頭になるなど，頭角をあらわした。1860（万延元）年，江戸幕府のアメリカ派遣使節の従者として，咸臨丸で渡米。以後，1867（慶応3）年まで3回渡欧・渡米して，西欧の文化や文明を吸収し，この体験を『西洋事情』に著して，新知識の紹介に努めた。1868年4月，英学塾を芝（現，東京都港区）に移転して，慶應義塾と改めた。1872（明治5）年から『学問のすゝめ』を刊行。当時としては，大ベストセラーとなる。生涯，新政府への出仕をこばみ続け，在野の立場で，思想や社会制度の近代化を説いた。晩年には，日本のアジア諸国への進出に際して，「脱亜入欧」を論じて，その行為を正当化した。

　茅葺きが印象的な福沢諭吉旧居は，諭吉が17〜18歳の1850（嘉永3）年頃に，母の実家であった橋本家の住宅を購入して，移り住んだものである。敷地面積115坪（約380m²），平屋の建坪は31坪（約102m²），間取りは，6部屋と土間・勝手・

福沢諭吉旧居

城下町のたたずまいが残る中津　127

納戸からなっている。旧居の裏にある5坪(約16.5m^2)の土蔵は,若き日の諭吉が勉学に励んだ所という。

　旧居の背後には,コンクリート造りの福沢諭吉記念館がある。記念館には,諭吉の書や原稿,著作の初版本,写真や肖像など,多数の資料が展示されている。とくに肖像写真は,諭吉の人生を追って展示されており,興味深い。

　なお,旧居のすぐ東側の弓町には,増田宋太郎旧宅跡がある。増田宋太郎は,諭吉の又従兄にあたる。増田は国学を学び,尊王攘夷を唱えた。諭吉をおそう計画を立てたこともあったという。

　1874(明治7)年,増田は民権結社共憂社を中津で結成し,さらに1876年には,村上田長らとともに『田舎新聞』を創刊し,自由民権の論陣を張った。1877年,西南戦争がおこると中津隊を結成,中津支庁・大分県庁を襲撃し,熊本の二重峠で薩摩軍に合流した。各地を転戦し,最後は,鹿児島城山の戦闘で戦死した,あるいは斬首されたともいわれている。

　増田ら中津隊が発した檄文には,士族の立場から有司専制(藩閥政府による専制的政治)を批判したことがみられる。

中津城 ❻1

0979-22-3651

〈M▶P.66,124〉中津市二ノ丁1273　P
JR日豊本線中津駅 徒歩15分

九州最古 近世城郭の遺構

　福沢諭吉旧居駐車場南側の道路を,まっすぐ1kmほど西へ行くと,中津川に架かる北門橋の袂に出る。ここを左折すると,まもなく中津城がみえてくる。

　1587(天正15)年,豊臣秀吉は九州攻めの功として,黒田孝高(如水)に豊前国(現,福岡県東部・大分県北部)を与えた。如水は翌年中津に入部し,山国川河口付近に城郭および城下町の建設を始めた。1600(慶長5)年,如水が福岡へ転封になると,かわって細川忠興が丹後宮津(現,京都府宮津市)から豊前に入った。細川氏は小倉城(福岡県北九州市)を本城とし,中津には嫡子忠利をおいた。

　1615(元和元)年の一国一城令で,中津城の存続が危ぶまれたが,老中土井利勝の尽力により,中津城は残ることになった。1621年には,隠居した忠興が中津城に入ったが,この頃までに,城は完成したとみられる。

福沢諭吉

コラム 人

近代日本を代表する思想家

福沢諭吉は，1834(天保5)年に，大坂玉江橋北詰(現，大阪市福島区)の中津藩蔵屋敷で，父百助と妻阿順の末子として生まれた。

諭吉の名は，百助がかねてより欲していた，中国の法令書『上諭条例』を入手できたことから，その一字をとって命名したといわれる。

諭吉の生後1年6カ月，1836年6月，百助が45歳で没し，阿順は5人の子どもを連れて，中津に帰ることになった。

少年時代の諭吉は，母から語られる父の遺徳の影響を受け，「手端器用」で，負けん気の強い少年として育っていった。同時に才能ある少年諭吉に，門閥制度が前途をさえぎっていることもみえ始め，憤りを強めていった。

1854(安政元)年，兄のすすめにより，諭吉は蘭学修業のため長崎，そして翌年には大坂へ行き，緒方洪庵の適塾に入門し，やがて塾頭となった。諭吉の上達を知った中津藩(現，中津市)は，江戸で蘭学塾を開くことを命じ，築地鉄砲洲(現，東京都中央区)の中津藩中屋敷で家塾を開いた。これが，慶應義塾の起源である。

諭吉はその後，蘭学ではなく英学の必要性を痛感し，独習を開始，渡米・渡欧を経て，文明開化による日本の独立維持を，生涯の課題とした。

明治維新後は，新政府出仕をこばみ続け，在野の啓蒙思想家として先の課題を追求し，『学問のすゝめ』や『文明論之概略』などの著作を通じて，日本の独立と国際社会における平等を国民へ訴えた。

市民生活や学問・教育・信仰などの私的領域の権力からの独立，官尊民卑・男尊女卑の打破は，終生かわることはなかった。

1900(明治33)年12月31日から1901年1月1日にかけて，慶應義塾で開催された世紀送迎会に出席した諭吉は，「独立自尊迎新世紀」の語を大書した。

だが，壮健ぶりをみせたのもつかの間，諭吉は，1月25日の夜，脳溢血をおこし，2月3日に没した。みずから「一身にして二生」と語ったように，江戸時代から明治時代への歴史的大転換のなかを生き，20世紀の到来を見届けて旅立った。

また，この時期に城下の町割も行われ，城下14町が成立した。1632(寛永9)年に細川氏が熊本へ移ると，かわって小笠原氏が中津に入ったが，小笠原氏治世の寛文年間(1661〜73)までに，城下町がほぼ完成したとみられる。

失政・乱行のために小笠原氏が改易されると，1717(享保2)年に

中津城

奥平昌成が、丹後宮津から中津に入部した。以後、明治維新まで、中津城は奥平氏9代の居城となった。

中津城は、本丸・二の丸・三の丸、8つの門と22の櫓を備えていた。1695(元禄8)年に中津を訪れた貝原益軒の『豊国紀行』には、「城は町の北、海辺にあり、天守なし」と記されている。1870(明治3)年に廃城を願い出、翌年には、すべての櫓・城門が取りこわされた。

1877年の西南戦争では、増田宋太郎率いる中津隊が、中津城内におかれた中津支庁をおそい放火したため、残っていた建物もすべて焼失した。現在ある5層の天守閣と二重櫓は、1964(昭和39)年に奥平家によって建設されたものである。

黒田如水が築いた石垣は、穴太積みでつくられており、豊臣政権下の新しい築城技術が九州に持ち込まれた、近世のごく初期の城郭遺構である。近世城郭の遺構としては、九州でもっとも古いものである。

中津城の敷地内は中津公園となっており、日本で最初の洋式歯科医(歯科医開業免許1号)を開業した小幡英之助像や、福沢諭吉の座右の銘「独立自尊」の文字を刻んだ石碑などもある。

中津市歴史民俗資料館 ⑫

0979-23-8615

〈M▶P.66, 124〉中津市殿町1385 P
JR日豊本線中津駅⧆10分

小幡英之助の生誕地資料館は近代化遺産

中津公園から南に約300m進むと、左手に中津市歴史民俗資料館がある。小幡英之助の生誕地である当地に、1909(明治42)年に開館し、1938(昭和13)年に改築された小幡記念図書館の建物を、図書館の移転後に資料館として再利用したものである。建物は、大分県の近代化遺産にも選ばれている。

第1展示室には、おもに中津市内で出土した考古資料が展示されている。近世の中津藩や城下の商工業に関する資料は第2展示室、

農業や漁労に関する民俗資料は，第3展示室にある。

歴史民俗資料館を出て県道108号線を東に進むと，右手に井上屋敷があり，屋敷内の井戸の脇には織部灯籠（県民俗）がある。織部灯籠は，桃山時代の武将・茶人である古田織部が考案したといわれる。灯籠中央部が左右に丸く張り出しており，十字架を思わせることから，キリシタン灯籠ともいう。織部灯籠は，自性寺（臨済宗）の境内ほか，中津市内に合計4基ある。

村上医家史料館 ㊳
0979-23-5120

〈M▶P.66, 124〉中津市諸町1780
JR日豊本線中津駅🚶8分

医学の中津　蘭学の中津

井上屋敷から県道108号線を中津駅方面へ約200m進み，つぎの角で右折し，さらにつぎの角を右折すると，村上医家史料館がある。

村上家は，1640（寛永17）年に初代村上宗伯が，中津城下の諸町に開業して以来，現在まで続く医家である。江戸時代は藩の典医であった。7代目村上玄水は，1819（文政2）年に藩の許可を受け，人体解剖を行い，『解臓記』『解剖図説』を著したことで知られる。また9代目村上田長は，1876（明治9）年に増田宋太郎らとともに『田舎新聞』を創刊，1885年には大分中学校初代校長に就任，翌86年玖珠郡長就任と，医学ばかりでなく，政治や教育の分野においても，多大な功績を残した。

村上医家史料館は，この村上家の医学にかかわるものを中心に，数千点におよぶ資料を収蔵・公開している。おもな展示資料には，中津藩主奥平昌高が家臣に命じてつくらせた蘭日辞書『中津バスタード辞書』や前野良沢の書，村上玄水の『解臓記』などがある。

村上医家史料館

城下町のたたずまいが残る中津

自性寺 ㉞
0979-22-4317

〈M▶P.66, 124〉 中津市新魚町1903 P
JR日豊本線中津駅 🚶10分

文人画の大成者池大雅
土塀が美しい金谷武家屋敷

自性寺

村上医家史料館の前の道を西へ500mほど行くと，自性寺（臨済宗）がある。中津藩主奥平氏の菩提寺で，1577（天正5）年，藩主奥平信昌が三河国設楽郡門前村（現，愛知県設楽町）に，金剛山萬松寺（臨済宗）として創建した。その後，奥平氏の中津転封に従って移り，現在地には1717（享保2）年に移された。

1764（明和元）年，自性寺12世となった提州は，京から日本の文人画の大成者である池大雅夫妻を伴い，中津にやってきた。池大雅らは自性寺にしばらく滞在し，絵の制作に励んだ。1778（安永7）年には，境内の一角に書院が建立された。この書院は，奥平昌高によって大雅堂と名づけられ，池大雅の書画が保存されている。こうして，書画47点が伝えられることになった。

書院の老朽化が進んだため，1986（昭和61）年に現在の展示館が建設された。池大雅の書画が，これほど多数展示されている施設は，ほかに類がない。

自性寺を出て南へくだり，最初の角を左折する。日豊本線と並行して中津駅方面に少し歩くと，小さな十字路に出る。右折して日豊本線のガードをくぐって南下する。約100mほど行くと，左手に神戸高等商業学校（現，神戸大学）の創立に尽力し，初代校長もつとめた水島銕也の記念碑がみえる。右折すると，土塀が続き近世の雰囲気が残る金谷武家屋敷である。

薦神社 ㉟
0979-32-2440

〈M▶P.66〉 中津市大貞209 P
JR日豊本線中津駅 🚗20分

中津駅から国道212号線を南下する。新万田交差点で左折し，県

132　神の里，仏の山と蘭学の道

中津の民俗芸能

コラム

芸

役者村の人形芝居
華麗な花傘鉾

　中津市域には、珍しい民俗芸能を残す神社が多い。JR日豊本線今津駅の南方には、北原人形芝居（県民俗）が奉納される原田神社（中津市北原）がある。

　北原は、中世以来、薦神社の散所で、北原の住民は同社の陰陽師として不浄祓や心経会を司り、また傀儡子舞も行っていた。

　近世に入り、元禄年間（1688～1704）になると、操り人形による興行が行われるようになり、おもな収入を興行から得る「役者村」として栄えた。北原村では、村の人口の8割以上が人形芝居稼に従事しており、毎年春と秋に豊前（現、福岡県東部・大分県北部）・豊後、さらに九州・山口の各地を巡業した。

　現在の北原人形芝居は、毎年2月の第1日曜日に奉納される。

　北原よりさらに南方の洞ノ上の集落、薦神社からは西へ約2kmの所に、傀儡子の舞と相撲（国民俗）が行われる古要神社（中津市伊藤田）がある。宇佐宮で始まった、隼人の霊を鎮める放生会に奉納されたのが起源である。

　中世に衰微したが、1617（元和3）年、細川忠興によって再興された。傀儡（木偶）の多くも、このとき忠興が新しくつくらせたものである。

　神社の拝殿に舞台を設け、お舞人形によるおごそかな古要舞の後、東西各12体の相撲人形が、ハヤモンとよばれる調子の速い賑やかな囃子に合わせ、相撲をとる。

　この神事は、閏年の10月12日に行われる。なお、古要神社には、お舞人形や相撲人形があわせて60体、所蔵されている。

　JR日豊本線中津駅から日田方面へ車で20分ほど行った山国川右岸に、鶴市神社（中津市相原）がある。この神社は山国川の築堤の際、人柱となったお鶴・市太郎親子をまつっているという。毎年8月23・24日、美しく飾られた花傘鉾を奉納する鶴市の祭りが行われる。氏子たちが約20台の花傘鉾を曳き、笛・太鼓・チャンガラの囃子とともに町を練り歩く様子は、じつに華麗である。この祭りは、中津祇園とともに、中津の夏の風物詩である。

北原人形芝居

傀儡子相撲

城下町のたたずまいが残る中津

薦神社神門

八幡神の御神験、薦枕　貴重な湿地、三角池

　道663号を東の宇佐方面へしばらく進むと、右手に薦神社(祭神八幡大神ほか、三角池と一括県史跡)がある。薦神社は、宇佐宮の御神験である薦枕の材料となるマコモが自生する三角池(御澄池)を神体とする。

　八幡神が初めて姿をあらわしたのは、三角池のマコモの上だったとされる。720(養老4)年、隼人の反乱がおこると、ヤマト政権の征討軍は八幡神を奉じて鎮圧に向かう。このとき、八幡神の御輿には、三角池のマコモでつくった枕形の御神験(薦枕)が載せられていた。以後、薦枕が八幡神の御神験となった。

　薦枕は、6年ごとに新しくつくられ、八幡神とかかわりの深い近隣の神社をめぐったあと、宇佐神宮本殿に納められる。この薦枕を宇佐宮に納める一連の神事が行幸会である。

　承和年間(834〜848)に社殿が初めてつくられ、それまで本宮としていた三角池を内宮、社殿を外宮と称するようになったようである。中世には、宇佐宮と同様の神社組織をもっていたと考えられるが、社司池永氏が近世初期の黒田氏の検地に抵抗して滅亡し、このとき社殿も焼失したという。

　現在の神門(国重文)は、1621(元和7)年に細川氏によって再建されたものである。三角池の水生・湿地植物群落は、県の天然記念物に指定されている。

水郷日田と各地の山郷

Hita
Kusu
Yufu

広瀬淡窓像（桂林荘公園）

三島公園と角埋山

◎水郷日田と各地の山郷散歩モデルコース

1. JR久大本線日田駅 15 咸宜園跡 5 長生園 5 草野家住宅 2 天領日田資料館 2 広瀬資料館 3 日本丸館 2 長福寺 5 永山城跡 5 永興寺 10 大原八幡宮 15 日田祇園山鉾会館 20 JR日田駅

2. JR久大本線日田駅 10 鏡坂歌碑 10 岳林寺・日田市立郷土資料館 20 井上準之助生家 10 行徳家住宅 30 JR日田駅

3. JR久大本線日田駅 20 旧矢羽田家住宅 30 下筌ダム 20 伝来寺庭園 20 鯛生金山跡 30 大野老松天満社旧本殿 40 JR日田駅

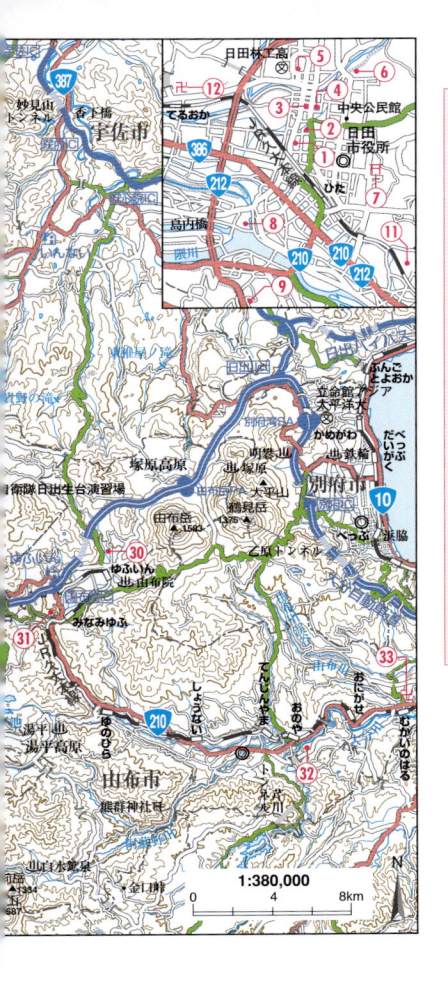

①咸宜園跡	⑲高塚地蔵尊
②長生園	⑳耶馬溪橋
③豆田町	㉑青の洞門
④日本丸館	㉒耶馬溪風物館
⑤永山城跡	㉓羅漢寺
⑥慈眼山	㉔角埋陣屋跡
⑦大原八幡宮	㉕鬼ヶ城古墳
⑧隈町	㉖伐株山
⑨石人	㉗瑞巌寺磨崖仏
⑩ガランドヤ古墳	㉘宝八幡宮国東塔・
⑪法恩寺山古墳群	下辻異形国東塔
⑫岳林寺・日田市立	㉙白鳥神社・千町無
郷土資料館	田
⑬石坂石畳道	㉚由布院キリシタン
⑭行徳家住宅	墓群
⑮津江山系自然公園	㉛旧日野医院
⑯伝来寺庭園	㉜川廻墓地の宝塔・
⑰大野老松天満社旧	五輪塔群
本殿	㉝龍祥寺
⑱旧矢羽田家住宅	

4. JR久大本線日田駅 30 高塚地蔵尊 20 三島公園 15 角牟礼城跡 15 久留島記念館 20 瑞巌寺磨崖仏 20 宝八幡宮 40 白鳥神社 30 JR久大本線豊後中村駅

5. JR久大本線日田駅 30 小鹿田の里 20 石坂石畳道 35 耶馬渓鉄道跡（メイプル耶馬サイクルライン） 5 青の洞門 15 羅漢寺 20 耶馬渓橋 20 JR日豊本線中津駅

6. JR久大本線向之原駅 5 龍祥寺 3 狭間氏五輪塔群 20 宝塔及び五輪塔群 30 旧日野医院 30 由布院キリシタン墓群 15 JR久大本線由布院駅

天領日田を歩く

❶

九州の幕府領(天領)支配の中心地であり,「日田金」とよばれる金融資本が集まった近世の面影を,日田の各所にみる。

咸宜園跡 ❶
0973-22-0268

〈M▶P.137, 139〉 日田市淡窓2-2-13
JR久大本線日田駅🚌月隈方面行咸宜園🚶1分

全国から集まった門弟 広瀬淡窓の塾

咸宜園バス停のすぐ横に,咸宜園跡(国史跡)がある。咸宜園は,江戸時代後期の儒学者・漢詩人・教育者として知られる,広瀬淡窓が開いた塾である。

淡窓は1805(文化2)年に豆田町(現,日田市)の長福寺学寮を借りて教育活動を開始し,成章舎・桂林園(荘)と規模を大きくした。1817年には,伯父の俳人広瀬月化が隠居所として建てた秋風庵の前に桂林園を移し,塾名を咸宜園と改めた。「咸宜」とは『詩経』からとった言葉で,「みなよろしい」という意味であり,身分・年齢・学歴などに関係なく,誰でも入門できることをあらわしていた。

咸宜園には,門弟を身分・年齢・学歴などによる差別なく,全員を無級から同一に始めさせる三奪法,毎月の試験による月旦評(成績表)昇級制などの特徴があり,全国から多くの門弟が集まった。門弟の増加とともに建て増しされ,考槃楼などの西塾,心遠処・遠思楼・講堂などが立ち並んだ。現在は,秋風庵と遠思楼,道を挟んで西側に西塾の車井戸などが残っている。

秋風庵は,淡窓が月化から譲り受けた日常生活の場であり,東西8間半(約15.4m)・南北3間半(約6.3m),南東部に2階をもつ茅葺きの建物である。遠思楼は,淡窓の書斎として使用されていた。

咸宜園は,淡窓が弟旭荘を養子とし塾政を任せた時期もあるが,淡窓の没後,養子の青邨・甥の林外らへと引き継がれ,

咸宜園跡

日田市中心部の史跡

1897（明治30）年頃まで約90年間続いた。

　咸宜園跡の南方にある日田市営駐車場の横に，日田養育館址の石柱がある。養育館は1869（明治２）年，日田県知事松方正義（まつかたまさよし）によって，捨子（すてご）・孤児（こじ）・貧児（ひんじ）の収容施設として創設され，1873年の閉館までの間，360余人を養育した。豆田町・隈町（現，日田市隈（くままち））の豪商の拠出金（しゅっきん）と，医師・助産師らの労務奉仕により運営されていた。石柱の題字は，松方正義の書である。

長生園（ちょうせいえん）❷
0973-22-8232（日田市文化課）

〈M▶P.137,139〉日田市中城町（なかじょうまち）5
JR久大本線日田駅🚌月隈方面行咸宜園🚶5分

広瀬淡窓とその一門の墓所

　咸宜園跡から北東に約300m行った辺りの，咸宜園と広瀬本家との中間にあたる所に，広瀬淡窓とその一門の墓所である長生園（広瀬淡窓墓，国史跡）がある。淡窓は生前広瀬本家とは別に墓所を選んでおり，1856（安政（あんせい）３）年に75歳で没すると，この地に葬られた。

　墓所の奥に，南を向いて数基の墓が並んでいる。中央に「文玄広瀬先生之墓」と刻まれた淡窓の墓があり，「文敏（ぶんびん）（旭荘）」「文通（ぶんつう）（青

天領日田を歩く　139

広瀬淡窓の墓(長生園)

郁)」「文靖(林外)」「文圓(濠田)」ら門弟,夫人や夭逝した子どもたちの墓が,左右に並んで立っている。

墓所の隅には,淡窓がみずから撰文し,淡窓の没後に弟旭荘が書した「文玄先生之碑」が建てられている。碑文の末尾には,淡窓の「我が志を知らんと欲せば我が遺書を視よ」という言葉がある。

長生園から豆田町に向かう途中に,港町という町名があり,ここから「歴史の小径」が,城町2丁目の慈眼山の麓まで続いている。この地名は,1825(文政8)年,西国筋郡代 塩谷大四郎正義の許可を得た博多屋広瀬久兵衛や升屋草野宗内らが中心となって,荷物積込みのための中城河岸を建設し,御米蔵所や御計屋などが立ち並び,湊として栄えたことに由来する。この河岸には,日田郡内(現,日田市)の年貢米輸送のため,26艘の川船が用意され,竹田河岸(現,日田市竹田)からの川船とともに,関浜蔵所(現,日田市夜明関町)まで廻送した。

「歴史の小径」を進むと,桂林荘公園がある。広瀬淡窓は,1807(文化4)年にこの地に塾を移し,成章舎から桂林園(荘)と名を改めた。1817年に咸宜園として移転するまでの間,ここが淡窓教育の中心であった。公園内には,広瀬淡窓像とともに,淡窓作の漢詩「桂林荘雑詠諸生ニ示ス」4首の第2番,いわゆる「休道の詩」が刻まれた碑がある。

豆田町 ❸
0973-24-4110(草野家住宅)
0973-24-6517(天領日田資料館)
0973-22-6171(広瀬資料館)

〈M▶P.137〉日田市豆田町 P
JR久大本線日田駅🚌月隈方面行咸宜園🚶10分

近世商家町の面影を残す

豆田町は,2004(平成16)年,「九州における旧幕領地で近世初期の町割をよく残す商家町」として,重要伝統的建造物群保存地区に指定された。江戸時代初期から昭和時代初期にかけて,商人の町と

広瀬淡窓

コラム

人

近世後期の教育者
私塾咸宜園の創設者

「豊後三賢」の1人広瀬淡窓は、日田郡豆田町（現、日田市）で博多屋三郎右衛門（桃秋）の長男として生まれた。弟に久兵衛・旭荘がいる。

掛屋や諸藩御用達などをつとめていた商家の長男であったが、生来身体が弱く、家業を久兵衛に譲り、学問・教育に専念した。淡窓は、8歳で長福寺において、『詩経』の句読を受け始めている。

10歳のときには、久留米の浪人松下西洋から詩作を習い、16歳の1797（寛政9）年には、福岡の亀井昭陽に入門している。大病を患い、日田に帰らざるを得なくなったが、1805（文化2）年には、長福寺学寮を借りて、教育活動を始めた。

その後、成章舎・桂林園（荘）と規模を大きくし、1817年に咸宜園を開く。

咸宜園は、三奪法や月旦評（成績表）昇級制など、独自のカリキュラムを特徴としていた。淡窓は、「鋭きも鈍きもともにすてがたし、錐と槌とに使いわけなば」という、いろは歌に示されるように、個性を重視した教育を行った。

咸宜園には、全国から多くの門弟が集まり、その中には、高野長英・大村益次郎・清浦奎吾・中島子玉・長三洲らの名前もある。

淡窓は、1835（天保6）年以降、自分の行動を善悪の基準に照らして「万善簿」に記録し、みずからを厳しく律する姿勢を示している。1842年には、江戸幕府から永世苗字帯刀が許可されている。

淡窓は、咸宜園における教育活動とともに、1842年には大村藩（現、長崎県大村市）、1844（弘化元）年には、府内藩（現、大分市・由布市）で講義も行っている。

淡窓は、著述にも力を入れ、『淡窓日記』『懐旧楼筆記』『遠思楼詩鈔』などの日記・漢詩集を始め、『約言』『析言』『迂言』『義府』『儒林評』などを著した。

淡窓は、1856（安政3）年、75歳で没すると、長生園に葬られた。

広瀬淡窓生家

して繁栄し、各町ごとに特徴のある多様な建築様式の町屋や、時代によって意匠に特徴ある建造物を残している。

豆田町は、1593（文禄2）年に築城された日隈城（日田市亀山町）と、1601（慶長6）年にその北方に築城された丸山城（永山城、日田

天領日田を歩く

豆田町の町並み

市丸山)との間につくられた町人地の発展により形成された。元和年間(1615～24)には、南北2本・東西5本の通りによって、整然とした町割が行われている。

1639(寛永16)年に、日田は幕府の直轄地(幕府領、天領)となり、九州における政治的に重要な地位を占めるとともに、いわゆる日田金を扱う豪商らが活動する経済の中心地となった。博多屋(広瀬家)、丸屋(千原家)、升屋(草野家)、俵屋(合原家)らの豪商が集住し、その資金力により金融業などを営んでいた。

保存地区は、東西約360m・南北約470m、面積約10.7haの範囲で、近世城下町築造時およびその後の拡張時の整然とした町割や、江戸時代前期に建設された水路が残っている。江戸時代・明治時代の大火を契機に、居蔵造の町屋が増加し、明治時代には、洋風の意匠を取り入れた町屋が建てられた。切妻造・平入2階建てを始め、長屋建て、入母屋造・妻入2階建ての居蔵造商家など、多様な町屋主屋が、さらに醸造用の土蔵、近代の洋館、3階建ての主屋や蔵などが、変化に富んだ町並みを形成している。

咸宜園跡から北上し、豆田町に向かって約500m行くと、道が遠見遮断となっている角に、草野家住宅(県文化)がある。草野家は、屋号を升屋といい、1641年に豆田町に移り住み、元禄年間(1688～1704)に、現在地に居を構えたという。製蠟業を営むとともに、御用達商人や庄屋もつとめた。現在残っている建物は9棟あり、店と居宅などが土間や前庭を取り込んで連なり、奥に蔵がある。県内の町屋では、現存最古の建物である。

草野家住宅から御幸通りへ出ると、通り沿いの北隣に天領日田資料館がある。「天領日田と町人文化」をテーマに、幕府領時代の町人文化を物語る、古文書・書画などが展示されている。

天領日田資料館の正面の道を東へ入って行くと、広瀬資料館があ

天領日田資料館

　る。広瀬淡窓の生家であり、淡窓の遺品や広瀬家に伝えられた多くの資料が展示されている。

　広瀬家は屋号を博多屋といい、1673(延宝元)年に初代五左衛門が、博多から日田豆田町に移住し、農業と商業を行ったのが始まりという。日田代官所の御用達商人となったのは、2代源兵衛のときからであり、4代平八から岡・府内・杵築藩(それぞれ現、竹田市、大分市・由布市、杵築市)の御用もつとめるようになった。6代久兵衛の兄が淡窓である。

日本丸館 ❹
0973-23-6101
〈M▶P.137, 139〉日田市豆田町4-15
JR久大本線日田駅🚌月隈方面行咸宜園🚶10分

商家の華やかさを伝える近代建築

　広瀬資料館から東へ向かい、上町(かみまち)通りに出た所を左に進んで行くと、道の右側に3階建ての建物がある。薬種商を営んでいた岩尾家が店舗としていた日本丸館で、現在は薬の資料館になっている。「日本丸」とは、岩尾薬舗が製造・販売した漢方薬処方の赤い丸薬のことである。

　入母屋造・平入の巨大な主屋を有する木造3階建てで、明治・大正時代の建造物といわれている。銅板葺きの家屋は珍しく、間取りも本舗として栄えた商家の様子を伝えている。3階の展望楼からは、豆田町界隈(かいわい)が一望できる。

　1925(大正14)年に開校した日田家政女学校(現、昭和学園高校)の創設者である岩尾昭太郎(しょうたろう)は、この日本丸館の経営者であった。

　日本丸館から上町通りを北に進むと、右手に照雲山(しょううんざん)長福寺(浄土真宗)がある。1631(寛永8)年の創建で、1637年に現在地に移り、1669(寛文9)年に長福寺本堂(県文化)が建てられた。本堂は、京都西本願寺(にしほんがんじ)旧本堂の西山(にしやま)別院と類似し、真宗寺院の建築様式をもった、全国的にも貴重な建造物であり、江戸時代を通した意匠の変容をみることができる。

　長福寺には、ほかに1700(元禄13)年の灯籠(とうろう)、1777(安永6)年の

天領日田を歩く　　143

日本丸館

鐘楼，1726(享保11)年の常灯明堂，1735年の経蔵など，江戸時代の建造物が残っている。また長福寺は，広瀬淡窓が幼少の頃に学び，1805(文化2)年に学寮を借りて，成章舎として私塾を開いた寺院でもある。

永山城跡 ❺
0973-22-8210(日田市観光課)
0973-22-2036(日田観光協会)
〈M▶P.137, 139〉 日田市丸山2-3 Ⓟ
JR久大本線日田駅🚌月隈方面行咸宜園🚶5分

永山城の一部を残す月隈公園

　長福寺から御幸通りに出て北上し，花月川に架かる御幸橋を渡ると，正面に永山城跡がある。現在は，山上の石垣や大手門側の白壁の塀と堀の一部を残すのみであるが，月隈公園として市民の憩いの場になっている。東側には，市民駐車場もある。

　永山城は，初め丸山城と称し，日田三隈山の1つである月隈山に，日田・玖珠2郡に2万石を与えられた小川光氏が，1601(慶長6)年に築いたものである。丸山城南面には，友田村(現，日田市)から人びとが移され，城下町が建設されて，丸山町と名づけられた。

　1616(元和2)年には，光氏にかわって石川忠総が入部し，城を永山城，城下町を豆田町と改称した。1639(寛永16)年になると，幕府領として代官所がおかれ，永山布政所とよばれた。貞享年間(1684～88)に，布政所は山麓に移された。現在は，月隈公園から堀を挟んだ南側の一画が，「永山布政所跡」として標示されている。

永山城跡

吹上遺跡と小迫辻原遺跡

コラム

古墳時代の首長が出現する過程をみる

　日田盆地北部の吹上原台地上に，吹上遺跡がある。これまでの数度にわたる発掘調査により，弥生時代の竪穴住居跡や貯蔵穴・溝状遺構・甕棺墓などが出土している。

　弥生時代中期の甕棺や木棺からは，ゴホウラ貝やイモ貝の腕輪をした人骨や，多量のガラス玉・銅戈・鉄剣なども出土し，北部九州のクニとの密接なつながりをもつ首長の存在がうかがえる。

　また，福岡県飯塚市立岩産の輝緑凝灰岩でつくられた石包丁を始め，磨製石器の出土量が多く，「磨製石器の宝庫」といわれている。

　朝日川を挟んだ吹上遺跡の北側の辻原台地上には，弥生時代の環濠集落跡とわが国最古の古墳時代の豪族居館跡をもつ小迫辻原遺跡（国史跡）がある。

　小迫辻原遺跡には，台地の南縁部に近い位置に，3つの豪族居館の遺構が発見されている。これらは，きわめて短い期間に建て替えられ，生活感の薄い施設であることから，祭祀的性格の強い，首長のための施設と考えられている。

　弥生時代の環濠集落のなかから，古墳時代の首長が出現する推移をみることができる遺跡としても，注目された。

　また，小迫辻原遺跡からは，8世紀末から9世紀にかけての掘立柱建物跡や，中世の館跡も発見されている。

慈眼山 ❻

平安時代末期からの毘沙門天への信仰

〈M▶P.137, 139〉日田市城町2-5
JR久大本線日田駅🚌済生会病院慈眼山公園前🚶5分

　永山城跡から，花月川沿いを北東に進み，城町橋を渡ると，慈眼山がある。そこにあった永興寺は，1071（延久3）年に，日田郡司で，相撲の神と称される大蔵永季が新羅の僧智元を開祖に迎えて，創建したと伝えられている。

　永興寺観音堂に伝わった仏像は，収蔵庫に安置されている。木造十一面観音立像（像高約92cm）は永興寺の本尊で，右手をさげ，左手には水瓶をもち，蓮華座の上に立っている。光背・台座は後補。鎌倉時代の写実的な特徴を示しており，寺伝では恵心僧都作とされている。

　木造兜跋毘沙門天立像（像高約185cm）は，1067（治暦3）年，大蔵永季が京で開かれた相撲節会で，出雲小冠者を破って優勝し，帰国後に，自分と等身大の毘沙門天像を造立し，安置したと伝えられる。頭に堅甲をいただき，右手に宝棒をとり，左手に宝塔を捧げて

天領日田を歩く　　145

永興寺木造兜跋毘沙門天立像

いる。ヒノキの一木造で、平安時代後期の作とみられている。木造毘沙門天立像(像高約166cm)は、胎内の胸部から腹部にかけて、「文治三(1187)年歳次丁未五月二十八日己巳　大蔵永秀　生年三十五」の墨書銘がある。永秀は永季の曽孫にあたり、緒方三郎惟栄らの豊後武士団とともに、九州から平氏を追い落とした勇将である。ヒノキの一木造で、彫眼の彩色像であり、平安時代後期の様式から鎌倉様式への過渡期の作といえる。もう一軀の木造毘沙門天立像(像高約162cm)もヒノキの一木造で、彫眼の彩色像である。鎧衣が体軀に密着し、刀法も細密で、より運動感と写実性にあふれ、平安時代後期の様式と考えられる。

　毘沙門天は、仏教などで世界の中心にあるとされる須弥山の四方の門を守る四天王のうちの多聞天のことである。北方守護の武神として崇拝されており、武士大蔵氏に相応しい像容を示している。

　これらのほかに、木造四天王立像があり、いずれもヒノキの寄木造、彫眼・漆箔、挿し首で、当初は玉眼であったらしい。持国天像(像高約93cm)・広目天像(像高約99cm)・多聞天像(像高約97cm)には胎内に墨書銘があり、1321(元亨元)年から翌年にかけて、奈良の仏師康俊父子によってつくられたことがわかる。増長天像(像高約104cm)も同様と考えられる。この四天王像は、奈良興福寺の木心乾漆四天王立像を3分の2に縮尺し、模したものである。これら8軀の仏像は、いずれも国の重要文化財に指定されている。

　慈眼山公園の麓には、日田神社がある。日田神社には、大蔵永季とその祖である、大蔵永弘・永興がまつられており、境内には土俵もある。

大原八幡宮 ❼　〈M▶P.137, 139〉日田市田島2-184
0973-23-8951　　JR久大本線日田駅🚶10分

日田駅から日田市役所に向かい、市役所前交差点を右に進むと、

大原八幡宮

正面に大原八幡宮（祭神応神天皇・神功皇后・比売大神）がある。680年に、刃連郷岩松ヶ峯（現、日田市天瀬町馬原）に示現した八幡神をまつったのが起源と伝えられている。704（慶雲元）年に元宮原（現、日田市求来里）に遷座し、871（貞観13）年に、日田郡司大蔵永弘が社殿を造営している。現在地に遷座したのは1625（寛永2）年で、日田・玖珠・速見郡内6万石の領主となった譜代大名石川忠総が遷した。

この遷宮に際しては、家老以下100人以上と多数の足軽・中間ら石川忠総の家臣が、遷宮の行列や神社の内外の警備に出ている。楼門は1687（貞享4）年の建立と社伝にある。拝殿・幣殿・本殿はケヤキ造り、廊下はイチョウの板を用いている。また「寛政六（1794）年」銘の棟札があり、建造当時の様式を残している。

大原八幡宮の米占祭は、旧正月15日に小豆粥を炊き、地形盆と五穀盆に平らに盛って神殿に供え、旧2月15日に2つの盆を楼門横の回廊の案（机）の上におき、古老たちがカビの生え方などで、農作物の豊凶を占う。現在は新暦で行われている。

年占神事のある八幡宮

隈町 ❽

0973-22-8210（日田市観光課）
0973-22-8217（日田市土木建築部都市整備課）

〈M▶P.137〉日田市隈
JR久大本線日田駅 🚶15分

在町的発展を遂げた日田金の中心地

日田駅から国道212号線と交わる本町交差点を越え、南西方向に進んで行くと、三隈川の中洲にある日隈山を中心とした亀山公園がある。ここから三隈大橋にかけて川幅が広くなり、季節ごとの景色が美しい。公園内には古木が繁り、市民の憩いの場となっている。

日隈山は亀山ともよばれ、1594（文禄3）年に、日田・玖珠郡の代官となった宮木長次郎豊盛が築城した所である。この城は、日隈城あるいは隈城とよばれ、城下町は隈町と名づけられた。

1601（慶長6）年に小川光氏が月隈山に城を築き、政治の中心が移ると、隈町は交通の便がよいことから、農民との諸交易に大きな基

天領日田を歩く　147

亀山公園から隈町を望む

盤をもつ在町となり、豆田町とともに、日田金を扱う豪商らが活動する経済の中心地となった。鍋屋（森家）・京屋（山田家）などの豪商が集住し、その資金力をもって金融業などを営んだ。

　日田駅から国道212号線に出て北西へ向かい、中央通2丁目交差点を西へ入り約400m行った右手に、日田祇園山鉾会館がある。江戸時代に疫病・災害除けの神事として始まり、現在でも日田の夏を彩る日田祇園祭（日田祇園の曳山行事、国民俗）は、毎年7月20日過ぎの土・日曜日に開催される。この祇園祭に関する展示がなされているのが山鉾会館である。館内には独特の祇園囃子が流れ、きらびやかな6基の山鉾を始め、豪華な刺繡が施され、各町を飾る見送り幕や山鉾を彩る優雅な水引き幕などが多数展示されている。

　会館前の隈町八坂神社には、樹齢約300年、高さ約35mの「むらくもの松」が、臥竜のように社殿を1周している。

石人 ❾
0973-22-8232（日田市文化課）　〈M ▶ P.137, 139〉日田市銭渕町
JR久大本線日田駅🚌久留米方面行 鏡坂🚶10分

筑紫国造磐井の墓から移した石人

　日田駅から久留米方面に向かう途中に、鏡坂バス停がある。鏡坂という地名は、『豊後国風土記』によると、景行天皇が熊襲征討の帰途に、この坂から日田盆地を眺め、「鏡の面に似ている」と評した故事に由来するという。鏡坂には、1802（享和2）年に日田隈町の豪商森春樹が、鏡坂の由来と歌1首を詠んで碑とした鏡坂歌碑が立てられている。森春樹は、国学を始め、俳諧・絵画・和歌・香道・茶道などに通じ、広瀬淡窓から「多材多芸の人」と評された文人である。

　鏡坂バス停から南に約1kmほど進むと、銭渕町の陣ヶ原の台地に立つ石人（県文化）がある。筑紫国造磐井の墓である岩戸山古墳（福岡県八女市）にあった人型の石造物を、天保年間（1830～44）に

大蔵永常

コラム

近世三大農学者の1人
農民の視点からの農学

　大蔵永常は，1768(明和5)年，日田郡隈町(現，日田市)に生まれた。永常の祖父伝兵衛は，綿屋と号して綿を栽培し，その実から繰綿を製造・販売していた。父伊助は，隈町の豪商三鍋屋森伊左衛門の所で働き，永常も祖父の死後，鍋屋に奉公した。

　永常は，20歳頃から九州各地を転々とし，農作物やその加工の知識・技術を習得。1796(寛政8)年，大坂に行き，苗木・農具の取次販売を行いながら，近郊農村で見聞を広め，農業技術の研究に励んだ。

　1802(享和2)年には，蠟燭の原料となる櫨の研究書『農家益』を上梓し，以後，『老農茶話』『農家益後編』『除蝗録』『農具便利論』などを刊行した。永常は『農家益後編』において，日田の蠟取引や櫨植栽について触れ，鍋屋伊左衛門，小野筋の庄屋半蔵の名を記している。

　また，永常は大坂の蘭学者中環から得た植物に関する新しい知見を，顕微鏡で見た稲や麦などの花弁の中の雌しべと雄しべのさし絵を使用して，その著作の中で紹介している。

　1825(文政8)年，永常は江戸に移り，関東地方を広く見聞して歩くとともに，著述に打ち込み，多くの著作を完成させている。1833(天保4)年に田中藩(現，静岡県)に招かれて以後，渡辺崋山の推薦で田原藩(現，愛知県)，続いて水野忠邦に招かれ浜松藩(現，静岡県)で，土地に応じた殖産興業の指導に尽力した。

　1846(弘化3)年，78歳で浜松藩を致仕し，江戸に移った永常は，江戸に出てきていた博多屋広瀬久兵衛と会い，鍋屋森家への手紙を託している。

　永常農学の集大成といえる『広益国産考』全8巻は，1859(安政6)年に出版されている。永常の著した農書類は，実証に基づき科学的である一方，多くの挿絵があり，文章も平易でわかりやすい点が特徴である。

　日田市中央公民館には，永常顕彰のため，「大蔵永常記念ホール」が設けられ，胸像がおかれている。

大蔵永常の胸像

大蔵永常生誕地

天領日田を歩く

鏡坂からの眺望

久留米藩主有馬氏が中津(現, 中津市)の僧大含に贈り, 1854(嘉永7)年に大含から日田の山田元輔に移り, 元輔の弟可祐が鏡坂に安置したという。その後, 現在地に移されている。

　石人は, 扁平石人と甲冑を模した円体石人の2基がある。扁平石人(高さ約189cm)は, 4つの部分から構成されている。最上段の部分が頭部と胴部にあたり, 表面に人面, 裏面に6本の矢を刻み, 朱で彩色した跡がある。この部分だけが, 岩戸山古墳から移されたもので, 脚部・碑文石・土台は後補である。碑文は広瀬淡窓・広瀬青邨の撰で, 青邨の書である。

ガランドヤ古墳 ❿
0973-22-8232(日田市文化課)　〈M▶P.136〉日田市石井西園
JR久大本線日田駅🚌久留米方面行下石井🚶5分

黄泉国を飾るように描かれた世界

　下石井バス停からバス通りに面した北側の民家の裏側に出ると, 三隈川左岸に面した段丘上に, 3基の古墳がみえる。これらの古墳が, ガランドヤ古墳(国史跡)である。出土遺物などから, 6世紀中葉から後半の築造と考えられている。

　1号墳は南に開口し, 複室構造の横穴式石室をもつ。封土は流失し, 石室が完全に露出している。前室・玄室は全長約6.5m, 玄室は奥行約3.3m・幅約2.7m・高さ約3.2mである。玄室奥壁と前室の左右の壁面に, 朱と緑で人物・ウマ・舟・鳥・円文などが描かれている。朱で描いた文様を緑で縁取りする手法がとられ, 各文様を際立たせる効果をもっている。

　2号墳は玄室天井部が開口している。玄室は, 全面に朱彩を施し, 奥壁に緑色で, 複線の連続山形文・同心円文や騎馬人物像が描かれている。現在は, 損傷が激しく, 立入禁止となっている。3号墳は, ほとんど破壊された状態である。

　ガランドヤ古墳の南約700mの台地上に位置する古墳時代後期の

円墳が，穴観音古墳（国史跡）である。後世，後室に石仏を安置したことから，穴観音とよばれるようになった。

複室構造の横穴式石室で，現在は羨道部が失われ，墳丘（直径約10m・高さ2ｍ）が残るのみである。石室は箱式石室で，全長約7.2ｍ。このうち前室は，奥行が約2.6ｍ・幅約2ｍ，後室は，奥行が約3ｍ・幅約2.3ｍである。前室左右の側壁と後室奥壁・右側壁には，装飾が施されている。朱・緑で円文・三角文などの幾何学文様と，人物や舟・鳥などが描かれている。

これらの装飾様式は，筑後川系の装飾古墳では珍しく，彫刻文様の多い肥後（現，熊本県）地域の影響を受けたものと考えられる。現在は，磨滅が激しいため，立入禁止になっている。

法恩寺山古墳群 ⓫
0973-22-8232（日田市文化課）
〈M ▶ P.137, 139〉日田市日高町字法恩寺 Ｐ
JR久大本線豊後三芳駅 🚶10分

幾何学文様や人物・鳥などが描かれた壁画

豊後三芳駅から日田駅方面に向かう線路北側の低丘陵上に，7基の古墳が築かれている。法恩寺山古墳群（国史跡）である。

法恩寺山古墳群中最大のものは，彩色壁画で知られる3号墳である。直径約20m・高さ約4ｍの円墳で，複室構造の横穴式石室が南西方向に開口している。石室は全長約8ｍ，後室は奥行約2.4ｍ・幅約2.3ｍ・高さ約2.3ｍである。前室の入口の上に，水平に渡した楣石と左右の袖石，後室通路北側に袖石，後室の奥壁と右側壁に，円文・同心円文や鳥・騎馬人物像らしき装飾が，朱色顔料で施されている。

4号墳は単室構造，直径約13m・高さ約3.5ｍの円墳で，横穴式石室が南西方向に開口している。被葬者は成人2体・小児1体と考えられる。玄室から副葬品として，仿製鏡・鉄刀・琥珀製棗玉・ガラス玉・轡・雲珠・須恵器などが出土しており，6世紀後半の築造と考えられている。

岳林寺と日田市立郷土資料館 ⓬
0973-22-4540
〈M ▶ P.137〉日田市友田1-1317
Ｐ
JR久大本線光岡駅 🚶3分

光岡駅の北側に，岳林寺（臨済宗）がある。岳林寺は，1343（康永2）年，後醍醐天皇の勅願により，元の渡来僧明極楚俊を開山と

天領日田を歩く 151

日田市立郷土資料館

大蔵永貞が建立し、日田代官が中興に尽力

し、日田郡司大蔵永貞を大檀那として建立されたと伝えられる禅寺である。

1671(寛文11)年、日田代官に就任した山田清左衛門利信は、同寺の中興に尽力し、江戸幕府4代将軍徳川家綱の朱印状により、年貢・課役の免除を保障された朱印地として、同寺に寺領30石が与えられた。境内には、日田代官・西国筋郡代であった揖斐十太夫政俊や西国筋郡代寺西蔵太元栄・池田岩之丞季秀らの墓もある。

同寺の境内には、日田市立郷土資料館がある。所蔵する木造明極楚俊坐像(県文化)は、ヒノキの寄木造で南北朝時代の作、高さは100.6cmである。顔の表情が豊かに表現されており、頂相彫刻の優作である。また、絹本著色仏涅槃図(県文化)は室町時代の作で、縦約150cm・横152.7cm。釈迦が右手を枕に宝台に横たわり、その周りで人びとや鳥獣が、釈迦の死を嘆き悲しんでいる様子が描かれている。そのほか、1343年作でヒノキの寄木造の釈迦三尊像や、1671年に同寺の再興を願い出た際に描かれたと考えられる、岳林寺古絵図などが所蔵されている。

石坂石畳道 ⓭
0973-22-8210(日田市観光課)

〈M▶P.136〉日田市市ノ瀬町
JR久大本線日田駅🚌中津方面行下市ノ瀬🚶10分

「登山路八千余尺」にわたる石畳道

日田市から中津市に向かう国道212号線を進み、下市ノ瀬バス停から標識に従い集落を抜けると、小川の左岸から北方の伏木峠にのぼる旧道の坂道に全長約1210mの石坂石畳道(県史跡)がある。

江戸時代、この坂道は日田から中津経由で、江戸・大坂に向かう重要な交通路であったが、「石、犬牙の如し」と称されるほどの悪路で、とくに雨天時の通行は、困難をきわめていた。そこで、日田隈町の豪商京屋山田常行が、この坂道が森藩領にあったことから、森藩に願い出て、石工として周防国(現、山口県)の吉兵衛・永次郎を招き、石畳道敷設工事を行った。

井上準之助

コラム 人

凶弾に倒れた悲運の蔵相

井上準之助は，1869（明治2）年，日田郡大鶴村字大肥（現，日田市）に生まれた。生家は安政年間（1854～60）以来の造酒屋で，現在の井上酒造（角の井）である。

東京帝国大学（現，東京大学）卒業後，日本銀行に入行し，1919（大正8）年に総裁となり，第一次世界大戦後の不況対策にあたった。1927（昭和2）年，金融恐慌に際して総裁に再任。第2次山本権兵衛内閣，浜口雄幸内閣および第2次若槻礼次郎内閣の蔵相を歴任し，関東大震災（1923年）の善後処理や金解禁を行った。

民間から閣僚を登用することは，異例なことではあったが，あえて井上を登用したのは，井上のほかに，内閣の断行しようとする金解禁政策を推進できる人物はいないと，高く評価されていたからであろう。

しかし，強力な緊縮財政と金解禁政策を推進したことで多方面から非難を浴び，1932年，右翼団体血盟団員により，暗殺された。

井上の人となりについては，当時，井上と接した多くの人たちが，頭脳明晰ですぐれた決断力をもち，実行力に富んでいたと評価している。また，清渓という号をもち，すぐれた書家でもあった。

清渓文庫

1850（嘉永3）年に道幅約2.2m，長さ約1210mの石畳道が完成し，これ以降，この坂は「石坂」とよばれるようになった。完成の翌年には，広瀬淡窓が撰文し，森昌朋が碑文を書いた石坂修治碑が建てられた。現在でも坂の途中の国道が，横断した上方に残されている。

石畳の石組は，中央に切石を敷き，両側に自然石を並べる方式で，県内ではあまり例がないといわれている。16回の屈曲を設けて坂道をのぼっており，勾配が急な所ではゆるやかな階段をつくって，牛馬が通りやすくなるように工夫されている。国道212号線の開通に際して1カ所欠損したが，そのほかは往時のまま残っている。

行徳家住宅 ⑭
0973-27-2177

〈M▶P.136〉日田市夜明関町3256 P
JR久大本線夜明駅 太宰府方面行関 5分

国道386号線沿いの関バス停から案内表示に従って約300m進むと，行徳家住宅（国重文）がある。行徳家は，行徳村（現，福岡県うきは

天領日田を歩く　153

行徳家住宅

公益事業家 行徳元遂の住居

市)の大庄屋をつとめ、江戸時代中頃から久留米藩典医となっていたが、1824（文政7）年に分家して、関村に眼科医を開業した。

この住宅は、行徳元遂が1842（天保13）年に建造したもので、大分県西部に多く分布する鉤型形式の家屋様式をとっている。母屋は南面し、寄棟造・茅葺きで、正面に式台付玄関がある。内部は、右手が前後に仕切られた広い土間、床上部は、3室の鉤座敷と台所を食い違いに配し、その裏に、仏間と納所が突き出た形になっている。西側には、見事な庭園を擁している。

行徳元遂は、14歳のときに関村に移り、のちに眼科医となり、広瀬淡窓の眼も治療している。元遂は、公益事業家としても知られ、天保の飢饉に際しては、無料で診察や薬の処方をし、義捐金を出すなどしている。また、日田と関村を結ぶ道路の途中にある、大肥川に架かっていた木橋が、洪水時にたびたび流失したことから、豆田町の広瀬久兵衛・千原幸右衛門とともに出資し、1849（嘉永2）年に石橋を完成させている。この石橋は、当時の代官によって歌詠橋と名づけられたが、2年後の洪水で崩壊した。

行徳家住宅の向かいには、行徳家住宅資料館があり、行徳家伝来品や、収集した医学関係の資料などが展示されている。

行徳家住宅から国道386号線に戻り、太宰府方面に向かい、夜明発電所の手前を筑後川におりて行く細い道を進むと、関浜蔵所跡がある。関浜蔵所は、長崎廻米の集積地である。長崎廻米は、1733（享保18）年から始まり、日田・玖珠郡の幕府領から、5000石の年貢米が長崎に送られた。当初は、中津におかれた日田蔵に米が運ばれ、海上輸送で長崎に廻送されたが、1738（元文3）年になると、関村（現、日田市夜明関町）から筑後川を利用して運ぶ方法に切りかえられた。

明治・大正時代の発電史

コラム

多くの労苦と卓越した経営手腕に支えられた発電の歴史

　大分県における電気会社は、竹田の豪商黒野猪吉郎が社長となり、1899(明治32)年に設立した竹田水力電気株式会社が最初である。翌年には、日田の豪商草野忠右衛門が社長となり、日田水電株式会社が設立された。

　その後、電気会社の設立があいつぎ、1912(大正元)年までに、20社が創業している。1911(明治44)年に設立された九州水力電気以外は、ほとんど小規模な会社であった。

　九州水力電気は、最初の水力発電所として1913(大正2)年、その前身である女子畑発電所(日田市天瀬町)を竣工させ、電灯のほか、北九州地方への電力販売を目指した。

　大正時代に入ってからも、県内各地に小規模の電気会社の設立が続いた。その中の1つに、社長山田吾一、一瀬茂吉らが取締役となり、1920(大正9)年に設立した、明治水力電気がある。

　その後、九州水力電気を中心に、小規模の電気会社の吸収合併が進んだ。九州水力電気は、1923年までに、10カ所の発電所を建設し、県内各地に供給網を広げていった。1930(昭和5)年の九州水力電気の県内供給人口68万1814人は、大分県の全人口の72％にあたる。

一瀬茂吉

　これ以降、関村には長崎廻米用の蔵所(関浜蔵所)がおかれ、米の集散で賑わうようになった。瓦葺き平屋の蔵2棟と役人詰所が建てられ、船着き場まで石畳が敷かれていた。関浜蔵所は1955(昭和30)年、夜明発電所の建設のため、取りこわされた。

天領日田を歩く

2 山郷をめぐる

天領日田から各地に伸びた道は、日田を取り巻く山郷を通り、さまざまな文化を各地に伝えた。

津江山系自然公園 ⑮

〈M▶P.136, 157〉 日田市前津江町・中津江村・上津江町
JR久大本線日田駅🚌栃原行下筌ダム

1000m級の原生林に包まれた津江火山群

下筌ダム

日田市から大山川に沿って国道212号線を南へ向かい、松原ダムの手前で国道を離れ、松原ダムの左岸を南下すると、下筌ダムが左手にみえる。松原ダムは9 km², 下筌ダムは2 km²の人工水面があり、日田杉の美林を映す眺めは素晴らしい。

三隈川に合流する高瀬川・大山川の水源をなす山々は、津江火山群で、1000m級の原生林に覆われた山岳地帯である。福岡県境に聳える御前岳(1209m)・釈迦岳(1231m)の中腹は、針葉樹などの原生林で、山頂には高山性灌木がみられる。

登山コースは、西大山で国道212号線から県道9号線に入り、前津江町から奥日田スーパー林道を進む。山頂からの眺めは雄大で、南東には九重山系・阿蘇山、祖母山、北には英彦山、西には雲仙岳を望むことができる。

熊本県境の尾ノ岳(1041m)は、阿蘇山の外輪山の一部を構成している。また、上津江・中津江の境にある酒呑童子山(1181m)は、鬼の住む山と伝えられており、中津江・前津江の境にある渡神岳(1150m)には、神功皇后にちなんだ伝説がある。

伝来寺庭園 ⑯
0973-54-3537

〈M▶P.136, 157〉 日田市中津江村栃野 🅿
JR久大本線日田駅🚌栃原行引野🚶5分

引野バス停で下車し、国道442号線から、南へ約200m進むと田ノ

伝来寺庭園

原集落があり、集落内に伝来寺（浄土真宗）がある。伝来寺は、1338（延元3）年、源氏の流れを汲む豪族長谷部信雄が、大智禅師を迎えて開基したといわれており、室町時代の作庭と伝えられる伝来寺庭園（県名勝）がある。

この庭園は、随所にみられる雄渾な石組の手法と、西南隅における借景を特徴としている。これらは、室町時代に近畿や北陸方面で築造された、武将の居館の庭園に類似するといわれている。

また、国道442号線を西

鯛生金山

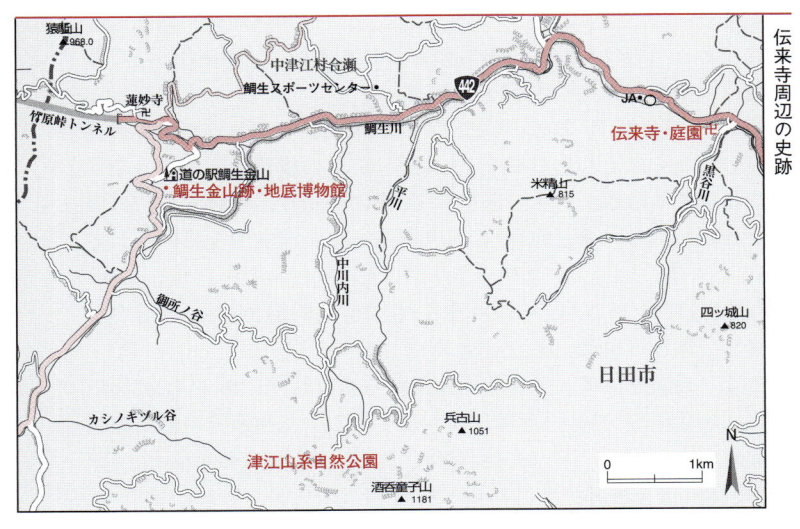

伝来寺周辺の史跡

山郷をめぐる　157

へ7kmほど進んだ中津江村合瀬に、第二次世界大戦前には東洋一の大鉱山といわれ、推定埋蔵量50万tを誇った鯛生金山跡がある。鯛生金山は、1894(明治27)年に発見され、最盛期の1937(昭和12)年には、日本一の産出量を誇ったが、1972年に、経営不振のため閉山された。近代化産業遺産に選定され、現在は、金山史を伝える地底博物館となっている。

大野老松天満社 旧本殿 ⑰

〈M▶P.136〉日田市前津江町大野 🅿
JR久大本線日田駅🚌大野行前津江振興局前🚶5分

本堂の西背面に広がる枯山水庭園

室町時代の本格建築を今に残す天満社

前津江振興局前バス停から南へ向かい、前津江振興局前から山手にのぼって行くと、大野老松天満社旧本殿(国重文)がある。天満社は、1071(延久3)年、日田郡司大蔵永季が、相撲節会で朝廷より

大野老松天満社

功賞があったのは神助によるものとして、老松祠を創始したことを起源にすると伝えられている。

　そして、1488(長享2)年に、津江山城主長谷部信安が旧本殿を再建したとも伝えられている。三間社流造の板葺き屋根で、全体的に和様であるが、肘木の形を禅宗様につくり、根肘木上には皿斗をおいている。庇(向拝)に高床を張って、前室的な扱いをしている。

　拝殿は1725(享保10)年に再建され、1877(明治10)年には旧本殿を移し、新しい本殿が建立された。

　また、天満社には、平安時代末期から室町時代におよぶ207面の懸仏(県文化)と35体の形代が残されている。九州地方の群集懸仏では最多のもので、すべて独尊形式である。仏像の種類は十一面観音がもっとも多く、薬師如来・不動明王などがこれにつぐ。

コラム

小鹿田焼

産

水と唐臼の音が響く 窯元の里

　陶土をつく唐臼の音が，1996（平成8）年に「日本の音風景百選」に選ばれた日田市小野の皿山地区は，水力を利用して大きな臼で原土をつくる手法を守り続けている，小鹿田焼の里である。
　17世紀後半頃，日田代官室七郎右衛門は，朝鮮系窯の小石原（現，福岡県東峰村）が日田と隣接していることから，陶工を日田に招きたいと，福岡藩（現，福岡県）藩主黒田宣政に要請した。
　1705（宝永2）年，小石原の陶工柳瀬三右衛門が皿山に窯を開き，小鹿田焼が始まったという。その後，小鹿田焼は生活雑器を生産し続け，現在に至っている。
　窯元は，18世紀前半には3戸だったといわれるが，1905（明治38）年には，陶磁器製造戸数11戸，陶工は男8人・女8人となり，長さ6間（約10.9m）の登窯を共同窯としていた。現在は，個人窯5戸・共同窯5戸で，1995（平成7）年に，重要無形文化財に指定され，2007年には北側の池ノ鶴地区とともに重要文化的景観に選定された。
　小鹿田焼には絵柄はなく，放射状に刷毛を使う「刷毛目文」，弾力性の強い金属帯の鉋を使う「飛び鉋」，指で曲線を描く「指描き文」などの装飾技法がある。
　さらに，小さな柄杓で釉をかける打ち掛け，竹筒に釉を入れ，ろくろをまわしながら模様をつける流し掛けなど，施釉の技法を使っている。
　柳宗悦は，著書『日田の皿山』の中で，小鹿田への思いを記し，バーナード・リーチは，1954（昭和29）年に，この地に3週間滞在し，陶技を研究している。こうして，小鹿田焼は広く知られるようになり，皿山地区には，陶器愛好家や観光客が訪れ，活況を呈している。

クド造の特徴を残す 江戸時代中期の建造物

旧矢羽田家住宅 ⑱
0973-52-3101（日田市産業課）
〈M▶P.136〉日田市大山町西大山3545-1　Ｐ
JR久大本線日田駅🚌杖立温泉行振興局前🚶5分

　大山振興局の南東側に隣接する天領奥日田やすらぎの郷に，旧矢羽田家住宅（国重文）がある。1985（昭和60）年に，東大山小五馬（現，日田市大山町）にあった分棟型の典型的な農家建築を移築し，復元・保存している。大きい通り土間（「にわ」）沿いに，2つの広間「ごぜん」と「なかえ」をおき，「なかえ」と土間背面を大屋根でつないでいる。「ごぜん」と「なかえ」に，それぞれいろりがある。座敷を角屋根で出し，なかえ沿いに「ねどこ」などの小部屋が2つある。屋根の形に特徴があり，正面からみるとＶ字の形をしている

山郷をめぐる　　159

旧矢羽田家住宅

ようにみえる。上からみると屋根がコの字となり、前に谷のある前谷型クド造となっている。この形の民家としては、県内で唯一現存するもので、分布上もっとも東に位置している。建築年代は、18世紀前半頃と推定されている。

高塚地蔵尊 ⑲

0973-57-9200　〈M▶P.136〉日田市天瀬町馬原高塚 P
JR久大本線豊後中川駅🚌高塚行終点🚶5分

学業成就の霊験

　高塚バス停から、北へ行くと、高塚地蔵尊がある。高塚地蔵尊は、740（天平12）年の行基の開基といわれ、境内には、霊木として植栽されているイチョウ（県天然）がある。単木でなく、20余株が集まっている。総株の外周は約15m、主株は胸高幹囲約4.7m・高さ約18m、株元で、南東の方向に2分岐した大きな株から、15mほど張り出している。全体の枝張りは、東約18m・西約6m、南約7m・北約10mである。

　株には乳様の突起が出ており、昔から「乳地蔵」として信仰を集めていた。近年は、学業成就を始め、諸願成就にも霊験があるとして、参拝者が後を絶たない。

　高塚地蔵尊から豊後中川駅に向かって約4km行った所にある馬原地区は、義民穴井六郎右衛門が生まれた村である。また、豊後中川駅の隣の天ケ瀬駅で下車すると、『豊後国風土記』に「いかり湯」とみえる天ケ瀬温泉がある。

高塚地蔵尊

160　水郷日田と各地の山郷

③ 耶馬を訪ねて，耶馬渓

宇佐・中津地方には切り立った岩肌がむき出しの「耶馬」とよばれる景勝地が多くある。その代表が国の名勝「耶馬渓」。

耶馬渓橋⑳
0979-22-1111（中津市産業振興部観光商業課観光係）

〈M▶P.136, 161〉中津市本耶馬渓町樋田・曽木
JR日豊本線中津駅🚌耶馬渓行樋田🚶10分

日本最長の石造アーチ橋

　中津駅南口前からの道を直進し，国道212号線を進むと，車で30分ほどで国道沿いを流れる山国川を渡る洞門橋に出る。この橋からすぐ下流にみえる橋が，耶馬渓橋（県文化）である。

　荒瀬井堰の下流にあり，8連アーチの石造橋で，石造アーチ橋としては，日本最長の116mである。景勝地耶馬渓（国名勝）の景観とあいまって，自然のなかの構造物として独特の美しさを漂わせる。整然とした水平積みによる石積みが，長崎県に多い石積み方式であったためか，地元では「オランダ橋」ともよばれている。設計・施工は永松昇・岩渕万吉。1920（大正9）年に着工，1923年に竣工した。

　耶馬渓橋は，山国川両岸の住民の往来や観光道路として使われるとともに，軍事面でも日出生台演習場への要路確保の意味合いもあったといわれる。現在では，上流にバイパスができ，地元の人びとの往来にのみ利用されている。

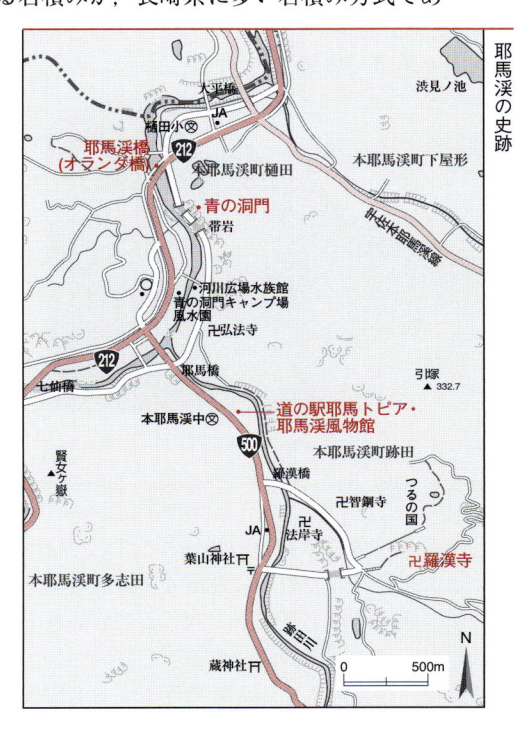

耶馬渓の史跡

青の洞門 ㉑
0979-22-1111（中津市産業振興部観光商業課観光係）

〈M▶P.136, 161〉 中津市本耶馬渓町曽木青
JR日豊本線中津駅🚗30分

禅海和尚の努力を偲ぶ

　耶馬渓橋から国道212号線に戻り，山国川を渡る洞門橋の手前の信号を左折すると，青の洞門（県史跡）に到着する。
　1689（元禄2）年，現在の中津市域を灌漑する荒瀬井路が完成した。しかし，その取水口である堰が設けられた下毛郡樋田村（現，中津市本耶馬渓町樋田）では，山国川の水位があがり，羅漢寺参詣の道中に，鎖をつたって崖下を進まねばならない難所ができた。
　ここを訪れた越後（現，新潟県）出身で，諸国霊場の巡礼者であった禅海は，この様子をみて，岩山を掘り貫き，道をつくる大願を発し，1720（享保5）年（一説では1734年）に中津藩（現，中津市）に許可を求めて隧道工事を始めた。その後，中津藩主の援助を受け，1750（寛延3）年（一説では1763年）に完成した。この禅海の事業は，菊池寛の小説『恩讐の彼方に』によって広く知られるようになった。ただ，現在は数度の改修により，完成当時からはその姿を大きくかえている。
　青の洞門を抜けると，耶馬渓駐車場に到達し，駐車場脇の岩山が，競秀峰といわれる耶馬渓の名勝の1つである。

青の洞門

耶馬渓風物館 ㉒
0979-52-2002

〈M▶P.136, 161〉 中津市本耶馬渓町曽木2193-1
JR日豊本線中津駅🚗30分

耶馬渓の魅力を紹介する

　耶馬渓駐車場前の道を右に向かうと，国道500号線に交差するので，ここを羅漢寺の標識に従って左折すると，すぐ右手の川沿いに，道の駅「耶馬トピア」がみえる。この「耶馬トピア」に併設されているのが，耶馬渓風物館である。
　当館は，中津市本耶馬渓町を代表する名勝耶馬渓・青の洞門・粉

耶馬渓鉄道

コラム

地域の近代化、観光の発展を推進

「耶馬軽鉄（耶馬渓軽便鉄道）の列車にて，汽笛一声勇ましく」（「耶馬渓鉄道唱歌」）。

耶馬渓鉄道は，中津から守実（ともに現，中津市）までを走り，地域の近代化・産業の振興・観光の発展を推し進めた。1911（明治44）年8月6日に，中津・柿坂（現，中津市）間の免許を得て，翌年6月29日に「耶馬渓鉄道株式会社」の設立総会が開催され，耶馬渓鉄道は走り始めた。1924（大正13）年には，全線36.1kmの鉄道が完成。1975（昭和50）年9月30日の全面廃止まで約60年間，地域の足として走り続けた。

耶馬渓鉄道の軌道は，現在，「メイプル耶馬サイクルライン」とよばれるサイクリングロードになっている。1971（昭和46）年の一部区間廃止の翌年から着工し，1982年には，総延長34.9kmのサイクリングロードとなった。

中津方面から「青の洞門」を左手にみながら，国道212号線を日田方面に約25km進み，「耶馬渓サイクリングターミナル」への標識を右折して，約200mでサイクリングターミナルに着く。ここを起点とするサイクリングロードを走ると，耶馬渓鉄道の跡をみることができる。

サイクリングターミナルから山国川に沿って，中津方向（右方向）に進むと，すぐに左手に，頼山陽が素晴らしさを描けないといって，筆を川に投げたといわれる「擲筆峰」がみえる。そのまま約1kmで，斜めに円弧を描きながら山国川を横断する，橋長110mの「第二鉄橋」にさしかかる。9基の橋脚は，コンクリート芯に，表面割石練り積みの円形になっている。鉄橋を渡りそのまま進むと，全長61mの「城井トンネル」や全長131mの「机トンネル」がある。

トンネルを通過し，3kmほど進むと，サイクリングロードの休憩施設となっている「平田駅跡」がある。平田駅は，1914（大正3）年12月に，城井駅として営業を開始，1925年8月に改称し，廃線まで営業していた。

サイクリングターミナルから日田方面に3.5kmほど進むと，下郷駅跡がある。

耶馬渓鉄道第二鉄橋

洞穴に関する資料を，収蔵・公開する博物館である。「名勝耶馬渓」の展示コーナーでは，耶馬渓の景観ポイントを立体地図や映像画面から選択閲覧でき，「青の洞門」では，洞門を貫通させた僧禅海の

遺物と生涯を紹介し,「扮洞穴」では,縄文時代の人骨・生活遺物を展示している。

羅漢寺 ㉓
0979-22-1111（中津市産業振興部観光商業課観光係）

〈M▶P.136, 161〉中津市本耶馬渓町跡田1501
JR日豊本線中津駅🚗35分

岩窟に建てられた寺院

　道の駅「耶馬トピア」の駐車場を出て,道を左にさらに進むと,車で約2分で,日本国内の羅漢寺の総本山である羅漢寺（曹洞宗）に到着する。山の中腹の切り立った崖面に建てられた寺院なので,リフトでのぼることになる。

　当寺の縁起によると,645（大化元）年頃,インドの僧法道がこの地で修行し,羅漢寺の名は足利義満から賜ったという。また,絶海中津の文集『蕉堅藁』下巻には,1360（延文5）年の春,僧昭覚がこの山の大岩下の石室に入り,やがて寺坊にかえた。その後まもなく,僧建順が訪れ,羅漢像500軀を彫刻したとある。『豊鐘善鳴録』では,建順が訪れた年を1359（延文4）年と記している。

　「永弘文書」などから,15〜16世紀には羅漢寺が所在したことがうかがえる。なお,江戸時代前半には,下毛郡で最大規模の寺院となり,貝原益軒も,その著『豊国紀行』に,「鎮西の勝地」と評している。また,同寺には,銅造観音菩薩立像がある。これは,開基とされる法道が,インドからもたらしたものという。8世紀前半の作とみられ,和歌山県那智勝浦町那智経塚の出土遺物にある銅造観音菩薩立像と酷似している。伝来の経緯は不明であるが,興味深い文化財である。

羅漢寺

水郷日田と各地の山郷

④ 玖珠川流域から久住山系へ

久住山系の豊かな自然と，湧出した水の流れにはぐくまれた玖珠盆地の歴史と文化を訪ねる。

角埋陣屋跡 ㉔
0973-72-1111（玖珠町商工観光課）

〈M▶P.136, 166〉玖珠郡玖珠町森　P（三島公園）
JR久大本線豊後森駅🚌耶馬渓方面行童話碑入口
🚶5分

無城の森藩　久留島氏の陣屋

「日本のアンデルセン」と称される久留島武彦をたたえる日本童話祭が，毎年5月5日に玖珠町で開催されている。その主会場が，童話碑入口バス停から約150m西側にある三島公園である。公園には，童話碑とともに，角埋陣屋跡（久留島陣屋跡）の碑がある。

1601（慶長6）年，来島康親（長親）の入部により，豊後国玖珠・日田・速見3郡のうちに，1万4000石をもつ豊後森藩が成立した。康親は，前年の関ヶ原の戦いにおいて，西軍の石田三成に与したことにより，徳川家康から伊予（現，愛媛県）来島藩を改易されていた。しかし，福島正則が康親の妻玄興院の伯父であった縁から，正則の家康への取りなしなどにより，森藩に封じられたという。なお，本来の来島の字が，久留島に改められたのは，1616（元和2）年，2代藩主通春のときである。

森藩は，豊前（現，福岡県東部・大分県北部）・豊後諸藩の中で，唯一の無城藩であった。久留島氏は，角埋山麓に陣屋を構え，伊予から三島神社を勧請して山上にまつり，天守に見立て，城

三島公園

栖鳳楼

玖珠川流域から久住山系へ

玖珠町の史跡

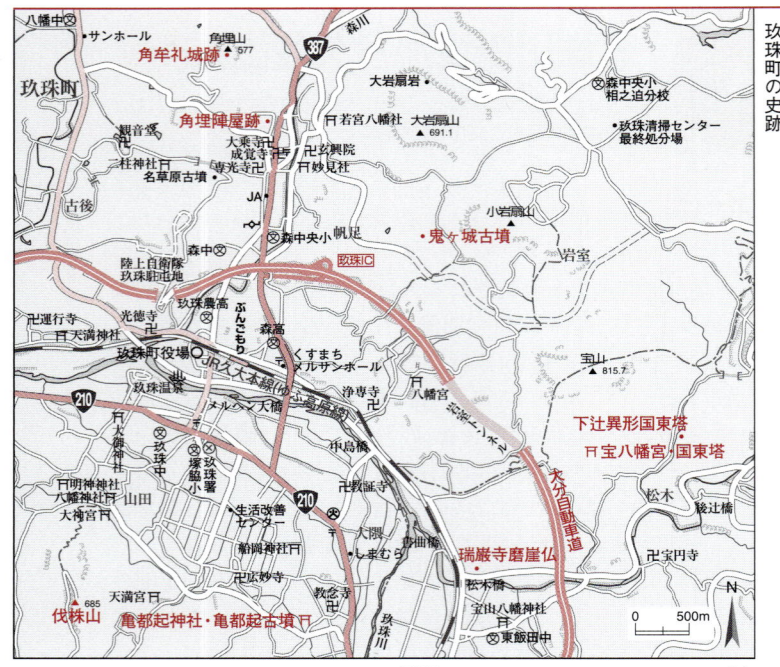

郭としての体裁を整えたという。文政年間(1818〜30)、8代藩主通嘉が京都から庭師を招き、三島神社を中心に庭園をつくった。これが現在の三島公園で、園内には当時の遺構として、清水御門、茶室の栖鳳楼などがある。

　この陣屋跡から北側の角埋山(577m)にのぼると、中世山城の角牟礼城跡(国史跡)がある。土塁などの中世的な特徴と、石垣で城全体を囲む近世的な特徴を残しており、築城技術の変遷をみることができる。角牟礼城は、15世紀なかばにはあったとされ、1586(天正14)年の島津氏による豊後侵攻に際しては、大友氏方の玖珠郡衆が立てこもっている。城跡の大手・搦手両門付近には、近世初期の石垣が残っており、来島康親や豊後国佐伯藩(現、佐伯市)初代藩主毛利高政の修築説などがある。

鬼ヶ城古墳 ㉕
0973-72-1111(玖珠町社会教育課)

〈M▶P.136, 166〉玖珠郡玖珠町帆足
JR久大本線豊後森駅🚌森町行 栄町🚶10分

　栄町バス停から東側にみえる、岩が扇のように連なっている小岩

166　水郷日田と各地の山郷

久留島武彦

コラム

口演童話を中心とする児童文化の創始者

久留島武彦は、1874(明治7)年、現在の玖珠郡玖珠町に生まれた。祖父通靖は森藩(現,玖珠町)の12代藩主であった。幼少年期を森・中津(現,中津市)ですごし、大分中学校でアメリカ人英語教師ウェンライトの影響を受け、転任先の関西学院に転学した。

卒業を間近に控えた頃に、日清戦争(1904〜05年)に従軍し、戦地から臨場感あふれる体験談「近衛新兵」を、雑誌『少年世界』に発表した。これが主筆の巌谷小波に認められて、新しい道が開かれた。以後、創作に励みながら、あらたな児童文化活動も展開していった。

1903年、日本最初の童話会を横浜の教会で開き、さらに巌谷小波や川上音二郎・貞奴らとお伽芝居を創始した。1906年には、子どものための社会教育機関として、お伽倶楽部を正式に組織し、お伽話会・音楽会・お伽芝居などを毎月1回開催し、機関誌『お伽世界』『お伽倶楽部』を刊行した。

お伽倶楽部の理念は人びとの共感をよび、各地に続々と地方倶楽部が生まれ、活動は全国に広がっていった。当時勤務していた中央新聞社では、子どもや母親を対象とした『ホーム』を出版、さらに『少年世界』の講話部主任として、童話口演の活動を全国に広げた。以後、「子どもの膝の前の友達」になるために、全国をめぐって童話を口演、その活動は、86歳で病に臥すまで続けられた。

1910(明治43)年には、東京に早蕨幼稚園を設立し、幼稚園教育の先駆けになった。同年、話術の研究会「回字会」を結成し、後進の育成にあたった。また、ボーイスカウトの世界大会に参加するなど、児童文化活動は広範におよんだ。

1949(昭和24)年、武彦の口演童話活動50年を記念する、童話碑造立の計画が出された。武彦は賛同しながら、自分の名前を刻むことは拒否した。翌年、童話碑の除幕式と第1回日本童話祭が玖珠町で開かれた。童話碑は、童話と子どもを愛する人たちの記念碑となり、日本童話祭は継続して、毎年5月5日を中心に開催されている。

久留島記念館

扇山に向かって約1km進むと、山麓に鬼ヶ城古墳(県史跡)がある。

7世紀前半頃の築造と考えられる直径約12m・高さ約6mの円墳で、南西に開口する複室構造の横穴式石室がある。石室の規模は、

玖珠川流域から久住山系へ

前室が奥行約1.8m・幅約2.2m，後室が奥行約3m・幅約2.5m。石室の形態は箱式石室で，奥壁に石棚がある。前室の左右壁面，後室袖石(そでいし)の左側に，鳥や木の葉が不規則に線刻されている。

　この鬼ヶ城古墳と玖珠川を挟んで相対する位置に，鬼塚古墳(おにづか)(県史跡)がある。豊後森駅より北山田(きたやまだ)方面行きバスに乗り，板屋(いたや)バス停で降りて豊後森駅方向へ少し戻り，南に折れて行くとある。

　鬼塚古墳は，6世紀後半頃の築造と考えられる円墳で，万年山(はねやま)山麓のゆるい傾斜地に築かれ，複室構造の横穴式石室がある。墳丘の原形はほとんど失われ，羨道部(せんどう)も失われている。

　石室の規模は，前室が約2m・幅約2m，後室の奥行が約3.8m・幅約2mである。後室の奥壁は，巨石を2段にほぼ垂直に積み，左右の側壁は，天井に向かうほど中央に寄り，天井は狭くなっている。天井までの高さは約3.2mである。

　装飾は，後室の左右と奥壁，前室との間にある右袖石の前室に面した所にある。朱の彩色による円文(えんもん)が主体で，とくに，後室奥壁の3重の大型円文を中心とする円文群の彩色は，状態がよい。

伐株山(きりかぶさん) ㉖

0973-72-6426
(きりかぶ村憩いの森管理組合)

〈M▶P.136, 166〉玖珠郡玖珠町山田
JR久大本線豊後森駅🚌宝泉寺(ほうせんじ)方面行玖珠公民館前
🚶90分

玖珠郡の由来となった樟樹の切り株

　国道210号線を九重(ここのえ)方面から玖珠方面に向かうと，西側に大きな切株のような山，伐株山(685m)がみえる。山頂までは，遊歩道が整備されている。

伐株山

　登山ルートはいくつかあるが，玖珠公民館前バス停から案内図に従ってのぼって行くコースがわかりやすい。5月の日本童話祭のときには，臨時バスが山頂まで運行される。

『豊後国風土記(ふどき)』

大分の中世城館

コラム

中世城館の特徴と玖珠の城郭

　県内には，569の中世城館の所在が確認されている。各城郭は，全時代的にあらわれるのではなく，限られた城郭が，ある時期に集中してあらわれる特徴がある。

　中世城館を地域別にみると，県北部の城館は，宇佐・中津という県内で最大規模の平野があることから，小規模平地城館が多数存在する。また，豊前（現，福岡県東部・大分県北部）・豊後の国境地帯であることから，妙見岳城（宇佐市）など，国境をめぐる攻防を繰り広げた城館も多くある。

　つぎに中部は，中世の豊後を一貫して支配し続けた，大友氏に関係する高崎山城（大分市）・丹生島城（臼杵市），そして，府内防備のための鹿越城や鶴賀城（ともに大分市）などがある。

　また，国東半島の田原氏に関係する沓掛城（杵築市）・雄渡牟礼城（国東市）の存在も無視できない。南部は，戦国時代に，大友家臣団の中核をになう在地領主たちの大規模城郭が存在するとともに，1586（天正14）年の島津氏の豊後侵攻に備えた城郭も，日向国（現，宮崎県）との国境に点在する。

　西部は，筑後・筑前（ともに現，福岡県）・豊前へと通じる交通の要衝であったことから，大友氏にとって重要な高勝寺城（玖珠城・伐株山城）や角牟礼城（ともに玖珠町）などがある。一方，中小在地領主たちの小規模城郭も点在する。

　県内の中世城館で，もっとも早く史料に登場する高勝寺城は，その名が示すように，寺院が要塞化されたものである。また，1336（建武3）年の足利尊氏軍勢催促状に初めてその名がみえ，南北朝時代における南朝方の一大拠点として機能しており，国侍持切の城であった。

　しかし，高勝寺城は永正年間（1504〜21）を最後に，文献上では確認されなくなり，かわって，玖珠郡の中核的城郭として登場するのが，角牟礼城である。大友氏にとって，豊前から大内氏の侵攻を防ぐ重要な城であり，数度にわたって城の改修が行われた。

　大友氏没落後，毛利高政が入り，現在の石垣を築き，近世城郭へと変貌を遂げた。

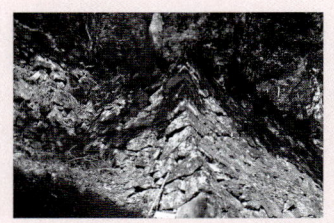

角牟礼城跡

に，「むかし，この村に洪樟樹ありき。よりて玖珠の郡という」とあり，この木を切った株がこの伐株山であるとの伝説がある。

　断崖絶壁に囲まれた南北に長い平坦な山頂には，8世紀，洪樟

玖珠川流域から久住山系へ

寺(高勝寺・高正寺・興正寺とも，天台宗)が建てられた。

　この山岳寺院は，時代とともに城郭化し，しだいに山頂部一帯が整備・拡充され，本格的な山城へと発展していった。尾根上には，7基の土塁群や竪堀などが現存し，発掘により掘立柱建物が確認された。12～16世紀の遺物も出土している。

　1336(建武3・延元元)年，南北朝の動乱に際して，肥後(現，熊本県)の菊池氏と結んだ豊後の武士の一部が，南朝方として玖珠城(高勝寺城・伐株山城)に立てこもった。足利尊氏は，この南朝軍を討つため，一色頼行を派遣した。玖珠城の攻防は，落城までの8カ月におよび，玖珠郡の豪族清原氏は，両軍に分かれて戦った。

　また，1586(天正14)年，島津軍の兵6000人余りが玖珠郡に侵攻した際，玖珠城も攻撃された。島津軍はなかなか攻略できなかったが，内応する者が出て，落城した。落ち延びた者は，角牟礼城に籠城している。この戦いが，洪樟寺が城として利用された最後で，この後は廃寺となった。

　伐株山の1kmほど東に，亀都起神社(祭神須佐之男命・稲田姫命・武内宿禰)があり，その境内に亀都起古墳がある。長さ約47mの亀都起古墳は，玖珠郡内で唯一の前方後円墳である。

瑞巌寺磨崖仏 ㉗

0973-76-3823(九重町教育委員会生涯学習課)
0973-76-3150(九重町商工観光課)

〈M▶P.136, 166〉玖珠郡九重町松木
JR久大本線恵良駅🚌玖珠方面行松ヶ鼻
🚶5分

豊薩合戦で焼失した寺　残された磨崖仏

　松ヶ鼻バス停から道に沿って約800m行った所に，瑞巌寺磨崖仏(県史跡)がある。瑞巌寺は，養老年間(717～724)に，僧仁聞が創建したと伝えられる。1586(天正14)年の豊薩合戦に際して焼失し，その後は再建されていない。現在は，残された石仏が瑞巌寺磨崖仏とよばれ，木造瓦葺きの覆屋兼礼堂が建てられている。

　瑞巌寺磨崖仏は，中央には，右手に降魔の利剣をもち，左手を腰にあて羂索をもった不動明王像(像高約226cm)が座している。その右側に，不動明王に向かって合掌する矜羯羅童子立像(像高約161cm)，左側に，やや身を反らせ気味にした制吒迦童子立像(像高約162cm)を従えている。右端には，右手に剣，左手に宝塔を捧げもつ多聞天立像(像高約170cm)，左端には，増長天立像(像高約

瑞巌寺磨崖仏

170cm)がある。五尊像は比較的浅い浮彫りで表現され、一部彩色の跡がある。諸尊の姿態には動きがあり、目鼻を太やかに刻み出した顔貌には、特異な強さが感じられる。室町時代中期以降の造像と考えられている。

宝八幡宮国東塔と下辻異形国東塔 ㉘
0973-76-3888(九重文化センター)/0973-76-3150(九重町商工観光課)
〈M▶P.136, 166〉玖珠郡九重町松木
JR久大本線恵良駅 🚌 田代方面行宝八幡 🚶 5分

国東塔と、梵字で六地蔵をあらわした板碑

　宝八幡バス停の左手の山をのぼると、宝八幡宮(祭神品陀別大神・帯仲彦大神・息長帯姫大神)があり、境内に宝八幡宮国東塔(県文化)がある。この国東塔は総高約1.68m、基礎2重で、第2重は4面を2区に分け、格狭間を刻んでいる。第1重中央には径約20cmの穴があり、納骨した所とも考えられる。

　塔身は球形で首部はなく、わずかに墨書銘がうかがえるが、釈迦をあらわす梵字以外は判読できない。制作年代は、南北朝時代末期から室町時代初期で、宝八幡宮に関係する人物の墓塔、あるいは供養塔と考えられる。

　宝八幡宮には、この国東塔とともに、宝八幡宮板碑(県文化)が並んで立っている。総高約85cmの板碑には、上部に地蔵菩薩をあらわす梵字があり、その下にも5体の地蔵菩薩の梵字が刻まれている。梵字で六

宝八幡宮国東塔・宝八幡宮板碑

玖珠川流域から久住山系へ

地蔵をあらわした板碑は，県内では類例をみない。地蔵菩薩の梵字の下には，五大四方門の梵字が墨書されている。また，碑の左側面には，「宝徳辛未(1451)歳卯月廿三日」の紀年銘がある。

宝八幡バス停から500mほど田代方面に進むと，右手に下辻異形国東塔(県文化)がある。この塔は手法・形態に，国東塔の影響を色濃く示しているが，笠の上に宝珠を載せており，国東塔が相輪を載せているのとは異なることから，異形国東塔とよばれている。

総高約1.52m，基礎は3重で，第3重は4面を2区に分け，格狭間が刻まれている。基礎第1重・第2重の中央部にある約20cm角の空洞から，人骨片がみつかっている。塔身は球形で首部はなく，四方に舟形状に浅く彫りくぼめた中に，仏像を1体ずつ半肉彫りしている。笠上には宝珠がおかれている。銘文はないが，南北朝時代の作と考えられている。

白鳥神社と千町無田 ㉙
090-6290-4379(千町無田水田公園)

〈M▶P.136, 173〉玖珠郡九重町田野北方／九重町田野千町無田 🅿(千町無田水田公園) JR久大本線豊後中村駅🚌飯田高原方面行筌ノ口🚶30分

白日伝説と朝日長者伝説

筌ノ口バス停から北東に約2km進むと，『豊後国風土記』に記されている朝日長者伝説の中で，「餅の的」が変化した白鳥をまつったという白鳥神社がある。もとは千町無田にあった神殿が，野火により焼失し，現在の場所に移ったといわれている。

神社から東へ，長者原に向かうやまなみハイウェイ(九州横断道路，県道11号線)まで進んで行くと，千町無田(無田は湿地のこと)が広がる。飯田高原にいた浅井長治という豪農が，「後千町，前千町」とよばれる美田を所有していたという朝日長者伝説があるが，千町無田は，この伝説にちなんだものと考えられる。

千町無田の牟田口には，小椋屋敷という小字名が残されている。「延享三(1746)年」の『豊後国玖珠郡田野村銘細帳』に，「木地挽三軒」と記されている木地師たちの住居跡だといわれている。牟田口の木地師たちは，幕末には姿を消してしまったというが，1872(明治5)年には，熊本県上益城郡浜町(現，山都町浜町)から木地師小椋丈八が移住している。

朝日長者伝説

コラム

竜王への雨乞いと餅の的

　長者伝説は、全国各地に分布する。長者とは、仏教の経典の「富める人」からきたもので、彼らの栄華と没落の両面を語っているものが多い。

　炭焼長者など、多数ある長者伝説の中で、朝日長者伝説の起源は古く、『豊後国風土記』にも「餅の的」の話が記されている。

　話の内容は、つぎのとおりである。昔、玖珠郡田野（現、九重町）に浅井長治という豪農がいて、「後千町、前千町」とよばれる美田をもっていた。ある夏、黒岳山麓の男池の竜王に雨乞いをした。願いがかなわ、娘の1人を差し出さねばならなかったが、観音菩薩の加護により、難を逃れる。その後、長者は娘の婿取りを祝う宴の席で、鏡餅（餅の的）を射たため、家運が傾いていく。ついには、残された金銀財宝を隠そうとして、運搬した人やウシを殺してしまい、そのむくいで滅びてしまう。そして最後に、「朝日さす夕日かがやく木のもとに金を千杯米を千杯」といった財宝を埋めた場所を示す唄がともなう。

　現行の長者伝説の大半は、江戸時代に書かれ、写されたと考えられる。なお由布市庄内町直野内山の浄水寺には、朝日長者が同寺を建立したとする縁起が、今も残っている。

白鳥神社周辺の史跡

　千町無田の東側の丘は、朝日台とよばれている。横断道路に近い雑木林の中に、年の神とよばれる、カヤでつくった祭壇がおかれた、掘立柱に茅葺きの神殿が設けられている。年の神の南側には、弥生時代末期の土器片や、古墳時代の須恵器片・鉄器が出土した年の神遺跡がある。

玖珠川流域から久住山系へ

⑤ 大分川の流れとともに

由布岳を始め，周りを山に囲まれた湯布院から庄内，挾間へ。湯布院を源とする大分川とともに，豊かな自然の中に文化財を散策する。

由布院キリシタン墓群 ㉚
0977-84-3111（由布市教育委員会生涯学習課文化振興係）

〈M▶P.137, 175〉 由布市湯布院町並柳
JR久大本線由布院駅 🚗 15分

キリシタン文化の足跡

由布院キリシタン墓地

由布院駅から県道617号線を北東方向に進み，県道216号線を越え，陸上自衛隊湯布院駐屯地の西側を抜けて台地にのぼると，由布院キリシタン墓群（県史跡）がある。墓碑に十字章が刻まれている墓，笠や石棺の裏などに十字を刻んだ伏墓など，約80基のキリシタン墓がある。由布院地域では，400基以上のキリシタン墓がみつかっている。

由布院におけるキリシタンの歴史は，大友義鎮（宗麟）が布教を推し進め，由布院の豪族であった奴留湯主水正・左馬介父子が，親族や家臣とともに洗礼を受けたことに始まる。1580（天正8）年にレジデンシャ（宣教師駐在所），1586年には教会堂が建てられ，信者は約1500人いたといわれている。しかし，豊臣秀吉による宣教師の追放や江戸幕府による禁教などにより，1614（慶長19）年には，総人数2213人中775人が転宗し，ついには，由布院のキリシタンの歴史は，幕を閉じた。

由布院駅周辺には，仏光寺六地蔵石幢（県文化）がある仏光寺（曹洞宗）や，中津市耶馬溪の「青の洞門」を開削した禅海が得度した寺院である興禅院（曹洞宗），由布岳山頂に安置されていた観音像を秘仏とする仏山寺（臨済宗）などの社寺もある。

水郷日田と各地の山郷

旧日野医院 ㉛
きゅうひのいいん
0977-84-2324（南由布日野病院運営委員会）

〈M▶P.137, 175〉 由布市湯布院町川西467-4
JR久大本線 南由布駅 🚶10分

和洋折衷のモダンな建築

　南由布駅から国道210号線に出て，湯平方面（西）に進み，ガソリンスタンド前の交差点を右方向に約50m進むと，旧日野医院（国重文）がある。1894（明治27）年，院長日野 要 が大工の法華津喜八に依頼して建造した。欧米の建築家による洋風建造物とは違い，和風の要素の中に，長崎や神戸などの洋風建造物を真似て，バルコニーや窓枠の飾り，漆喰塗りの大壁などを取り入れ，洋風にみせる工夫をしている。保存修理がなされており，内部の見学もできる。

　本館は，木造2階建て，寄棟造・桟瓦葺きの擬洋風建築で，県内の現存洋風建造物のうち，最古とみられる。もっとも洋風らしい外観をもつのは玄関ポーチで，1階は柱頭に飾りを入れ，欄間の輪郭をアーチに似せている。

　病棟は，木造2階建て，寄棟造・桟瓦葺きで，建築年代についての記録はないが，1899（明治32）年の開業前と考えられる。

　病院建築として，本館・病棟を残している個人病院はきわめて少なく，日本における病院建築史上，重要であると同時に，日本の風

旧日野医院

由布院駅周辺の史跡

大分川の流れとともに

土に，西洋文化が取り入れられていく過程をみることができる建造物である。

川廻墓地の宝塔および五輪塔群 ㉜
0977-84-3111（由布市教育委員会生涯学習課文化振興係）

〈M▶P.137〉由布市庄内町龍原
JR久大本線 向之原駅🚌龍原行平原🚶30分

南北朝時代を中心とした石塔群

　平原バス停から北西へ向かって800mほど歩き，川廻の集落の20〜30m手前から左の山への細道をのぼって行くと，川廻墓地がある。
　川廻墓地内には，宝塔10基と五輪塔・一石五輪塔が群在し，50数基を数える。南北朝時代を中心とした石塔群である。このうち，ほぼ完全な形の宝塔6基と五輪塔1基が宝塔及び五輪塔群として，県の史跡に指定されている。宝塔6基のうち，2基に紀年銘があり，「文和二（1353）年」および「応永八（1401）年」の文字が確認できる。五輪塔では紀年銘のある塔は1基だけで，「永徳元（1381）年」のものである。由布市庄内町には，この川廻墓地の宝塔や五輪塔を始め，すぐれた石造物が多い。
　川廻墓地から国道210号線に向かい，日田方面に進み，庄内中学校入口の信号を右折して約400m進む。柿原の天理教豊分教会から西へ100mほど行った路傍には，「応安元（1368）年」の紀年銘がある笠塔婆（県文化）があり，この笠塔婆を造立した一結衆の名も刻まれている。
　国道210号線に戻って町道中渕線に入り，約3.5km進み左に入った所の雑木の下に立つ淵の板碑（県文化）は，総高約227cm・幅約64cm・厚さ約35cmの大きな両面板碑で，基礎に大小12個の穴があり，母乳の出をよくしたい女性が，この穴に赤飯を供えて祈願したと伝えられている。室町時代の作と推定されている。
　長野の古い墓地にある石幢（県文化）は総高約165cmで，基礎・竿・中台・龕部・笠・宝珠からなる。宝珠をのぞき，平面は六角形で，竿に「文明十八（1486）年」の紀年銘がある。柿原の笠塔婆，淵の板碑，長野の石幢へは，庄内駅から歩いて行ける。
　大龍の宝塔2基（県文化）のうち，1基には「□武三丙子十十八覚法」の銘があり，1336（建武3）年のものと推定される。

油屋熊八

コラム

別府の庶民外務大臣

　第二次世界大戦前，湯布院も含む別府を中心とした観光の基盤をつくり，広く内外に広めた最大の功労者は，油屋熊八である。熊八は，1863(文久3)年に，現愛媛県宇和島市の米問屋に生まれ，1911(明治44)年に，別府に亀の井旅館(現，亀の井ホテル)を開業した。

　自称「別府の庶民外務大臣」として，私財を投じて温泉地別府の名を広めた。

　地図の温泉記号を本格的に活用したのも熊八で，1925(大正14)年には，富士山頂に「山は富士　海は瀬戸内　湯は別府」の標柱を立てて，別府温泉をアピールした。

　1922(大正11)年には，特別招待客用の別荘も建設し，アメリカ人観光客やさまざまな著名人を湯布院に招き，その名を広めた。

　1927(昭和2)年には，自動車4台で「地獄巡り」経営に乗り出し，初のバスガイドをこれに導入した。

　また，別府を基盤とした周辺地域とのつながりに着目し，九州横断観光道路の必要性を提唱した。1928年には，『由布院仙郷』を出版し，「光景秀麗清美にして，休養，保養に此の上も無い別天地の温泉場」として，湯布院の本格的な宣伝に乗り出す。

　別府市野口原の別府公園内には，熊八の業績をたたえる，「大分県観光開発の恩人油屋熊八の碑」がある。

油屋熊八の碑

　西長宝の蓮乗寺境内におかれている祖霊廟宝塔(県文化)は，南北朝時代のもので，久大本線小野屋駅から北西へ約1.5kmである。

　櫟木の大分方面への旧道に架かるオダニの車橋(県文化)とよばれる石造単アーチ橋は，総長約11.6m・アーチ径間5.7m・アーチの高さ4.2mで，19世紀中頃に建造されたものである。

龍祥寺 ㉝　〈M▶P.137〉由布市挟間町挟間
097-583-0126　JR久大本線向之原駅🚶5分

大友一族狭間氏の菩提寺

　向之原駅から北に進み，国道210号線に出ると，すぐに龍祥寺(臨済宗)がある。阿南荘松富名(現，由布市)を支配していた狭間氏の菩提寺である。狭間氏は，大友氏2代親秀の4男直重が，大分郡挟間村(現，由布市)を領したことに始まる。龍祥寺には，南北朝時

大分川の流れとともに　　177

狭間氏五輪塔群(龍祥寺)

代頃の作といわれる絹本著色放牛光林像(国重文)や，室町時代中期の石幢(県文化)がある。

　龍祥寺の西約100mにある精白庵跡には，石造五輪塔3基(県文化)を含めて，20数基の五輪塔(狭間氏五輪塔群，県史跡)がある。狭間氏歴代の墓という。南北朝時代から室町時代末期までの五輪塔が並ぶ。県指定文化財のうち，1基には「康永二(1343)年」の紀年銘がある。他の2基には紀年銘はないが，南北朝時代のものと推定されている。

　五輪塔の多くは，本来とは異なる組み合わせとなっているが，狭間氏の墓石と考えられるものが4基ある。「至徳三(1386)年」銘の英直のもの，「天文十二(1543)年」銘の親益のもの，紀年銘はないが親年のもの，「元亀三(1572)年」銘の長秀のものである。

　精白庵跡から南へ約1.5km行った鬼崎田の小野の地福庵跡墓地には，北原石造無縫塔(県文化)がある。「正長二(1429)年」の刻銘があり，馬見塚氏の祖馬見塚左馬介正国の墓と伝えられている。

　龍祥寺前の向原北バス停からバスで7分ほどの篠原入口バス停か，久大本線の鬼瀬駅から篠原発電所を左手にみて篠原橋を渡り，篠原の集落に入ると三差路がある。三差路の右手を10分ほど進むと，慈航寺(臨済宗)がある。寺の墓地には，1330(元徳2)年に造立された石造宝塔(県文化)がある。

Amabe Okubungo

あまべの里と奥豊後

臼杵城跡(臼杵公園)

旧竹田荘

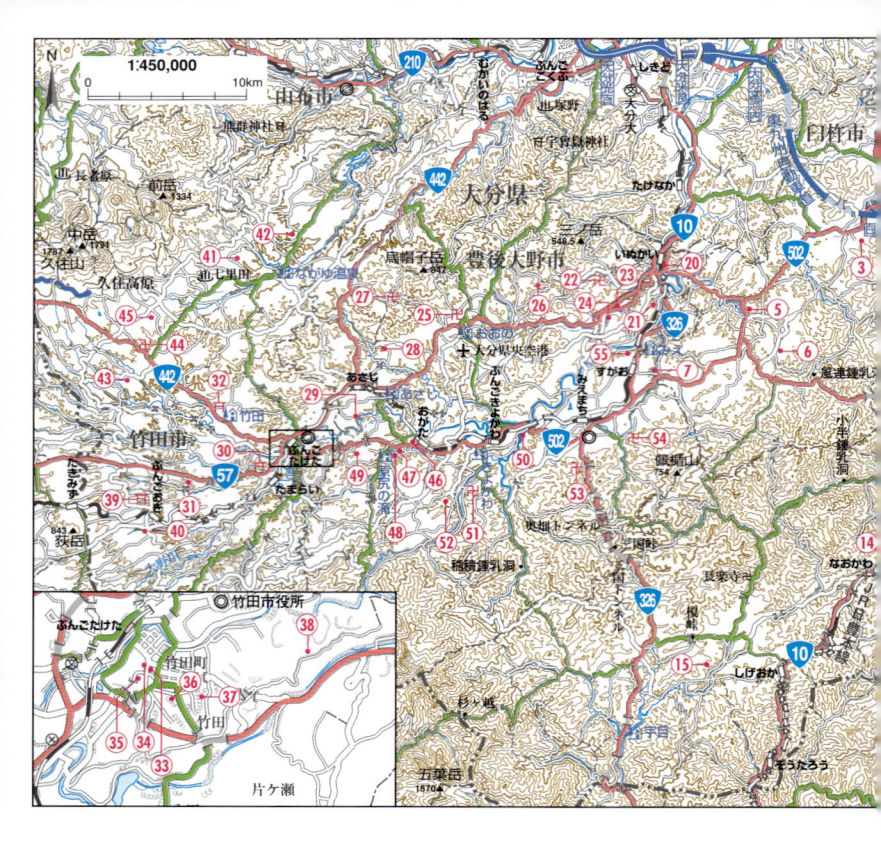

◎あまべの里と奥豊後散歩モデルコース

1. JR日豊本線臼杵駅_10_臼杵城跡_10_二王座歴史の道_5_野上弥生子文学記念館_5_龍原寺_20_臼杵石仏_20_JR臼杵駅_10_JR日豊本線津久見駅_15_大友宗麟の墓_15_JR津久見駅

2. JR日豊本線佐伯駅_15_藩校四教堂跡_5_佐伯城跡_5_歴史と文学の道_5_養賢寺_15_JR佐伯駅_10_佐伯市平和祈念館やわらぎ_10_JR佐伯駅

3. JR豊肥本線朝地駅_20_神角寺_10_朝倉文夫記念館_10_JR朝地駅_10_普光寺磨崖仏_5_用作公園_5_JR朝地駅

4. JR豊肥本線豊後竹田駅_5_愛染堂・円通閣_2_滝廉太郎記念館_5_竹田市立歴史資料館_2_旧竹田荘_5_キリシタン洞窟礼拝堂_5_広瀬神社_10_岡城跡

180　あまべの里と奥豊後

①臼杵城跡	㉙普光寺磨崖仏
②龍原寺	㉚扇森稲荷神社
③臼杵石仏	㉛七ツ森古墳群
④黒島	㉜城原八幡社
⑤磨崖クルス	㉝御客屋敷
⑥水地の九重塔	㉞歴史の道
⑦虹澗橋	㉟滝廉太郎記念館
⑧大友宗麟の墓	㊱旧竹田荘
⑨佐伯城跡（城山）	㊲キリシタン洞窟礼
⑩養賢寺	拝堂
⑪佐伯市平和祈念館	㊳岡城跡
やわらぎ	㊴荻神社
⑫上岡の十三重の塔	㊵岩戸橋
⑬上小倉磨崖仏塔	㊶原のキリシタン墓
⑭神内釈迦堂石幢	碑
⑮重岡キリシタン墓	㊷長湯線彫磨崖仏
⑯豊後二見ヶ浦	㊸西法寺跡宝塔
⑰長宗我部の墓	㊹猪鹿狼寺
⑱養福寺	㊺納池公園
⑲王子神社	㊻緒方三郎惟栄館跡
⑳波乗り地蔵尊	㊼緒方宮迫東石仏
㉑犬飼磨崖仏	㊽緒方宮迫西石仏
㉒大聖寺	㊾尾崎の石風呂
㉓大迫磨崖仏	㊿岩戸遺跡
㉔平尾社鳥居	51 宝生寺
㉕勝光寺	52 石源寺石仏
㉖長寿庵五輪塔	53 内山観音
㉗神角寺	54 吉祥寺
㉘朝倉文夫記念公園	55 菅尾石仏

　_20_ JR豊後竹田駅

5. JR豊肥本線緒方駅 _5_ 豊後大野市歴史民俗資料館 _10_ 緒方三郎惟栄館跡 _30_ 緒方宮迫東石仏 _5_ 緒方宮迫西石仏 _25_ 辻河原の石風呂 _30_ 原尻の滝 _10_ JR緒方駅 _12_ JR豊肥本線三重町駅 _10_ 内山観音 _10_ JR三重町駅 _14_ JR豊肥本線犬飼駅 _10_ 波乗り地蔵尊 _10_ JR犬飼駅

臼津地域を歩く

1

大友宗麟が移り住んだ臼杵は，国宝の臼杵石仏を始め，さまざまな仏教文化が開花した地域としても知られる。

臼杵城跡 ❶ 　大友宗麟が築城・稲葉氏の居城

0972-63-1111(臼杵市商工観光課・臼杵市教育委員会)
0972-64-7130(臼杵市観光情報協会)

〈M▶P.181, 183〉 臼杵市臼杵丹生島91　P(稲葉家下屋敷)
JR日豊本線臼杵駅 徒歩10分

　臼杵駅を出て，臼杵警察署を目指して北に進むと，左手の丹生島とよばれる丘陵の上に，臼杵城跡(県史跡)がある。現在は臼杵公園として，市民に親しまれている。現在，この一帯は埋立地であるが，大友義鎮(宗麟)が1562(永禄5)年に築城した当時は，島であり，天然の要害であった。この城は，「カメが湾内に浮遊する姿」に似ていることから亀城ともよばれた。

　宗麟は，府内(現，大分市)からこの地に本拠を移し，ポルトガルから大砲(国崩)を輸入して，城中に備えた。1586(天正14)年の島津氏との合戦において，臼杵川に押し寄せた島津軍の船に向かい，国崩を発砲し，島津氏を大いに悩ませ，退却させた話は有名である。

　また城内には，ノビシャド(修練所)がおかれ，豊後におけるキリスト教布教の拠点になった。大友氏滅亡後は，福原直高，ついで太田一吉が城主となった。関ヶ原の戦い(1600年)以降は，美濃(現，岐阜県)の稲葉貞道が封ぜられ，その後は，稲葉氏15代の居城となった。

国崩(大砲)

龍原寺 ❷　九州で2つしかない三重太子塔

0972-62-2717

〈M▶P.181, 183〉 臼杵市福良平清水134
JR日豊本線臼杵駅 バス県庁前行平清水 徒歩1分

　臼杵公園から臼杵川を目指し，西へ向かう。臼杵川に面した祇園西交差点を左折し，南へ進んだ1つ目の信号の先に，龍原寺(浄土宗)がある。臼杵市には，稲葉氏の菩提寺である月桂寺(臨済宗)を

182　あまべの里と奥豊後

豊後黄飯ときらすまめし

コラム

凶作時の料理や倹約の料理

臼杵地域の郷土料理豊後黄飯は，くちなしの実のつけ汁で炊いた黄色い飯に，炒めたナスやサトイモなどの季節の野菜と白身魚を，醬油などで味つけしたかやく（汁）をかけて食べる料理である。日田出身で，江戸時代末期の農学者大蔵永常は，豊後黄飯の調理方法を『徳用食鏡』に詳細に記し，このような汁かけ飯は，副菜をつくらなくてもよく，米の消費を抑え，食い延ばすことができる，凶作のときにも適した料理として紹介している。

ほかに，臼杵地域の郷土料理としては，きらすまめしがある。「きらす」とはおからのことで，きらすをすり鉢でよくすって，醬油に漬けておいた魚の身を入れて，「まめし（まぶし）」た料理である。

臼杵藩の家老であった村瀬庄兵衛が実施した，天保の藩政改革に際して，年貢増徴により困窮した状況の中で考えられた料理と伝えられている。

これらの料理は，現在でも，臼杵地域の店で郷土料理として食べることができる。

始め，香林寺（臨済宗）・善法寺（浄土真宗）・法音寺（日蓮宗）・大橋寺（浄土宗）など，多数の寺院が存在している。

龍原寺には，三重太子塔（三重塔，県文化）がある。九州に2基あるうちの1つで，享保年間（1716～36）に，臼杵城下町の工匠が聖徳太子像を寄進し，太子を日本の大工の祖

臼杵市中心部の史跡

三重太子塔（龍原寺）

臼津地域を歩く　183

としてまつり，寺内に小堂が建てられた。

しかし，しだいに小堂は荒廃し，それを嘆いた住職蒼誉上人が，町内の名工高橋団内に相談し，団内の設計に基づき，高弟大津屋荘右衛門が，1858(安政5)年に建てたのがこの塔である。

龍原寺にはバスで行くより，やや時間はかかるが，臼杵駅から徒歩で向かえば，他の寺院や，稲葉家下屋敷・二王座歴史の道・野上弥生子文学記念館などに，立ち寄ることができる。

臼杵石仏 ❸

0972-65-3300(臼杵石仏事務所)
0972-63-1111(臼杵市商工観光課)
0972-64-7130(臼杵市観光情報協会)

〈M▶P.180〉臼杵市深田・中尾 [P]
JR日豊本線臼杵駅・上白杵駅🚌大分行石仏入口
[大]20分

日本の石仏中の最高傑作

石仏入口バス停で降り，売店から右の山手をのぼって行った所に，わが国の代表的な石仏である，臼杵石仏(臼杵磨崖仏，国宝・国特別史跡)がある。石仏群は地名により，ホキ・堂ヶ迫・山王山・古園の4つに大別されている。

見学路に従って進むと，最初の石仏群がホキ石仏であり，つぎの堂ヶ迫石仏とあわせて，6つの龕に分けられる。第1龕は9軀の阿弥陀仏群。第2龕は阿弥陀三尊像で，中尊阿弥陀如来坐像は，像高約2.8m，丸彫りに近い巨体は量感に富み，臼杵石仏中の傑作とされる。

堂ヶ迫石仏は4つの龕からなる。第1龕は地蔵十王像，第2龕は大日如来群で，第3龕は阿弥陀如来を中心に，左右に薬師如来・愛染明王などを配し，第4龕は釈迦如来群となっている。

谷を隔てて山王山石仏がある。通称「隠れ地蔵」とよばれる3軀の如来像で，ほかの石仏群に比べて，この一群は顔の輪郭が丸く，目鼻は小さく，童児を思わせる。画家安井曽太郎が絶賛した石仏群

古園石仏

184　あまべの里と奥豊後

野上弥生子

コラム

人

99歳まで小説を書き続けた作家

　野上弥生子は臼杵出身の小説家。1885(明治18)年，臼杵の商家に生まれた。生家小手川家は，祖父の代より酒造業を営む裕福な家であった。父は自由党を支持し，板垣退助も訪れたことがあるなど，政治的話題に事欠かない環境で育った。

　小学校時代から読書を好み，朝夕には，藩学集成館で皇学教授であった久保会蔵らから古典や漢籍を習うほど，文学志向の強い子どもであった。

　小学校を卒業すると上京し，明治女学校に入学。在学中，東京帝国大学(現，東京大学)の学生であった同郷の野上豊一郎と交際を深め，卒業後，結婚に至る。

　弥生子が作家の道を歩むようになったのは，豊一郎が夏目漱石の主宰する学習会に参加していたことにある。豊一郎を介して弥生子の作品をみた漱石に，その才能を見出され，処女作『縁』を22歳のときに発表，作家人生のスタートを切った。

　弥生子の作品は，どれを代表作とみなすか，意見が分かれるほどの秀作ばかりである。

　『海神丸』『秀吉と利休』『迷路』などの小説に，戯曲・翻訳・童話・随筆を加えると，創作作品は膨大な数となる。

　学者の妻，3人の子の母，作家としての顔に加え，第二次世界大戦後は，反戦運動にも参加するなど，旺盛なバイタリティを有する人物であった。

　自伝的小説『森』の完成を目前にして，1985(昭和60)年に急逝，享年99歳。1971(昭和46)年，女性として2人目の文化勲章を受章している。

である。

　古園石仏は，長い岩壁に，大日如来を中心として，十三仏が横1列に刻まれている。中尊の大日如来坐像は，頭部が崩落していたが，1993(平成5)年に，元の位置に戻された。この頭部は，木彫仏にも匹敵する見事な出来で，わが国の石仏中最高の傑作とされている。

　石仏周辺の史跡にも重要なものがある。まず満月寺(日本山妙法寺大僧伽)である。伝説によれば，臼杵石仏をつくったといわれる真名野長者の発願により，豊後大野市三重町内山の蓮城寺(真言宗)を開いた蓮城法師が創建したという。これを守る仁王像は，下半身が腰のあたりまで土に埋もれ，歴史を感じさせる。真名野長者と妻，蓮城法師の石仏も，満月寺横に安置されている。

臼津地域を歩く

満月寺の裏手には、日吉塔（ひよしとう）とよばれる高さ4m余りもある大きな宝篋印塔（ほうきょういんとう）がある。このほかには、ホキ石仏群の上の台地に、五輪塔2基がある。大きいほうに「嘉応二(1170)年七月二十三日」銘、小さいほうには「承安二(1172)年」銘がある。在銘の石造五輪塔としては、奥州平泉中尊寺（おうしゅうひらいずみちゅうそんじ）(岩手県平泉町（ちょう）)の五輪塔(1169年)についで古い。なお、日吉塔と2基の五輪塔は、臼杵磨崖仏の附（つけたり）として国の特別史跡に指定されている。

黒島（くろしま） ❹

0972-63-1111（臼杵市商工観光課）

〈M▶P.181〉臼杵市黒島
JR日豊本線佐志生駅（さこう）🚶15分、尾本漁港（おもと）⚓5分

リーフデ号漂着地といわれる

　日豊本線熊崎駅（くまさき）から県道205号線を、坂ノ市方面に向かって10分ほど車を走らせると、道路案内が出ている。それを頼りに左折して、さらに10分ほど行った所に、六ヶ迫鉱泉（ろっかさこうせん）がある。炭酸・ホウ酸・重曹（じゅうそう）・食塩などを含んだ、17℃の水が湧き出す。

　飲用すると胃腸病に効用があり、糖尿病や肝機能向上にも効くという。また湧水を沸かして入浴もできる。浴用効能として、神経関係の病気・痛風・血行障害などがあげられる。湯治（とうじ）客も多く、遠くは中国・四国地方からも訪れる。

　佐志生駅から標識に沿って東北東方面に歩いて行き、尾本漁港から船で黒島へ行く。

　1600（慶長（けいちょう）5）年、オランダの東インド会社が、貿易範囲の拡大を目的に派遣したリーフデ号が、臼杵湾の佐志生に漂着した。佐志生とは、現在の佐志生駅一帯のことを指すが、一般的にリーフデ号漂着地は、この黒島のことであるといわれている。乗船していたイギリス人のウィリアム・アダムズ（三浦按針（みうらあんじん））とオランダ人のヤン・ヨーステンが、その後、貿易や軍事・外交顧問として徳川家康（とくがわいえやす）に仕

黒島

大分の「石の文化」

コラム

石造美術の宝庫

　大分県は、全国的にみても石造美術が多くつくられ、残っている。

　大分県を代表する石造美術としては、まず、さまざまな宝塔がある。なかでも国東半島を中心に分布する、「国東塔」と名づけられた宝塔が有名である。

　臼杵磨崖仏群のホキ石仏群の上に建てられている「嘉応二(1170)年」と「承安二(1172)年」の銘がある五輪塔は、紀年銘のある五輪塔としては、全国で3本の指に入る古さを誇っている。

　また、大分県は全国有数の磨崖仏の分布地であり、臼杵磨崖仏群を始め、宇佐、国東半島、大野川流域などに分布する磨崖仏群も、貴重な石造美術といえる。

　江戸時代後半以降の石造美術としては、石橋がある。大分県は熊本県とともに、全国1、2位を争う数の石造アーチ橋を有している。

　17世紀に長崎でつくられ始めた石造アーチ橋は、熊本藩(現、熊本県の大部分と大分県の一部)領内に広がり、熊本藩の参勤交代の経路に位置していたこともあり、大分県内でも、19世紀頃からつくられるようになった。

　県内で古い石造アーチ橋としては、1806(文化3)年の筏場眼鏡橋(日田市)、1813年以降の通橋(臼杵市)、1817年の古殿橋(豊後大野市)、1824(文政7)年の虹潤橋(豊後大野市)などがある。

　大分県全体の石造アーチ橋を見渡すと、明治時代後半から大正・昭和時代初期のものが90％を占めている。なかでも、大正時代には約200基もの石造アーチ橋が架けられている。

　明治時代の石造アーチ橋を代表するものとしては、1897(明治30)年に完成した赤松橋(日出町)がある。大正時代のものとしては、1916(大正5)年に完成した鳥居橋(宇佐市)がある。

　また、1923年完成の耶馬渓橋(中津市)は、日本で唯一の8連で、橋長116mを誇る多連長橋である。

　このように、県内各地には全国に誇るべき「石の文化」が残されており、石とともに当時の人びとの思いを、現在に伝えている。

えたことは有名である。

　島には、三浦按針上陸記念碑や資料館などがある三浦按針記念公園や、ヤン・ヨーステン像のあるリーフデ号到着記念公園が整備されている。2004(平成16)年には、リーフデ号漂着から400年を記念する日蘭交流400周年記念式典のために、日蘭両国の皇太子が臼杵を訪れ、オランダのウィレム・アレキサンダー皇太子は、黒島に渡っている。

臼津地域を歩く

磨崖クルス（十字架） ❺

0972-63-1111（臼杵市商工観光課）
0974-32-2220（吉四六の里観光協会）

〈M ▶ P.180, 188〉臼杵市野津町宮原字寺小路
JR豊肥本線犬飼駅 🚌 野津方面行寺小路 🚶 10分

> キリシタンの足跡　干十字の浮彫り

　寺小路バス停で下車すると、国道10号線の左側に、ガス店がみえる。その横の空き地の裏側の崖に磨崖クルスがあり、大きな岩の円の中に、干十字が浮彫りされている。成立年代は不明であるが、大友宗麟が野津院寺小路村（現、野津町宮原字寺小路）にあったとされる、到明寺（禅宗）を教会として使ったという伝承があることから、同年代ではないかと考えられる。

　磨崖クルスから、北西へ1.5kmほど行った所に、了仁寺（浄土真宗）がある。ここからさらに南へ500mほどの地にある波津久のクルスバも、これに類する遺跡である。

　磨崖クルスと国道10号線を挟んだ反対側の小道を約50m進むと、大友義鑑の墓がある。宗麟の父である義鑑は、1550（天文19）年におきた二階崩れの変で重傷を負い、その2日後に没した。遺骸はみずからが建立したとされる、到明寺に葬られたといわれる。

　このほか、キリシタン関係の遺跡として注目されるものが2つある。1つは、義鑑の墓から西へ500mほど離れた野津町原の下藤地区にあるキリシタン墓石群である。16世紀中期〜末期に、野津地方で活躍したキリシタンに常弥とよばれる人物がいた。厳しい弾圧により殉教した常弥は、この地に埋葬され、墓石も残っている。かまぼこ型をした、大変珍しいキリシタン墓

> 野津町の史跡

吉四六さん

コラム

人

頓知話の主人公

　大分県の民話を代表する「野津の吉四六さん」は、実在の人物で、名前を廣田吉右衛門という。

　廣田家は、代々小庄屋をつとめ、苗字帯刀を許された家柄であった。

　吉四六さんは、江戸時代初期に、現在の臼杵市野津町で生まれ、88歳で没したといわれている。ところが、廣田吉右衛門の名は代々世襲されたため、頓知・奇才で有名な「吉四六さん」が、何代目にあたるのかは、はっきりしていない。

　古くからその頓知物語が語り継がれ、今なお人気がある「吉四六さん」は、その当時から、年貢の取り立てに苦しむ農民の味方であったり、つらく厳しい時代のときも相談役となり、持ち前の妙智奇才で、人びとの困難を救ったと伝える。

　地元の旧野津町域では「吉四六さん」を記念して、毎年多数のイベントや活動が行われている。

である。もう1つは、義鑑の墓から南へおよそ2.5km進んだ吉田一ツ木地区にある隠れキリシタン地下礼拝堂である。古墳時代の竪穴式石室を礼拝堂として利用したもので、ローマ時代のカタコンベ（地下墓所）を彷彿させる貴重な遺跡といえる。

中世の年号を刻む石造文化財

水地の九重塔 ❻
0972-63-1111（臼杵市教育委員会）
0974-32-2220（吉四六の里観光協会）

〈M▶P.180, 188〉臼杵市野津町王子字水地
JR豊肥本線犬飼駅🚌佐伯方面行落谷乗換え臼杵方面行水地 🚶5分

　臼杵市野津庁舎前から国道10号線を南下し、落谷橋（落谷バス停）を過ぎて右に曲がり、県道633号線を臼杵方面に進み、水地バス停手前の道を左に折れて250mほど進むと、右側に九重塔（国重文）が立っている。この塔は、1267（文永4）年に建立されたもので、当時この地に、延萬寺という大きな寺があったが、天正年間（1573〜92）の豊薩合戦で焼失したといわれる。塔の西面には、「起立文永四大歳丁卯　卯月八日　僧定仙敬白」の銘文が刻まれている。

　水地バス停に戻り、県道を北東に5kmほど進んだ備後尾地区の竹林の中に、五輪塔（国重文）がある。五輪塔は凝灰岩の1個の石でつくられ、塔の4面には、梵字が薬研彫りされている。総高は107cmで、火輪の四方菩薩提門の両側には、「右為寂蓮」「弘安八（1285）年乙酉五月廿四日」の銘文が刻まれる。

　野津地域には、中世の年号を刻む石造文化財がいくつか残ってい

る。その1つが三連板碑(いたび)で、野津中央公民館横の裏山をのぼりきったいちばん奥にある。凝灰岩の一枚岩に、板碑形を3基連続して彫っているので三連板碑とよばれる。南朝年号の「元弘(げんこう)三(1333)年」の紀年銘が刻まれているが、造立者や目的については定かでない。

虹潤橋(こうかんきょう) ❼
0972-63-1111(臼杵市商工観光課)
0974-32-1001(豊後大野市商工観光課)

〈M▶P.180, 241〉臼杵市野津町西畑(にしはた)・豊後大野市三重町菅生(すごう)
JR豊肥本線犬飼駅🚗30分、またはJR豊肥本線三重町駅🚗10分

交通の難所に架けられた石造アーチ橋

　県立野津高校・臼杵市立野津中学校を右手にみながら国道10号線を南下し、明治橋から国道502号線に入り、豊後大野市三重町方面に進んで行くと、市境近くに虹潤橋(国重文)がある。臼杵城下と岡城下を結ぶ岡城路における最大の交通の難所であった柳井瀬(やないぜ)に架かるこの橋は1821(文政(ぶんせい)4)年に着工され、1824年に竣工した。臼杵城下の甲斐源助、三重市場村(いちば)(現、豊後大野市三重町市場)の商人油屋富治・後藤喜十郎が、臼杵藩に架橋を願い出て許可を得、下ノ江村(したのえ)(現、臼杵市下ノ江)の名石工井沢織平(いしく)を選び、4年の歳月をかけて完成させた。以後、交通の便は格段によくなった。1988(昭和63)年には、上流に建造された新虹潤橋に、幹線路としての使命を譲った。

　虹潤橋からきた道を約8.5km戻った臼杵市役所野津庁舎の駐車場前を右に曲がると、土地改良区事務所がある。その前に、人が1人通れる程度の小さなL字の路地がある。その突き当りに、「豊後の奇人」といわれ、頓知(とんち)にたけていた吉四六(きっちょむ)が住んでいたと伝えられる、「きっちょむさんの屋敷跡」の石碑が立っている。吉四六の墓は、庁舎の駐車場を東に抜けて、右手にのぼった所にある、普現寺(ふげんじ)(臨済宗)境内にある。

大友宗麟の墓(おおともそうりんのはか) ❽
0972-82-9521(津久見市観光協会)
0972-82-9527(津久見市教育委員会)

〈M▶P.181〉津久見市津久見字ミウチ(つくみ)
JR日豊本線津久見駅🚶15分

キリシタン大名の夢の跡

　津久見駅裏口から徒歩約10分で、津久見高校に行き着く。案内板に従って、カラー舗装された坂道を進んだ丘陵地に宗麟公園があり、ここに大友宗麟の墓がある。

　宗麟は1530(享禄(きょうろく)3)年、府内大友館(大分市)で生まれ、父義鑑

保戸島

コラム

マグロ漁業の拠点

　津久見の漁業の代表は、マグロ漁である。そのマグロ漁船は、保戸島を拠点としている。

　島であるがゆえに平地が少なく、山の斜面にひしめくように民家が立ち並んでいる。

　保戸島のマグロ漁の歴史は古く、明治30年代頃に始まったといわれる。漁期は1年中であり、遠くは、マーシャル諸島方面まで漁に行く。漁法は延縄漁法が一般的である。

　また島の周囲は流れの速い豊後水道で、身の引き締まったアジやサバなどの回遊魚がよく釣れ、船釣りには最適な場所である。

保戸島

が家臣から襲撃されるという二階崩れの変の後、1550（天文19）年、21歳で大友氏21代当主となった。その後、豊前・豊後・筑前・筑後・肥前・肥後（現，福岡・大分・佐賀・長崎県）の6カ国と日向・伊予（現，宮崎・愛媛県）の半分を領し、大友氏の全盛期を迎えた。

　1551年、宗麟はイエズス会宣教師フランシスコ・ザビエルを迎えて教旨を聞き、以後、キリスト教を庇護した。1578（天正6）年に洗礼を受け、1582年にはキリシタン大名の大村純忠・有馬晴信とともに、天正遣欧使節をローマに派遣したとされている。しかし1586年、島津氏との戦いに敗れて勢いを失い、1587年、津久見の居館にて58歳で没した。葬儀はキリスト教式で行われたが、同年に豊臣秀吉のバテレン（宣教師）追放令がくだされたことから、嫡子義統は、仏式の墓に改めたという。

　その墓も荒廃し、寛政年間（1789〜1801）に、臼杵の豪族臼杵城豊が堂宇を新築し、1977（昭和52）年には現在の新しい墓がつくられた。

大友宗麟の墓

臼津地域を歩く

② 佐伯をめぐる

「佐伯の殿様，浦でもつ」といわれるように，さまざまな海の資源に恵まれた佐伯は，山の幸も豊富な歴史の町でもある。

佐伯城跡（城山） ⑨
0972-22-3111（佐伯市企画商工観光部観光課・佐伯市教育委員会）
0972-23-2513（佐伯市観光案内所）

〈M▶P. 181, 194〉 佐伯市大手町 P
JR日豊本線佐伯駅🚌大手前行終点🚶5分

ツルが翼を広げた姿
毛利氏の居城

　国道217号線に面した大手前（バスターミナル）で下車し，台形の山を目指して進むと，右側に佐伯小学校（佐伯藩校四教堂跡）がある。その道をまっすぐ進むと，正面に佐伯城三の丸櫓門（県文化）がみえる。佐伯城が標高140mの城山山頂にあったため，佐伯藩3代藩主毛利高直があらたに山麓の登り口近くに三の丸を築造した。当時，三の丸には大小数十棟の城館が立ち並び，1871（明治4）年の廃藩に至るまで，230余年にわたって，ここが佐伯藩2万石の藩政の府であった。

　櫓門は，壁板が黒塗りであるところから，別名黒門とよばれ，安定したその姿は，今も江戸時代の城郭建築の趣を残している。現在三の丸跡地には，佐伯文化会館が建てられている。

　神武天皇東征のおり，佐伯湾に浮かぶ大入島に上陸し，海の近くの岩に杖を2，3度突き刺すと，真水が湧き出した。以降，この井戸は，枯れることなく「神の井戸」とよばれ，上陸した地名を「日向泊」とよんだと，『日本書紀』に記されている。佐伯文化会館大ホールの緞帳には，この場面が描かれている。

佐伯城三の丸櫓門

　文化会館の裏に，佐伯城跡（城山）への登り口がある。右手遊歩道の独歩碑の道は，大正時代につくられ，道幅も広くなだらかである。樹木の間からみえる市街地を眺めながら進むと，約15分で山頂に

192　あまべの里と奥豊後

干鰯

コラム

[佐伯の殿様、浦でもつ]

日豊海岸の長いリアス式海岸に面した佐伯藩領は、九十九浦とよばれるほど浦が多く、山がちなため、浦からの利益、つまり、漁業で藩の財政は成り立っていた。1604（慶長9）年に入部した毛利高政に、蒲江浦（現、佐伯市）の源太夫がイワシを献上し、浦の産業の大切さを訴えている。

イワシは油を抜いて干鰯をつくり、肥料として用いていた。とくに綿や菜種といった多肥を必要とする商品作物に、有効であった。

江戸時代における綿作の先進地帯は畿内で、佐伯産の干鰯は、大和（現、奈良県）・河内・摂津（ともに現、大阪府）の土地に適しており、これらの地域で重宝されたという。

佐伯藩の各浦には、干鰯をつくるための浜が多くあった。藩は活発な浦方の活動を、年貢以外の大きな収入源として考え、藩財政が悪化し始めると、再建のため徐々に干鰯の生産から、流通・販売に至る各段階で、税をかけるようになった。

そして文政年間（1818〜30）には、干鰯を藩の専売品とし、みずからが販売することによって、利益を得ようとした。まさしく「佐伯の殿様、浦でもつ」の様相である。

また、安芸国忠海港（現、広島県竹原市）の廻船問屋浜胡屋の「客船帳」をみると、国東半島や別府湾岸の港から入港した船のおもな積荷が七島莚であったのに対し、佐賀関以南の港からの船は、干鰯が中心となっている。

江戸時代の豊後を代表する特産品が、七島莚と干鰯であったことがわかる。

着く。ここからの眺望は素晴らしく、清流番匠川や佐伯市街地が一望できる。山頂は台地状になっており、本丸を中心に、南西に二の丸・西の丸、北東に北の丸跡が広がる。城郭の配置が、ツルが翼を広げた姿に似ていることから、鶴屋城または鶴城ともよばれた。

現在の佐伯市は、県南の中心地として発展しているが、その起源は1601（慶長6）年、日隈城（日田市）から転封された佐伯藩初代藩主毛利高政が、番匠川の河口に近い城山に築城し、城下町を開いたときと考えられる。また江戸時代の町名の多くが、現在も使われている。

この城山を中心に、大日寺（真言宗）・潮谷寺（浄土宗）、矢野龍溪顕彰碑・国木田独歩碑、養賢寺（臨済宗）、岡の谷招魂社、白潟遺跡、若宮八幡宮などが点在する。

佐伯市中心部の史跡

　文化会館前に，矢野龍溪顕彰碑，城山の頂上に国木田独歩碑がある。矢野は1850（嘉永3）年に，佐伯藩士の子として生まれた。藩校四教堂で学び，上京して慶應義塾に入学，福沢諭吉の薫陶を受けるとともに，大隈重信の知遇を得て，立憲改進党に入党し，国会開設に力をそそいだ。また社会主義についても研究を重ね，『郵便報知新聞』を主宰し，尾崎行雄・犬養毅ら三田派の気鋭を集め，論陣を張った。政治小説『経国美談』の著者として，また，明治時代初期のジャーナリストとしても有名である。

　文豪国木田独歩は，1893（明治26）年9月，矢野龍溪の紹介で，佐伯の有志が設立した，私立学校鶴屋学館の教師として着任した。1年足らずの在職期間であったが，城山をこよなく愛し，毎日のようにのぼったという。その著『豊後の国佐伯』には，「佐伯の春，先づ城山に来り。夏，先づ城山に来り。秋，又早く城山に来り。冬はうど寒き音を先づ城山の林にきく也。城山寂たる時，佐伯寂たり。城山鳴る時，佐伯鳴る。佐伯は城山のものなればなり」とうたっている。

　城山山頂から鶴岡方面に向かって裏道をおりて行くと，やや険しい山道の中に，雄池・雌池がある。山頂に建てた城は，水の調達が

194　あまべの里と奥豊後

困難であった。佐伯城はこの２つの溜池をつくり、戦いに備えていた。現在では、オオイタサンショウウオ(県天然)の生息地としても有名である。

この裏道をおりきった所に、白潟遺跡(県史跡)がある。弥生時代中期から平安時代にかけての複合遺跡で、1957(昭和32)年に発掘調査が行われた。出土品は、若宮八幡宮社殿横に展示されている。この若宮八幡宮は、京都の石清水八幡宮から分祠され、城山の山頂から1604(慶長９)年、毛利高政が、城山の地に築城するにあたり、白潟の地に移された。佐伯藩鎮護の神として、歴代の藩主の尊崇を受けてきた。

養賢寺 ⑩
0972-22-0305
〈M▶P.181,194〉 佐伯市城下東町9-21
JR日豊本線佐伯駅🚌大手前行中央通１丁目🚶10分

毛利家の菩提寺

佐伯文化会館前から、城山の麓に沿って北東に続く養賢寺までの約700ｍの道は、歴史と文学の道とよばれ、「日本の道百選」にも選ばれている。白い土塀に囲まれた武家屋敷跡、城下の人びとのために掘られたお倉の井戸、国木田独歩が弟収二とともに下宿した坂本邸と続き、毛利家の菩提寺養賢寺(臨済宗)がある。

養賢寺は1605(慶長10)年、藩祖毛利高政によって創建され、幾多の堂宇が聳える大寺院である。本堂の青緑色の銅瓦葺き大屋根と、庫裏の古色蒼然とした屋根は、対照的である。

許可を受けてから、本堂の裏手にまわると、ひっそりとした雰囲気のなかに石段が続く。この石段をあがると、佐伯藩２万石の毛利家歴代の墓地があり、藩主やその妻子の五輪塔が並んでいる。高さ３ｍほどの五輪塔が、高い台座の上に整然と並ぶ様は、重厚で壮観である。

毛利家歴代の墓地(養賢寺)

佐伯をめぐる

佐伯市平和祈念館やわらぎ ⓫
0972-22-5700

〈M▶P.181, 194〉 佐伯市鶴谷町3-3-12
P
JR日豊本線佐伯駅🚶10分

戦争の悲惨さや人びとの思いを伝える

「真珠湾攻撃発進之地」碑

佐伯駅から国道388号線を東に進んだ,日本文理大学附属高校の先に,佐伯市平和祈念館やわらぎがある。佐伯は,古くから軍港として栄えてきた。

第二次世界大戦が緊迫した1941(昭和16)年11月7日に,連合艦隊司令長官山本五十六は,「第一開戦準備ヲ成セ。Y日ヲ十二月八日ト予定ス」と発伝した。この発令を受け,佐伯湾碇泊中の連合艦隊主力艦と佐伯航空隊を,真珠湾の米国戦力と仮定し,飛行機隊による最終訓練が行われた。

同月17日,湾内の機動部隊旗艦空母赤城艦上において,壮行会が開かれ,翌18日,山本らに見送られ,南雲忠一の率いる空母6隻が,北海道択捉島の単冠湾に向け,佐伯湾から発進した。12月8日に真珠湾攻撃が実行され,これを機に,悲劇的な太平洋戦争に突入することになった。

平和祈念館やわらぎは,「佐伯と海軍航空隊」「戦争と佐伯の人々」「平和を考える」など5つのテーマを掲げ,戦争の悲惨さや当時の人びとの証言・遺品などを展示している。

なお,1997(平成9)年10月,真珠湾攻撃に応戦したアメリカ軍の退役軍人と佐伯市民により,両国の今後の平和を祈念し,敷地内に石碑が建てられた。

上岡の十三重の塔 ⓬
0972-22-3111(佐伯市教育委員会)

〈M▶P.181〉 佐伯市上岡
JR日豊本線上岡駅🚶10分

彩色された華麗な多層塔

上岡駅の北方,約100mほど離れた丘の上に,十三重の塔(県文化)が立っている。凝灰岩製の多層塔で,高さは約8m。ところど

上岡の十三重の塔

ころに、黄や朱などの彩色の名残りがみられ、造立当時の華麗さを思わせる。基壇の上に、各面を2区に分けて優雅な格狭間をもつ台座、4面に秀麗な三尊仏の立像が薄肉彫りされた初重軸部、そして各層軸部の4面には、阿弥陀坐像が半肉彫りされている。端正な安定感にあふれ、層塔や高々と聳える相輪の壮麗な姿は、全国の十三重塔の中でも、とくにすぐれたものであるといわれている。

1951(昭和26)年の台風で倒壊し、その復元調査の際に、塔下部から素文鏡を蓋とした陶製の壺が、またその周囲から、十余個の陶製骨蔵器が発見された。これらの発掘品から、十三重塔は鎌倉時代の創建と推定されている。当時、この地に勢威を振るっていた豪族佐伯氏の一族により、近親の死者の霊を供養するために造立されたものと考えられている。

上小倉磨崖仏塔 ⓭
0972-22-3111(佐伯市企画商工観光部観光課・佐伯市教育委員会)

〈M▶P.181〉佐伯市弥生上小倉
JR日豊本線佐伯駅・上岡駅 🚌 大分行細木 🚶 5分

大神姓佐伯氏の信仰的遺跡

佐伯市弥生振興局(旧弥生町役場)近くの細木バス停で降りる。振興局の裏の道を200mほど進むと、上小倉磨崖仏塔(県史跡)への案内板がある。民家の横の道を進むと、正面の三王山麓沿いの磨崖面に宝塔8基、大小の五輪塔34基が浮彫りされている。宝塔は南側に集まり、北側には五輪塔のみがある。

塔がつくられた年代は大部分が不明であるが、長い年代にわたって彫られたも

上小倉磨崖仏塔

のとみられる。年代が明らかなものは、「嘉暦元(1326)年」の1基と「嘉暦四(1329)年」の2基、「康永四(1345)年」の1基の計4基である。嘉暦元年銘宝塔の銘文には、大神惟武が「母覚惟の百ヶ日の追善供養」のために造立したとあり、これらの石塔群は、大神姓佐伯氏の信仰的遺跡であると考えられる。

この磨崖仏塔の上方には、上小倉横穴古墳群がある。古墳は、三王山全体にみられ、30を優に超えている。この古墳群の1つから、赤褐色蓋付土師器1組と、無蓋の土師器1個、白色がかった硬質須恵器1個が出土している。これら出土品から、古墳時代後期、7世紀頃のものとする見方が強い。

このほか弥生地区には、尺間観音庵の宝篋印塔群がある。国道10号線沿いの元宮尺間大社の参道入口バス停北側に小さな庵があり、その境内に、在銘の宝篋印塔が5基ある。南北朝時代のものだが、上小倉磨崖仏塔が北朝年号であるのに対し、尺間の宝篋印塔は南朝年号である。この頃、九州探題今川貞世(了俊)は、九州のほぼ全域を北朝側の勢力下においていたが、上小倉・尺間の在銘塔群は、この地方が時代に即応して、北朝側・南朝側と揺れ動いたことを物語っている。

神内釈迦堂石幢 ⓮

0972-22-3111(佐伯市教育委員会)

〈M▶P.180〉佐伯市直川赤木屋形
JR日豊本線直川駅 🚶 8分

龕部4面に8仏を浅く浮彫り

直川駅の南、佐伯市直川振興局(旧直川村役場)前の国道10号線を渡り、民家の裏側にある県道603号線を約200mほど進み、神内橋を渡ると、神内釈迦堂石幢(県文化)がある。この一帯は屋形とよばれ、中世の頃、堅田郷から赤木・仁田原・因尾・宇目郷(現、佐伯市)に通じる交通の接点であった。

凝灰岩でつくられたこの石塔は、

神内釈迦堂石幢

室町時代後期，1549(天文18)年の造立で，高さは2.2m。積重ね式基礎の枘穴に，塔身上部が安定して建てられている。塔身は八角，もしくは六角が多いが，この塔は四角で，中台龕部・笠も四角である。また龕部4面をおのおの2区に分け，2仏を浅い浮彫りにして8仏を配している。

重岡キリシタン墓 ⓯
0972-22-3111(佐伯市教育委員会)

〈M ▶ P.180〉 佐伯市宇目重岡
JR日豊本線重岡駅🚗40分

日輪十字章を手彫りしたるいさの墓

　重岡駅から国道10号線を約500m北上し，大原で国道から分かれ，県道39号線を西方の小野市へ向かう。県道53号線との交差点を市園川沿いに南下すると，約3.5kmで重岡集落がある。道路沿いに，重岡キリシタン墓(県史跡)の案内板があり，100mほど歩くと丘の上にるいさの墓がある。

　大正時代初め頃，偶然地中に埋まっているこの墓碑がみつかったが，発見者はその異様さに驚き，祟りを恐れて再度埋めてしまった。四十数年後，再び掘りおこされ，世の注目を浴びることになった。

　墓は凝灰岩質の薄形の伏せ墓で，長さ約180cm・幅86cm，高さは軸部で27cm，両端は22cmという巨大なものである。上面の後部寄りに日輪十字章を手彫りし，正面軸部に「るいさ」という洗礼名，その左右に，没年月日の「元和五(1619)年」「五月二十二日」が線刻されている。

　豊後には多数のキリシタン墓が残存しているが，この墓碑のように，十字章・洗礼名・没年月日が揃っている墓はほかにない。また，大きさも県内最大である。「るいさ」という名は，女性キリシタンの洗礼名で，宇目郷の割元役渡辺善左衛門重福の先妻で，岡藩(現，竹田市)藩士渡辺與吉郎の娘であろうと考えられている。

　また，るいさの墓から県道を2.8kmほど北上すると，塩見大師庵宝塔(県文化)がある。高さ2.5mの壮大なもので，基段上部4面に彫られた反り花に特徴がある。塔身中央に，「貞和五(1349)年丑乙十月二十八日」と北朝年号が刻まれている。雄大ななかにも安定感がある。

佐伯をめぐる

豊後二見ヶ浦 ⓰ 世界一の注連縄がかかる雄岩と雌岩

0972-32-3111（佐伯市上浦振興局商工労働観光室）
0972-22-3111（佐伯市企画商工観光部観光課）

〈M▶P.181〉佐伯市上浦浅海井浦
JR日豊本線浅海井駅 🚶15分

浅海井駅から国道217号線を津久見方面に向かって海側を進むと，東雲小・中学校があり，その海側に，雄岩（約17m），雌岩（約10m）がある。ここが豊後二見ヶ浦で，ここからみる日の出は絶景である。

豊後二見ヶ浦

毎年12月には，大勢の人びとによりジャンボ注連縄が張られる。この注連縄は，全長65m・最大直径75cm・重さ2 tもあり，1994（平成6）年のギネスブックに掲載された。

　豊後二見ヶ浦は，毎年12月24日から1月4日までライトアップされ，元旦には初日の出をみに，多くの人が訪れる。初日の出の名所といえる。

長宗我部の墓 ⓱ 御影石製の堂々たる五輪塔

0972-22-3111（佐伯市企画商工観光課・佐伯市教育委員会）

〈M▶P.181〉佐伯市鶴見羽出浦
JR日豊本線佐伯駅 🚌梶寄行羽出浦 🚶10分

　佐伯駅から鶴見方面行きのバスで約40分行き，沖松浦バス停で降りると，地松浦に着く。ここには，旧鶴見町内の仏寺14庵のうち，もっとも寺格の高い吉祥寺（浄土宗）がある。この寺の本尊は木造十一面観音坐像で，中秋の夜に，巨大なクジラによって運ばれてきたという伝説をもつ。

　地松浦から県道604号線を東へ約6km行った羽出浦には，長宗我部の墓と称される，御影石の堂々たる五輪塔が7基，海を見下ろす丘の上に並んでいる。羽出浦からバスでさらに30分ほど行き，梶寄バス停で下車すると，梶寄浦に着く。ここには，長宗我部元親をまつる長宗我部神社がある。この地区には，土佐路姓が多いことから，

200　あまべの里と奥豊後

この地の人びとの祖先の多くは、土佐国(現、高知県)から渡ってきたのではないかと考えられている。

　鶴見半島の尾根に沿って、日の浦地区から下梶寄地区までの十数kmにわたり、猪垣(農作物を猪害から守る垣根)が築かれている。築造の詳細は不明だが、一説によると、江戸時代末期のものと伝えられている。この猪垣は稜線に沿って、大字ごとに囲みをなし、所によっては、２mの高さまでつくられている。今は雑木や雑草に覆われて、猪垣を遠望することはできない。

養福寺の魚鱗塔 ⑱
0972-35-6027
〈M▶P.181〉佐伯市米水津浦代浦480
JR日豊本線佐伯駅🚌宮野浦行浦代浦🚶10分

魚供養のための塔

　浦代浦バス停から北に歩いて10分ほどの所に、1591(天正19)年建立と伝えられる養福寺(浄土宗)がある。その東の丘の上には、末庵の普門院観音堂があり、海中から引き揚げられたという木造十一面観音像が安置され、例年６月12〜18日に開帳される。

　堂内には1680(延宝８)年、臼杵多福寺３世賢厳作の十一面観音縁起刻文が掲額され、境内には、魚供養のための魚鱗塔がまつられている。魚鱗塔は県内各地にみられるが、佐伯市米水津６基・蒲江４基・鶴見２基・佐伯２基、津久見市津久見２基と、米水津地域がもっとも多い。

　養福寺から約６km南に進むと、バスの終点でもある宮野浦に着く。山手の海を見下ろす墓地の一角に、1985(昭和60)年新築の迎接庵がある。その庵の中には、阿弥陀如来坐像・薬師如来坐像・不動明王坐像とともに、海の神として、全国的にも珍しい魚鱗観音がまつられている。庵はいつでも開いており、自由に拝観できる。

木造十一面観音像(養福寺)

王子神社 ⑲
0972-42-0709
〈M▶P.181〉佐伯市蒲江蒲江浦2481
JR日豊本線佐伯駅🚌蒲江方面行蒲江浦🚶５分

　蒲江浦バス停から蒲江港に沿って南に５分ほど歩くと、地下集落

佐伯をめぐる

に入る。消防署の南西側に鬱蒼とした社叢をもつ王子神社(祭神伊耶那岐神・伊耶那美神)の参道があり,大鳥居をくぐり,広く高い石段をあがると,拝殿の前に出る。創建は,827(天長4)年,紀州(現,和歌山県)熊野神社を勧請したことによる。

前庭の一角にある七軒株(7軒の先祖をまつる祠)は,紀州から蒲江に移住してきた,7軒の漁師によってつくられたといわれている。また,室町時代,戦乱を避け,瀬戸内海の御手洗島から米水津に漂着した御手洗一族が,蒲江に住みつき,ここに社殿を建てたという。この社殿は舟形神殿の形式をとり,精巧につくられている。

毎年4月2日の春の大祭には,神社下の御旅所で,蒲江・丸市尾神楽が舞われる。この日,蒲江港入口には,入口をふさぐように大型漁船が並べられる。漁船と漁船の間に,板を渡し舟橋がつくられ,町の人びとは大漁を祈願して,この舟橋を渡る。

蒲江浦から海岸線を北上すると,バスで20分ほどの所に西野浦集落がある。この集落の背後の高台にある仙崎公園では,毎年4月中旬につつじ祭りが催され,賑わいをみせる。また,標高412mのこの公園からの日豊海岸の眺望は,素晴らしい。北西に入津湾の5カ所の入江が広がり,その先には,沖黒島・鶴見崎の断崖がかすかにみえる。南西を望むと,眼下には日向灘が広がる。

第二次世界大戦末期頃,日本軍は急拠ここに砲台の築造を始めたが,完成を待たずに終戦となった。山頂近くの数カ所に砲塁の跡があり,当時を偲ばせる。

> 紀州から蒲江に移住した7軒の漁師

③ 国道57号線の周辺

豊かな自然に恵まれた豊後大野市北部には，普光寺磨崖仏や大迫磨崖仏など，貴重な石造物が今も数多く残る。

波乗り地蔵尊 ⑳
0974-11-1001（豊後大野市教育委員会）

〈M▶P.180, 203〉豊後大野市犬飼町下津尾3883
JR豊肥本線犬飼駅 🚶10分

安全祈願のため彫られた小さな石造仏

犬飼駅から南の犬飼大橋方面に向かって5分ほど歩くと，JR豊肥本線の踏切がある。これを渡り，西側の丁字路を左折してさらに100mほど進む。すると右下に大野川，左手に石垣のある小道が続く。火の道とよばれるこの道をくだると，大野川と柴北川の合流点の大きな岩壁の西側に，線彫りされた波乗り地蔵尊がある。地蔵はやや前かがみの姿勢で，小舟に乗っている。

岡藩（現，竹田市）主中川氏が，参勤交代で犬飼より府内までくだる際，安全を祈願して刻んだという説と，雪舟が1476（文明8）年，沈堕の滝を描くためにきたときに犬飼に立寄り，描いたという説がある。

犬飼が町として発展したのは，1656（明暦2）年に岡藩3代藩主中川久清が，この地に湊を建設して以降である。その後，多数の商人が移住して町が形成され，物資の集散地として繁栄した。

当時の様子を伝えるものが，いくつか残っている。その1つが洗心館跡である。これは，参勤交代や産物積出しにかかわる者の宿泊所・休憩所の一部である。火の道沿いに，石碑・案内板が立っている。洗心館跡の石段をのぼりつめると，浄流寺（浄土真宗）があり，ここに代官屋敷があったといわれている。

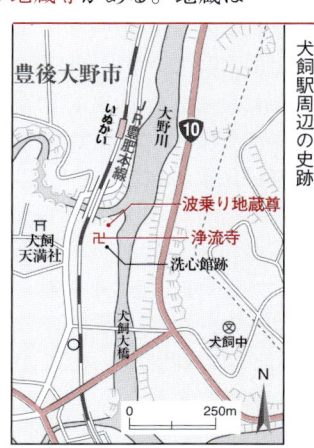

犬飼駅周辺の史跡

波乗り地蔵尊

国道57号線の周辺

またこの地は、犬飼農業補習学校・犬飼女学校・三重高校(現,県立三重総合高校)犬飼校舎の跡地で、福祉施設横の坂の上に、記念碑が立っている。

付近にはそのほかに、就航安全祈願の守本尊として、明治時代中期頃まで当地の信仰を集めた、豊後金毘羅宮に関する遺物や、参勤交代筋であったことを偲ばせる、街道沿いにめぐらされた柵の穴が今も確認できる。

犬飼磨崖仏 ㉑

0974-11-1001(豊後大野市教育委員会・豊後大野市産業経済部商工観光課)

〈M▶P.180,207〉豊後大野市犬飼町田原字渡無瀬2521　[P](渡無瀬公民館)
JR豊肥本線犬飼駅🚗10分

大野川近くの凝灰岩の岩壁に彫られた石仏

犬飼駅から南へ向かい、豊後大野市犬飼支所の先の丁字路から国道326号線に入り、2kmほど三重方面に進むと、大野川に架かる高松橋に出る。橋の袂で国道から分かれて右に折れ、途中豊肥本線の踏切を渡り、案内標示に従って坂道をのぼって行くと、左側に渡無瀬公民館がある。その右手の石段をあがりきった所に、犬飼磨崖仏(犬飼石仏、国史跡)がある。

大野川近くの凝灰岩の岩壁に、3尊の石仏が半肉彫りされている。不動明王坐像を中尊として、向かって右に合掌している矜羯羅童子が、左に宝棒をもつ制吒迦童子が並ぶ。結跏趺坐している中尊は、高さが3.76mあり、両足の裏をみせているのが、他の石仏にない特徴である。

これらの石仏は、高さ約20mの岩壁に彫られており、制作年代は定かでない。しかし、左手先を外向きに張る姿は、平安時代以来の様式を伝えるもので、豪放な彫り口で仕上げられ、鎌倉時代末期の制作と推定されている。

また境内には、多くの五輪塔・板碑・

犬飼磨崖仏

宝篋印塔がある。その中には，大友一族の武将吉弘一曇の菩提を弔うために造立されたもので，北朝年号の「永徳二(1382)年」の銘を有し，県の指定史跡となっている五重塔などがある。さらに不動堂の上の岩壁には，横書きで「龍傳山」の朱文字が，右側の岩壁には「南無大師遍照金剛」の文字が彫られている。

なお，像前の広場には，与謝野晶子の歌碑(「犬飼の　山の石仏　龕さえも　ともに染みたり　淡き朱の色」)もある。

大聖寺 ㉒

0974-11-1001(豊後大野市教育委員会・豊後大野市産業経済部商工観光課)

〈M▶P.180, 207〉豊後大野市犬飼町柴北1329-1
JR豊肥本線犬飼駅🚌河面行柴北🚶10分

大友氏13代親綱の菩提寺

犬飼駅から南へ行き，豊後大野市犬飼支所先の丁字路を右折。つぎの丁字路から国道57号線に入り，竹田方面に向かって進み，右手の長谷トンネルを通って県道632号線に入る。そのまま5kmほど行くと，左側に寺がみえる。木造阿弥陀如来坐像(県文化)を安置する大聖寺(臨済宗)である。

寺伝では，南北朝時代，不肯正受の開創とされる。境内にある開山塔とよばれる宝篋印塔(県文化)には，「貞治五(1366)年丙午季　不肯正受禅師　二月初八烏」の銘がある。銘文は江戸時代の後刻と考えられるが，塔自体は形式からみて，南北朝時代のものと推定される。

同寺は，大友氏13代親綱の菩提寺といわれ，本堂の左手には，親綱の墓碑とされる宝篋印塔もある。また雪舟が，沈堕の滝に向かう道中この寺に宿泊し，作庭したという言い伝えも残っている。

大聖寺から県道に戻り，河面方面に1.2kmほど進むと，右手の奥にある阿蘇社の左脇に宮脇宝塔(県文化)がある。そこからさらに県道を500mほど行くと，右手の黒松庵後方の竹林中に，

大聖寺

国道57号線の周辺　　205

新飼宝塔2基(県文化)がある。そのうちの1基に,「貞治六(1367)年十月」の銘が刻まれている。

なお大聖寺までの道には,3つの石橋(神宿橋・両村橋・樋口橋)をみることができる。

黒松集落の北方には,丘陵地が広がる。三ノ岳(548.5m)にある天文台から,祖母・傾連山や別府湾を望む眺めは素晴らしい。この一帯は,大友氏時代の古戦場跡であり,頂上付近の地蔵堂の周囲には,五輪塔や石幢などが散在している。約1000本のサクラが植えられ,地蔵堂までは車で行けるため,ドライブやハイキングに訪れる人も多い。

大迫磨崖仏 ㉓
0974-11-1001(豊後大野市教育委員会・豊後大野市産業経済商工観光課)

〈M▶P.180, 207〉豊後大野市千歳町長峰
JR豊肥本線犬飼駅🚗10分

> 日羅作 高さ3・2mの大日如来像

大聖寺からきた道を戻り,長谷トンネルから国道57号線に出て竹田方面に進むと,右手に千歳町特産物直売所がある。その直売所の右側にある十数段の石段をあがった所に,大迫磨崖仏大日如来坐像(県文化)がある。凝灰岩に尊像を刻んだ,高さ約3.2mの石仏である。顔面と腕・手首などは粘土,両腕を包む衣文は,漆喰によって仕上げられた珍しい造りである。1533(天文2)年頃,日羅の作と伝えられるが,現在の塑像は,江戸時代につくられたものである。

「ここの笹を牛馬に食べさせると,病気をしない」という言い伝えがあるなど,古来より牛馬神として尊崇されてきた。祭礼は1月28日・8月27日の年2回行われる。

直売所からさらに進み,新殿バス停から竹田方面へ進み,約200mの所を右に折れ,300mほど行った楢木野の東明山大乗寺(廃寺)の境内に,2基の石造五

大迫磨崖仏

犬飼から千歳の史跡

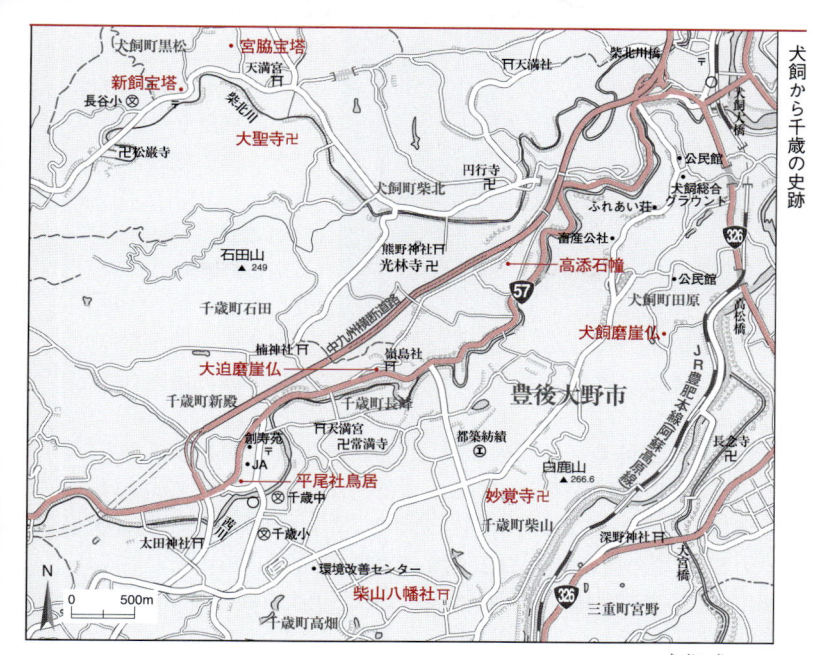

輪塔（県文化）がある。向かって左の五輪塔は高さ約1.1m。阿闍梨
澄円の門弟たちが師の逆修を祈願して，1347（貞和3）年につく
ったものである。右側の五輪塔は完全な形で，高さ約1.4m。玄恵
の墓とされ，「延文五（1360）年」の銘が刻まれている。

平尾社鳥居 ㉔
0974-11-1001（豊後大野市教育委員会・
豊後大野市産業経済部商工観光課）

〈M▶P.180, 207〉 豊後大野市千歳町新殿941
JR豊肥本線犬飼駅 🚗 20分

の八角形の2段継ぎの柱からなる鳥居

　国道57号線から県道519号線に入り，豊後大野市三重町方面に向
かって進むと，左側に千歳郵便局がみえる。さらにそこから200m
ほど行った三差路を右に進むと，すぐ右手に石段がみえる。それを
のぼり詰めると平尾社があり，境内の左隅に，北朝年号の「暦応
三（1340）年」の銘が刻まれている，石造宝塔（県文化）が立っている。

　石段をおりて，三差路を右（三重町方面）へ折れ，千歳公民館と千
歳小学校の間の九十九折の小道をのぼった所に，1351（観応2）年に
建てられた，平尾社鳥居（県文化）がある。この鳥居の柱は，全国的
にも珍しい八角形で，上部にわたる笠木・島木および貫は，いずれ

国道57号線の周辺

平尾社鳥居

も一石でつくられている。秋は，一面のヒガンバナで彩られる。

　ここから南東約1.5kmの柴山に，「天文二(1533)年」の紀年銘をもつ柴山石幢(県文化)がある。近くには，ひょうたん祭りで知られる，柴山八幡社もある。

　古い石幢は長峰地区にもある。「永禄四(1561)年」の紀年銘をもつ高添石幢(県文化)がそれである。また高添石幢から西へ500mほどの所に，シダレザクラで有名な光林寺(浄土真宗)がある。1600(慶長5)年頃の開創で，1662(寛文2)年に現在地に移ったという。1810(文化7)年12月頃，全国を測量していた伊能忠敬一行のうち，坂部貞兵衛ら別手組が，同寺に止宿したといわれている。

　柴山の北東には，白鹿山(266.6m)がある。大迫と柴山を結ぶ農免道路のほぼ中間にある十字路を東へ300mほど行き，右手の急な坂道をのぼり詰めると，左手に大きな広場があり，正面に石造の山門を有する妙覚寺(臨済宗)がみえる。元禄年間(1688〜1704)以前に存在していたといわれる寺で，『豊後国志』には，開創は不明だが，宝暦年間(1751〜64)に，文丕黙が荒廃していた同寺を復興したとある。山門は，リブアーチとよばれる独特の形をしている。

勝光寺 ㉕
0974-11-1001(豊後大野市教育委員会・豊後大野市産業経済部商工観光課)

〈M▶P.180, 210〉豊後大野市大野町藤北
JR豊肥本線朝地駅🚗20分

老樹に囲まれた心字池をもつ古刹

　国道502号線を，豊後大野市三重合同庁舎から竹田方面に向かって進む。岩戸を過ぎ，右手に並行する大野川を望みながら1kmほど行くと，右手に県道26号線がみえる。その県道を西へ約1km進み，さらに左に折れてしばらく行くと，大野川本流にかかる名瀑沈堕の滝(高さ17m・幅93m)がある。支流平井川にある滝を雌滝(高さ18m・幅4m)とよぶのに対し，こちらの滝は雄滝とよんでいる。

柴山のひょうたん祭り

コラム

鎌倉時代から伝わる奇祭

　建久年間(1190〜99)の初め頃、長い戦乱で苦しむ人びとを救うため、宇佐八幡宮の神霊が、その分霊にこの地を治めさせようとした。

　これを聞いた土地の豪族は身を清め、ひょうたんに酒を詰め、神馬を伴って出迎えた。そして、流鏑馬や獅子舞を奉納して、分霊をまつった(柴山八幡社)ため、それ以来戦火が鎮まったという。

　この故事に倣い、毎年12月第1日曜日にひょうたん祭りを催し、行列を行うようになった。

　「ひょうたん様」役が履く大わらじは、長さが約1.3m、重さ10kgほどもある。頭にはひょうたんの冠をつけ、「ヨイショ、ヨイショ」のかけ声のなかを少しずつ進み、約1km歩く。その途中では、沿道の人びとへ、ひょうたんに入った酒を振る舞う。ユーモアあふれる珍しい祭りである。

　室町時代の画聖雪舟が、1476(文明8)年にここを訪れ、「鎮田瀑図」を描いた。

　雪舟は、1469(文明元)年に明より帰国したが、京都は応仁の乱(1467〜77年)の最中であったため、豊後大分(現、大分市)や山口(現、山口県)を拠点として諸国を訪ね、晩年まで筆をふるった。大野町地区では、毎年10月下旬に雪舟まつりを催し、近年は遊歩道などの周辺整備も行われ、多くの観光客が訪れている。

　滝のそばには、アーチ型の窓など、古代ローマ遺跡を彷彿させる石造りの沈堕発電所跡がある。電気事業の将来性に着目した大分市の民間会社により、1909(明治42)年に竣工されたという。しかし、急速な電力需要の伸びに対応できず、1923(大正12)年、約3km下流に新沈堕発電所が建設され、14年余りで役目を終えたが、大分の文明開化の糸口にはなった。

　県道26号線に戻って北上し、国道57号線に出る。田中バス停から旧国道の商店街に入り、大野小学校と大

勝光寺

国道57号線の周辺

大野町の史跡

野中学校の間の道を北へ700mほど行くと、勝光寺(真言宗)がある。『豊後国志』などによれば、この地に大友能直が隠居所をつくり、ここで死去したので、嗣子親秀が寺を建てて、勝光寺と名づけたという。老樹に囲まれた心字池をもつ古刹で、木造不動明王坐像を本尊とする。「木原の不動様」とよばれ、虫封じの神として知られる。境内には、「明徳三(1392)年」銘の宝篋印塔がある。

　勝光寺の北東約1kmの所に、常忠寺跡(庵)がある。同寺は1586(天正14)年豊薩合戦による兵火に遭って焼失し、宝永年間(1704〜11)に再興されたといわれている。その後も再三火災に遭い、現在は、間口2間(約3.6m)・奥行3間(約5.4m)の堂宇を残すだけである。堂内には、1877(明治10)年の本堂火災の際に持ち出された本尊の木造不動明王坐像がある。また、境内には、能直と戸次統常の墓といわれる五輪塔が2基立っている。ともに高さ約1.8mで、江戸時代の作という。

　なお今日の研究では、大友能直の豊後下向はなかったといわれ、勝光寺・常忠寺にある能直の墓は、史実とは異なることが明らかになっている。

長寿庵五輪塔 ㉖
0974-11-1001(豊後大野市教育委員会・豊後大野市産業経済部商工観光課)

〈M▶P.180〉豊後大野市大野町長畑
JR豊肥本線犬飼駅、またはJR豊肥本線朝地駅
🚗25分

南朝年号銘がある五輪塔

　豊後大野市大野町北西部にある鎧ヶ岳(847m)と烏帽子岳(821m)を頂点とする山々は、神角寺山系の一角をなすとともに、大友氏の入部にかかわる激しい戦場であったことで知られる。その烏帽子岳

長寿庵五輪塔

の中腹に、浄水寺(真言宗)がある。鎧ヶ岳城主戸次重秀が、神角寺の末寺として創建した寺である。浄水寺はサクラの名所としても知られ、毎年4月下旬の満開時には、ボタンザクラ祭が催されている。

　大野町には有名な磨崖仏が2つある。1つは、大原住吉地区にある落水磨崖仏。凝灰岩の岩壁に不動明王立像が彫られており、「明和二(1765)年」の銘がある。もう1つは、十時川近くの吉祥寺跡地の岩壁に肉厚く彫り出された木下磨崖仏である。比丘尼形坐像6軀、如来形坐像2軀、菩薩形坐像2軀の計10軀が、横一列に並ぶ。南北朝時代の作といわれている。

　落水磨崖仏の北西約1.3kmには、坊ノ原古墳(県史跡)がある。全長約45m・最大幅約25mの前方後円墳で、地元ではひょうたん塚とよばれている。木下磨崖仏の北東約2kmには、長寿庵五輪塔(県文化)がある。豊後大野市最大規模の五輪塔で、2基があり、2号塔に南朝年号「正平十一(1356)年」の銘がある。

神角寺 ㉗
0974-74-2418
〈M▶P.180, 214〉豊後大野市朝地町鳥田1354
JR豊肥本線朝地駅🚗20分

　国道442号線の神角寺入口から、川沿いの九十九折の道を4.5kmほど東へ行くと、その山頂近くに、駐車場と大きな広場がある。その広場の東端に、神角寺(真言宗)がある。

　欽明天皇の時代に、新羅僧によって建立されたが、大友氏の豊後入部にともなう大野泰基との激戦(神角寺合戦)で焼失し、1369(応安2・正平24)年に、大友

神角寺本堂

国道57号線の周辺　211

氏が再興して，6坊を建てたといわれる。その1つ，東の坊が方三間宝形造の現在の本堂（国重文）である。檜皮葺きの屋根が美しく，軒反りなど，随所に禅宗様式がみられる。

また山門には，運慶の作風を伝える木造金剛力士立像（国重文）が，2軀収められている。500本余りのシャクナゲが咲く4月中・下旬には，神角寺シャクナゲ祭りも開催され，県内外から多くの人が訪れる。

木造金剛力士像を有する真言宗寺院

朝倉文夫記念公園 ㉘
0974-72-1300（記念館）

〈M▶P.180, 214〉豊後大野市朝地町池田1587-11
P
JR豊肥本線朝地駅🚗10分

朝地町池田は朝倉文夫の生誕地

朝地駅北側の朝地交差点から国道442号線を3kmほど北上し，右に折れて，県道657号線に入り東へ行くと，朝倉文夫記念公園がある。国道57号線の戸崎バス停から約4km西北の山中である。

朝倉文夫は，「東洋のロダン」とよばれた日本彫塑界の巨匠。1883（明治16）年，この公園の近くに生まれた。東京美術学校（現，東京芸術大学）を卒業し，数々の名作を制作した。晩年は，作風に影響を受けた故郷の自然のなかに，作品を展示することに情熱をそそぎ，生家の近くの芸術鑑賞空間を，「愛の園生」と名づけた。

朝倉の遺志を継いだ朝地町は，1991（平成3）年に記念公園をつくり，中心に記念館を建て，代表作の「墓守」や，竹田高等小学校の4年先輩にあたる滝廉太郎の銅像などが展示され，約15万m²の広大な園内には，朝倉のアジア彫刻展優秀作などが点在する。また記念館では，小・中学生による彫塑展や，朝倉との縁で始まった上海との交流事業なども行われている。

朝倉文夫記念公園

普光寺磨崖仏 ㉙
00974-11-1001(豊後大野市教育委員会・豊後大野市産業経済部商工観光課)

〈M▶P.180, 214〉 豊後大野市朝地町上尾塚1225 P
JR豊肥本線朝地駅🚗10分

鎌倉時代に彫られた県内最大の磨崖仏

　朝倉記念公園から県道657号線・国道442号線を経て、国道57号線に戻り、右折し1kmほど進む。用作公園・普光寺磨崖仏入口の標識を左に折れ、1kmほど行くと、用作地区と普光寺への分かれ道に出る。そこを右に折れて700mほど行くと、大きな駐車場がある。そこから約200mくだった所に普光寺(真言宗)があり、小さな谷を挟んだ北側に、普光寺磨崖仏(県史跡)がある。

　普光寺は、敏達天皇の時代に、日羅によって創建されたといわれている。平安時代には荘官の大野氏により、また鎌倉時代には岡城(竹田市)に居を構えた地頭の志賀能郷の庇護により、発展を遂げた。江戸時代初期までは筑紫尾寺と称し、京都三聖寺(現、万寿寺)の末寺として栄えた。

　1586(天正14)年、島津氏が豊後を侵攻し、薩摩軍による打ちこわしや焼討ちによって、普光寺も衰退した。江戸時代に入り、岡藩3代藩主中川久清が、岡城の鬼門にあたるこの普光寺を、真言宗の密教寺院として再興した。

　県内最大の磨崖仏である高さ11.3mの不動明王坐像は、鎌倉時代の作。不動明王の右には、多聞天・弁財天の像が刻まれ、脇侍の制吒迦童子と矜羯羅童子を従えている。その後、地域の有志らによって、同寺には、約3000株のアジサイが植栽された。毎年6月中旬から7月上旬の境内は、色とりどりの花で埋め尽くされ、あじさい祭りが開催される。

　用作地区と普光寺への分かれ道をまっすぐ行くと、1kmほどの所に用作公園がある。約3haの敷地内を、カエデの老木が覆い、池や小山なども設けられ、日本庭園の趣をなしている。

普光寺磨崖仏

国道57号線の周辺

朝地町の史跡

鎌倉時代,この地の地頭志賀氏の用作田(ようさくでん)(直営田)があったことから,これがなまって現在の名称になった。

江戸時代には,岡藩家老(かろう)の別荘などが営まれた。田能村(たのむら)竹田(ちくでん)や頼山陽(らいさんよう)も来遊し,茶をたて清談したという。新緑や紅葉の時期には,とくに素晴らしい景観をみせ,観光客の目をなごませる。

④ 城下町竹田と久住高原

九州の小京都とよばれる竹田は、風情ある町並みが残り、史跡も多い。久住高原は、万葉歌人に詠まれた景勝の地。

扇森稲荷神社と七ツ森古墳群 ㉚㉛

0974-63-1588（扇森稲荷神社）
0974-63-4818（竹田市教育委員会）

〈M▶P.180, 215〉 竹田市拝田原字桜瀬811・戸上 P
JR豊肥本線玉来駅 🚗 5分

通称狐頭様
三角縁神獣鏡が出土した古墳

大分県竹田総合庁舎前の国道502号線を西へ進み、国道57号線に入り、熊本方面に進む。九州電力竹田営業所手前を右に折れ、しばらく行くと正面に鳥居がみえ、中川神社（祭神中川清秀・秀政・秀成・久清）がある。

境内には、文禄・慶長の役（1592〜93・97〜98年）の際に持ち帰ったと伝えられる、大太鼓（長さ約3m・直径約1m）がある。また、現在、竹田市立歴史資料館に展示されているサンチャゴの鐘（銅鐘、国重文）は、当社の宝物である。

玉来駅から県道639号線を北に行き、玉来交差点を右折し国道57号線に入る。川を越えてガソリンスタンドの角を左折すると、朱色の大きな鳥居と灯籠の列がみえる。その鳥居の奥にあるのが、扇森稲荷神社（祭神保食神ほか）である。この辺りは、古くは狐頭原とよばれていたので、狐頭様の名で親しまれている。1616（元和2）

七ツ森古墳群

扇森稲荷神社から七ツ森古墳群

城下町竹田と久住高原　215

年,岡藩(現,竹田市)2代藩主中川久盛が創建し,12代久昭のときに,扇森が冠せられた現在の社名となった。新年・初午祭・秋の大祭には,全国各地から多くの人が参詣に訪れる。

　扇森稲荷神社から国道57号線を西へ7kmほど行くと,左側にみえる木叢が七ツ森古墳群(国史跡)である。七ツ森の名前が示すように,もともと7基の古墳があったとされるが,現在は前方後円墳2基,円墳2基の計4基が東西に並んでいる。この古墳群は3世紀末頃のものと推定され,中から人骨や箱式石棺,三角縁神獣鏡などが出土した。周辺にはヒガンバナが群生し,秋には見事な彩りを添えている。

城原八幡社 ㉜
0974-63-4807(竹田市産業経済部商工観光課)

〈M▶P.180〉竹田市大字米納
JR豊肥本線豊後竹田駅🚗15分

景行天皇の土蜘蛛征討が創建の機縁

　七ツ森古墳群から国道57号線を東に進み,国道442号線に入って久住方面へまっすぐ行く。右側にある道の駅竹田を過ぎてすぐに,右手の旧国道へ入る。そのまましばらく行くと,左側に城原八幡社(祭神景行天皇・応神天皇ほか)がある。

　創建は,応神天皇の代といわれる。『日本書紀』には,景行天皇が禰疑野(現,竹田市菅生)の土蜘蛛(ヤマト政権に服属しない土着の人びと)を討った際,この地で態勢を持ち直し,勝利したことが記され,これが創建の機縁になったようである。

　平安時代には豊後国司石川宗継が八幡神を合祀し,城原八幡社として保護した。中世大友氏の時代は,豊後国内七社八幡の1つとして崇敬された。1586(天正14)年の島津氏の豊後侵攻により焼失し,神輿は白丹産山村(現,久住町)に移された。その後,1593(文禄2)年に大友氏が改易され,翌年入部した中川氏が,白丹産山村に逃れて

城原八幡社

佐藤義美

コラム 人

竹田出身の童謡詩人

佐藤義美は，1905(明治38)年に直入郡岡本村(現，竹田市)で生まれた。竹田中学校に在学中の1920(大正9)年に，父の転勤で横浜第二中学校へ転校した。

この頃から詩や童謡をつくり始め，鈴木三重吉主宰の『赤い鳥』などに投稿するようになった。

早稲田大学在学中には，のちに芥川賞を受賞する石川達三らと同人誌をつくったり，有名な「グッドバイ」の歌を発表するなど，活躍した。

63歳で亡くなるまで，約3000編にのぼる童謡や童話を世に送り出した。もっとも知られているのが「いぬのおまわりさん」である。同じ童謡詩人の金子みすゞとも親交があった。

竹田市は生家跡に顕彰碑を建て，公園にした。また毎年「佐藤義美竹田童謡作詞コンクール」や「佐藤義美竹田童話祭」などを開催している。

1998(平成10)年には，佐藤義美記念館が建設された。

いた八幡社を，岡城下の勝山(現，愛染堂所在地)に迎えて，再興した。1596(慶長元)年，中川氏は八幡神の神託により，神霊を故地である現在地に遷した。以来，中川氏の尊崇が篤く，岡藩領内総祠の地位を与えられ，神社支配の中心になった。

中川久清が，1660(万治3)年に熊沢蕃山を招いたときに植えたとされる，播州舞子浜(現，兵庫県)のマツやスギなどが今も繁茂し，地域の総廟らしい景観を呈している。近隣の刈小野の阿鹿野地区などが奉納する阿鹿野獅子(県民俗)は，岡城下の夏越祭(10月9日)の際に，当神社の神輿の先導をつとめる。

御客屋敷 ㉝
0974-63-0897(茶房)
〈M▶P.180, 219〉竹田市竹田町486-1
JR豊肥本線豊後竹田駅 🚶 5分

各藩からの使者が宿泊した藩営の施設

豊後竹田駅前の稲葉川に架かる竹田橋を渡り，右に折れ，川に沿って県道8号線をまっすぐ行くと，左手に佐藤義美記念館がある。義美は竹田出身の童謡・童話作家で，記念館は義美が晩年をすごした神奈川県逗子市の家をモデルとした，木造2階建ての洋館である。館内には，当時を再現した書斎や直筆原稿・愛用のペン，1932(昭和7)年発行の『雀の木』などの著書が展示されている。

佐藤義美記念館前の道を駅方向に戻り，竹田橋南交差点手前の丁字路を右に折れる。NTTの前を過ぎた本町通り手前の小道を右に

佐藤義美記念館　　　　　　　　　　　　　　　　　　　　　　　　　御客屋敷

　折れると，十字路の一角に御客屋敷がある。御客屋敷とは，来藩した士分以上の者が，宿泊・食事をするのに用いた屋敷のことである。現在の建物は，1806(文化3)年に建てられたもので，当時の3分の1ほどの規模である。庭園は狭いが，枯山水様式である。

　1873(明治6)年の百姓一揆の際に受けた，鍬や鎌による傷跡が，今も残っている。建物は現在，茶房として使われている。

　御客屋敷がある寺町に隣接する下本町には，江戸時代末期の1865(慶応元)年に建てられた，塩や荒物などを販売する商家塩屋の主屋・中蔵・古蔵(いずれも国登録)がある。

歴史の道 ㉞
0974-63-4807(竹田市産業経済部商工観光課)
0974-63-1923(竹田市立歴史資料館)

⟨M▶P.180, 219⟩　竹田市竹田1782　 P (竹田市立歴史資料館など)
JR豊肥本線豊後竹田駅🚶10分

愛染堂、十六羅漢像など界隈は歴史の宝庫

　御客屋敷の裏手に通じる小道を進むと，右手に愛染堂・円通閣・観音寺の参道上り口がみえる。この辺りは，「歴史の道」という名がつけられ，道や案内標示も整備されているため，歴史散歩には最適である。

　上り口石段の右側の岩肌にみえるのが，観音寺の十六羅漢像である。この像は，釈迦が各地に仏教を広めるよう命じた，16人の高弟を表現したものである。制作者・年代ともに不明であるが，竹田市内には，このほか6カ所に十六羅漢像がある。

　石段をのぼり詰めた正面が愛染堂，右が観音寺，左が円通閣である。正面の愛染堂(願成院本堂，国重文)は，現存する市内最古の木造建築物である。1634(寛永11)年，岡藩(現，竹田市)2代藩主中

218　あまべの里と奥豊後

十六羅漢像（観音寺）　　　　　　　　　　　　　　　　　　　　　　　愛染堂

　川久盛のとき、藩医の池田一雲が、当時、江戸幕府から府内藩（現、大分市・由布市）預かりとなっていた松平忠直（一伯）と密通し、死罪となった事件があった。そこで久盛が一雲の供養のため、1635年に建てたのが、この愛染堂である。

　かつてここに城原八幡社が鎮座していたことから、山号は八幡山大勝院とされた。1869（明治2）年に大勝院は廃寺となったが、1874年、岡城（竹田市）解体の際に、城の北側にあった愛宕山の願成院をここに移し、愛染堂を本堂とした。

　愛染堂入口左側の円通閣は、元来、大勝院の楼門であった。それを岡藩の儒学者唐橋世済（君山）が、中国蘇州市にある寒山寺の楼閣を模して建立した。建築年代は不明であるが、鬼瓦に「寛政七（1795）年」の銘が刻まれている。

　世済は1798年に9代藩主久持の命を受け、ここで『豊後国志』を編纂した。しかし完成をみずに病没したため、その仕事は門下生の

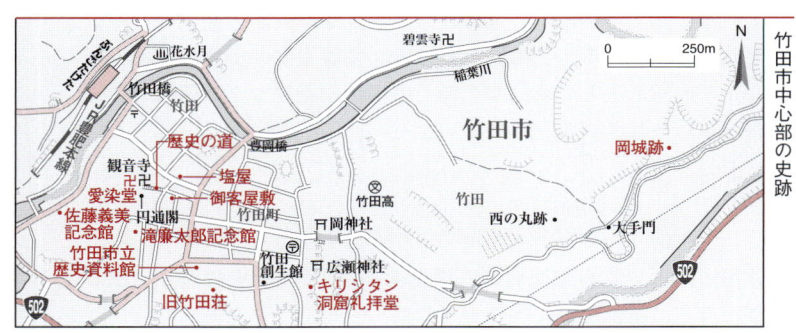

竹田市中心部の史跡

城下町竹田と久住高原

田能村竹田や伊藤鏡河らが引き継ぎ，1803（享和3）年に全9巻を完結し，藩に納めた。そのうち1部は，江戸幕府に献上されたという。世済の墓は，円通閣裏の丘にある。

滝廉太郎記念館 ㉟
0974-63-0559

〈M▶P.180, 219〉 竹田市竹田2120-1 ℗（竹田市立歴史資料館）
JR豊肥本線豊後竹田駅🚶10分

少年時代をすごした旧宅を復元

滝廉太郎記念館

　円通閣から石段をおりて「歴史の道」を右に折れ，豊音寺を過ぎると，すぐ右側に滝廉太郎記念館がある。明治時代の作曲家滝廉太郎が少年時代をすごした旧宅を改装したものである。書簡や譜面・墨絵などが展示され，庭園では，廉太郎が当時聞いたと思われる自然の音を再現するなど，趣向をこらした記念館となっている。

　記念館の前の道を30mほど南に進み左に曲がると，廉太郎トンネルの愛称がついたトンネルがある。歩行者が通ると「荒城の月」「鳩ぽっぽ」などのメロディーが流れ，観光客の心をなごませる。

　廉太郎トンネルを通り，本町通りを右に折れると，三差路の一角に，1981（昭和56）年に開館した竹田市立歴史資料館がある。1階展示ホールには，竹田市内の遺跡からの出土品や岡藩・岡城の歴史資料が展示されている。2階展示室では，滝廉太郎・田能村竹田・朝倉文夫・広瀬武夫らの遺品や記録，中川氏やキリシタン関係の資・史料が展示されている。

旧竹田荘 ㊱
0974-63-1923

〈M▶P.180, 219〉 竹田市竹田殿町2069 ℗（竹田市立歴史資料館）
JR豊肥本線豊後竹田駅🚶15分

　竹田市立歴史資料館西側の石段をあがると，「歴史の道」に出る。そこから左に折れて東に向かってしばらく行くと，右側に旧竹田荘

滝廉太郎

コラム 人

新しい日本の音楽の先駆者

滝廉太郎は，明治時代にドイツに留学して作曲やピアノを学び，音楽の分野で，日本の近代化に大きな役割をはたした。滝家は日出藩（現，日出町）の家老をつとめた名家で，祖父平之進は帆足万里の門弟，父吉弘は大久保利通の秘書であった。

1879（明治12）年に長男として東京で生まれたが，大久保の暗殺後は父の地方転勤が続き，横浜・富山・大分・竹田の地を転々とした。

廉太郎と音楽の出会いは，家内にあったバイオリンやハーモニカであった。横浜在住時に父が購入したこれらの西洋楽器によって，転校続きの寂しさを癒し，音楽に興味をもつようになる。

音楽の世界へ進むことを決意するようになったのは，直入郡高等小学校4年のときに，オルガンの指導を受けた後藤由男や，音楽学校への入学に反対する両親を説得し，支援した従兄大吉の存在が大きい。

明治時代に入り，多くの翻訳唱歌ができたが，日本語訳詞を無理にはめ込んだぎこちない歌が多かった。廉太郎はもっとも早く，洋楽の要素を摂取しながら，日本の心を作曲した音楽家であった。

文部省（現，文部科学省）の「中学唱歌」に採用された「荒城の月」や，「花」「お正月」など，生涯に34の作品を残した。

1901（明治34）年，念願のドイツ留学が実現するが，肺結核のため1年余りで帰国。その翌年，療養先の大分（現，大分市）において，23歳の若さで死去した。

（国史跡）がある。南画家田能村竹田の生家・旧宅である。1790（寛政2）年に再建され，1983（昭和58）年に大修築された。竹田は2階の10畳間を書斎（対翠楼）とし，そこでいつも絵を描いていたという。

この竹田荘には頼山陽が滞在し，竹田とおおいに語ったという記録も残っている。1934（昭和9）年，没後100年の記念として，本宅西側に画聖堂が建てられた。祭壇には，彫刻家朝倉文夫の兄渡辺長男が制作した竹田像がまつられている。

田能村竹田は，岡藩（現，

旧竹田荘

城下町竹田と久住高原

竹田市)の侍医碩庵の2男として生まれた。藩校由学館で頭角をあらわし，1798(寛政10)年には，藩より学問を主とするよう指示を受け，『豊後国志』編纂を命じられた。寛政年間(1789～1801)初期から詩画に親しみ，唐橋世済(君山)の影響で，文芸の世界にさらに興味を抱くようになった。江戸・京・大坂など全国各地を旅して，谷文晁・頼山陽・広瀬淡窓らの文人墨客と親交を結んだ。身近な自然を画面に取り込み，独自の日本的南画を完成させた。なお，旧竹田荘 附 田能村竹田墓(国史跡)が，竹田市茶屋の辻の胡麻生峠にある。

南画家田能村竹田の旧宅 頼山陽も訪れた

キリシタン洞窟礼拝堂 ㊲
0974-63-4807(竹田市産業経済部商工観光課)

〈M▶P.180, 219〉竹田市竹田殿町
JR豊肥本線豊後竹田駅🚶20分

岩壁を掘り抜いた石窟 天井はドーム型

　旧竹田荘から東に向かってしばらく進むと，殿町武家屋敷跡や竹田創生館が両側にある。この辺りは，武家屋敷通りとよばれる。殿町はその名が示すように，家老など上級武士の屋敷があった所である。白壁の屋敷・土塀・門などが古の面影をたたえ，趣深いものにしている。創生館には，市内案内パンフレットや研究資料がある。

　創生館を過ぎ，右の山手の道をのぼり，赤松稲荷神社前を左に行くと，深い竹林の中にキリシタン洞窟礼拝堂(県史跡)がある。岩壁を掘ってつくられた石窟の中は，6畳ほどの広さで，天井はドーム型をしている。1617(元和3)年頃，この地でひそかに布教活動をしていた，ブルドリノ神父が使っていたといわれている。彼をかくまっていた岡藩家老の古田重治(織部の甥)の旧宅にあった織部灯籠が，竹田市立歴史資料館に展示されている。

　きた道に戻り，坂道をくだって，田町通りまで行き，右に折れるとすぐ右側に，鳥居と石段がみえる。この石段の途中左にある岡神社を過ぎ，のぼりきった所の右

キリシタン洞窟礼拝堂

あまべの里と奥豊後

田能村竹田

コラム 人

日本的南画の最高峰

田能村竹田は、岡藩(現、竹田市)侍医、十二人扶持の家に２男として生まれた。

兄周助が夭折したため嫡子となったが、眼病や耳病をもち、病弱であったため、1798(寛政10)年に医業を廃し、藩校由学館において学問専攻となり、『豊後国志』編纂の御用掛を命じられた。

竹田は『豊後国志』編纂の責任者であった唐橋世済(君山)の影響で、詩画など文芸の世界に興味を抱くようになった。

1813(文化10)年に、身体の不調に加え、詩などの学問に専念するため、養子を迎え、隠居する。1818(文政元)年、竹田の最良の友である頼山陽が岡(現、竹田市)を訪れた。翌年には竹田が日田(現、日田市)を訪れ、広瀬淡窓とも対面している。

そして1823年から翌年にかけ、京都・大坂方面へ出かけている。各種の著述や作画の充実、さらに頼山陽の各地での宣伝もあり、文人・画人としての竹田の名声は、広まっていった。

竹田の画法は、1826年から翌年にかけての長崎旅行を契機に急速に進展し、その後、独自の日本的南画を完成させた。

代表作に、「赤復一楽帖」「暗香疎影図」、また、著作に『自画題語』『竹田荘茶説』『屠赤瑣々録』『山中人饒舌』などがある。

側に、1935(昭和10)年に建てられた広瀬神社(祭神広瀬武夫)がある。広瀬は日露戦争(1904～05年)における壮烈な戦死から、軍神ともいわれ、唱歌にもうたわれた。境内には広瀬武夫記念館があり、日記や書簡・ロシア留学時の遺品などが展示されている。また前述の石段前には広瀬武夫像が、茶屋の辻の鴻ノ巣台には墓がある。

岡城跡 ㊳

0974-63-4807(竹田市産業経済部商工観光課)

〈M▶P.180, 219〉 竹田市竹田岡 P
JR豊肥本線豊後竹田駅 🚗 5分

滝廉太郎作曲「荒城の月」の舞台

礼拝堂の東側にある広瀬神社が鎮座する丘から、岡城方面に出る小道をくだり、まっすぐ行くと右手にのぼる道がみえる。そこが岡城跡(国史跡)入口で、坂道をのぼり詰めた所に、岡城会館と駐車場がある。そこから約３分で、大手門下に出る。城跡内には、本丸・二の丸・三の丸・西の丸跡や、武家屋敷・櫓・馬場・倉の跡などがある。

岡城はその外観から、臥牛城ともよばれる平山城である。1185(文治元)年に、緒方三郎惟栄が、源義経を迎えるために築き、

岡城跡

建武年間(1334～38)に志賀貞朝が拡張したといわれる。豊薩合戦(1586～87年)で島津軍が落城できなかったことから、難攻不落の名城として、名を高めた。1594(文禄3)年、中川秀成が播磨国三木(現、兵庫県)から岡6万6000石(のち7万石)に転封され、以降、中川氏13代の居城となった。

明治維新後、城館は取りこわされ、「荒城の月」の詩に詠まれたような現在の姿となった。本丸跡には「荒城の月」の詩碑が、二の丸跡には滝廉太郎の像が立っている。廉太郎像は、豊後大野市朝地町出身の朝倉文夫の制作である。

荻神社 ㊴
0974-63-4807(竹田市産業経済部商工観光課)
0974-63-4818(竹田市教育委員会)

〈M▶P.180, 226〉竹田市荻町新藤1039
JR豊肥本線豊後荻駅 🚗 5分

ゆたては盟神探湯を彷彿させる珍しい神楽

豊後荻駅から県道640号線に入り北へ約3km行くと、右手に政所公民館がある。そこから200mほど先の左手に、政所馬渡遺跡がある。1960(昭和35)年に発見された、縄文時代草創期から早期の遺跡である。貝殻文・撚糸文をもつ砲弾系尖底土器は、政所式土器と命名されている。土器の形や文様が、韓国西部や南関東のものと類似していることから、注目されている。出土した石器には、佐賀県伊万里市域から産出したと思われる、黒曜石が使用されたものもある。

県道640号線を政所公民館から南へ500mほど進み、左

荻神社

あまべの里と奥豊後

野鹿洞穴

へ折れて，さらに1kmほど進むと，荻神社（祭神武〈健〉磐竜命（たけ〈たけ〉いわたつのみこと〈くまたち〉））がある。毎年4月26日に奉納されるゆたて（県民俗）は，古墳時代の盟神探湯（くかたち）が残存したといわれる全国的にも珍しい神楽である。この地方で広く奉納されている岩戸神楽（いわと）33番の番外で，湯が身体にかかると，その年は無病息災ですごせるといわれている。

荻神社の前の道を，さらに東へ約2km進むと，南河内（みなみがわち）に野鹿洞穴（のがどう）（県文化）がある。洞穴は南向きに開口し，内部は5層からなる。縄文時代の人骨4体を始め，手向山（たむけやま）式土器や曽畑（そばた）式土器，石斧（せきふ），針などの骨角器，黒曜石を素材とする石器，さらには藤波川（ふじなみ）で採集されたカワニナ・シジミなどの貝類，シカ・イノシシ・タヌキ・サル・鳥類の骨などがみつかっている。

岩戸橋（いわとばし）❹
0974-68-2215（竹田市荻総合支所産業課）
0974-63-4807（竹田市産業経済部商工観光課）

〈M▶P.180, 226〉竹田市荻町馬場（ばば）
JR豊肥本線豊後荻駅 🚶15分

威風堂々とした江戸時代末期の石橋

豊後荻駅から県道695号線に出て南へ約1km行くと，岩戸橋（県文化）がある。岡藩柏原組（かしわばら）の大庄屋垣田角次郎（おおじょうやかきたかくじろう）が中心となって，架橋の嘆願書を出し，1848（嘉永元）年に着工，翌年に完成した石橋で，車橋（くるま）ともよばれる。この石橋ができるまでは，丸太木を渡した土橋が架かっていたが，台風や大雨のたびに流されていた。長さ約28m・高さ約18mの威風堂々とした姿は，江戸時代の架橋としては，類をみない秀麗なものである。

岩戸橋の南約2.3kmには，合ヶ瀬大橋（あいがせ）がある。広域農道の一部として大野川源流近くの谷に，1981（昭和56）年に架けられた。長さ約213.6m・橋脚約67mという，近代架橋技術の粋を尽くしたこの赤い橋は，深い緑に映え，素晴らしい景観をなしている。

合ヶ瀬大橋から県道695号線を北上し，柏原町民グラウンド手前約600mを東へ約2.5km進み，大野川沿いをのぼって行くと，白水（はくすい）

岩戸橋

豊後荻駅周辺の史跡

ダム（白水溜池堰堤）がある。このダムは，竹田市片ケ瀬から豊後大野市緒方町の丘陵地帯に，農業用水を給水する富士緒井路の水不足対策として，1938（昭和13）年に完成した。地盤が弱いために，なだらかな曲線を描いて水が落ちるように設計されており，堰堤は石垣造となっている。この白水溜池堰堤水利施設附白水池碑は，1999（平成11）年に，明治時代以降の近代化遺産としては，県内で初めて国の重要文化財に指定された。

　荻町南西の陽目に，白水ノ滝がある。田能村竹田は，備後（現，広島県東部）の文人を伴ってここを訪れ，「天下奇観白水滝」と称したという。また，岡藩主の中川氏も御茶屋を建てたといわれるほどの名瀑である。下流の川底の岩に，陽目のカワノリ（県天然）が自生しており，江戸時代には，岡藩の専売品となっていた。

原のキリシタン墓碑 ❹
0974-63-4807（竹田市産業経済部商工観光課）
〈M▶P.180, 227〉竹田市直入町長湯
JR豊肥本線豊後竹田駅🚗45分

「INRI」の文字を刻んだT字型の墓碑

　豊後竹田駅から県道47号線を北上し，突き当った県道30号線を左折，その先の新田バス停から北へ約2km行った所に，原のキリシタン墓碑（県史跡）がある。この墓碑は，高さ約37.5cm・厚さ約12cm，貫部の長さ約34cm，基部の幅約17cmのキリシタン墓である。
　貫には「INRI」の文字が刻まれている。「INRI」は「ユダヤ人の王ナザレト（地名）のイエス」の頭文字とみられ，キリストの受難のとき，十字架上の罪標に記されていたといわれる。
　1551（天文20）年豊後にキリスト教が伝えられると，この一帯を領

していた大友氏の家臣朽網（くたみ）氏が保護したこともあり，キリスト教の信仰が盛んになった。当時多くの宣教師が来訪し，教会を建てたりした。周辺には現在も多数のキリシタン墓や踏絵石などが残る。

長湯線彫磨崖仏 ⑫
0974-75-2240（直入町中央公民館）
0974-63-4818（竹田市教育委員会）

〈M▶P.180, 227〉 竹田市直入町長湯
JR豊肥本線豊後竹田駅🚗50分

線彫りで刻まれた2尊像と線刻の五輪塔

　原のキリシタン墓碑から県道30号線に出て，東に6kmほど進んだ所に，樹齢1000年余りといわれる大ケヤキ（県天然）を神木とする鶴田籾山（つるたもみやま）八幡社がある。景行天皇が土蜘蛛征討にあたり，戦勝祈願した3神の1つである，直入物部（もののべ）神をまつったとの伝承がある。神社の森に飛来したツルが籾を落とし，それが実ったことから，鶴田籾山八幡と名づけられたという。境内には，景行天皇の腰掛け石と称する石がある。

　県道30号線の馬門（まかど）バス停近くにある竹藪（たけやぶ）下に，長湯線彫磨崖仏（県史跡）と梵字（ぼんじ）石がある。県内の石仏は，丸彫りか半肉彫りのものが多いが，この石仏は，壁面に線彫りで，水月観音（すいげつかんのん）像と比丘尼（びくに）像を刻んでいる。2尊の背後には，線刻の五輪（ごりん）塔（とう）が彫られているのが特徴である。石仏の南側に，2基の石幢（せきどう）が建てられている。釈迦如来と阿弥陀（あみだ）如来をあらわす梵字が，蓮華（れんげ）の上に彫られ，ともに梵字石などと称されている。

　竹田市直入町の中北部に

長湯線彫磨崖仏

長湯温泉周辺の史跡

ある松牟礼山は断崖絶壁で、東西は谷が深く、南側には空堀跡が残っている。山上には大友氏の庶流田北氏の城郭であった、松牟礼城の城跡記念碑が立っている。天正年間(1573〜92)は、田北統員の居城であった。

『豊後国志』には、高山に囲まれた難攻の城で、統員の母が薩摩の武将新納氏の攻撃を防いだとある。1593(文禄2)年の大友氏改易後、廃城となった。

西法寺跡宝塔 ㊺
0974-63-4807(竹田市産業経済部商工観光課)
0974-63-4818(竹田市教育委員会)

〈M▶P.180,230〉竹田市久住町白丹
JR豊肥本線豊後竹田駅🚗30分

虎御前の墓と称される石塔 南北朝時代の造立

豊後竹田駅から県道8号線・国道57号線を経て、国道442号線に入り北上する。久住の町に入ると、左手に大分県農業技術センター久住水稲試験地がみえる。そこを過ぎて左に折れ、県道131号線に入り、そのまままっすぐ進む。途中、久住中学校を過ぎて1km余り行くと、右手に西法寺跡宝塔(県文化)がある。通称、虎御前の墓と称される石塔である。虎御前は、『曽我物語』に登場する曽我祐成の愛妾のことであるが、この塔が何のためにつくられたかは定かでない。無銘であるが、南北朝時代の造立と推定されている。この頃の白丹は、南北朝の勢力が交錯した地域であった。

県道131号線に戻り西に行くと、左手に白丹小学校がみえるので、その手前を左に折れ約1.3km行くと、小道脇の山中に志賀義天の墓がある。義天は、大友能直の8男志賀八郎7世の子孫で、康応年間(1389〜90)に白丹南山に南山城を築き、南志賀氏を称した。名君の誉れ高く、とくに敬神の念が篤く、桑迫天満社(祭神天津神・菅原神・水波能売神)を始めとする白丹七社を奉祀したといわれる。南山城跡は、ここから西約1.3kmの所にある。

西法寺跡宝塔

長湯温泉

コラム

日本一の炭酸泉

　芹川沿い渓谷に湧く長湯温泉。46度という高温で，1200ppmもの炭酸ガス濃度を誇る，日本一の良質炭酸泉として知られている。
　直入町（現，竹田市）は，1978（昭和53）年に国民保養温泉地に指定されたことを契機に，温泉観光地として発展した。
　江戸時代には，岡藩（現，竹田市）により湯屋が設けられた。なかでも古来より中心となっているのが，「カニ湯」とよばれる温泉である。
　川底から自然に湧出していた泉源の周囲に湯垢が堆積して，カニの甲羅のような岩ができた。その岩の中から炭酸泉が泡となって湧き出す様は，まさにカニが泡を噴いているようにみえたため，この名がついたという。
　直入の中心部にある御前湯には，長湯通いをした歴代藩主の肖像画や，長湯温泉の発展に尽力した多数の人物を紹介するパネルが展示され，資料館の役割をかねた温泉施設として，人気を博している。

猪鹿狼寺（いからじ）❹

0974-76-0131／0974-63-4807（竹田市産業経済部商工観光課）
0974-63-4818（竹田市教育委員会）

〈M▶P.180, 230〉竹田市久住町久住3420
JR豊肥本線豊後竹田駅🚗30分

源頼朝が命名　久住山信仰の中心となる寺

　志賀義天の墓から県道131号線を経て国道442号線に戻り，久住小学校を過ぎてしばらく行くと，右手に猪鹿狼寺（天台宗）がある。1193（建久4）年，源頼朝が初めて富士の巻狩を行うにあたり，梶原景高らを阿蘇大宮司のもとへ送り，その故実式法を修得させた。帰途，朽網の裾野で実際に巻狩を行い，その禽獣供養のため，従来からあった大和山慈尊院を猪鹿狼寺と改称した。
　慈恩寺は，805（延暦24）年に最澄が建立したと伝えられている。以来，猪鹿狼寺は久住山信仰の中心として栄えたが，1586（天正14）年の島津氏の豊後侵攻で焼き払われた。寛永年間（1624〜44）に，宝法印が現在地に移した。
　現在，久住山南登山口のくじゅう南登山口バス停に，高さ2mほどの石灯籠が立

猪鹿狼寺

城下町竹田と久住高原　　229

久住町の史跡

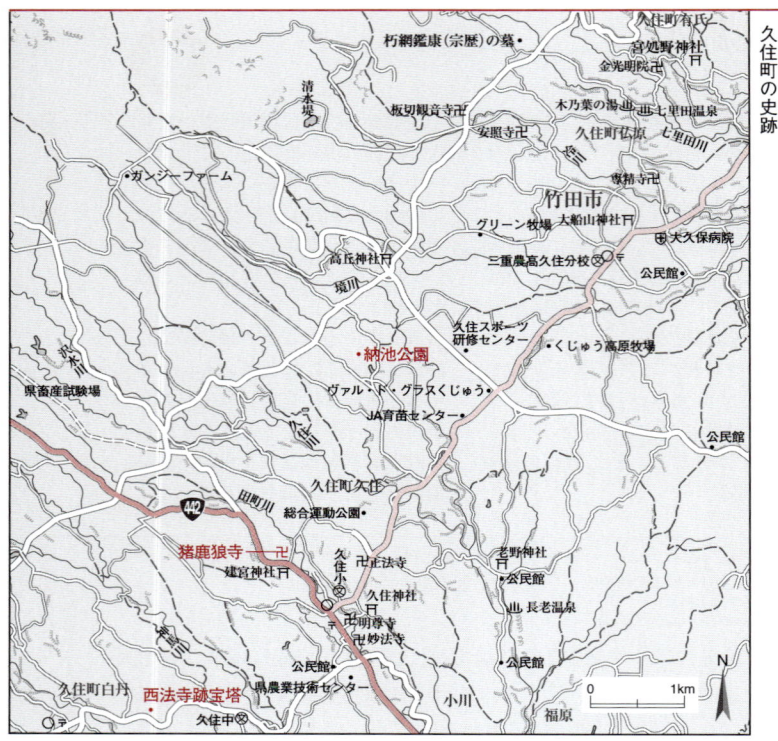

っている。ここから北へ4kmほど行った所に，かつての猪鹿狼寺本堂があり，一帯に16の坊が立ち並んでいたと伝えられている。現在は，本堂跡の石祠と礎石類がわずかにみられるだけである。

納池公園(のいけこうえん) ㊺
0974-63-4807(竹田市産業経済部商工観光課)

〈M▶P.180, 230〉竹田市久住町久住
JR豊肥本線豊後竹田駅 🚙 45分

老樹が茂る天然のすぐれた日本式公園

　猪鹿狼寺から国道442号線をさらに進み，「久住さやか」の角を右に折れ，広域農道に入る。3kmほど進み，案内に従って細い道に入ると，納池公園(県名勝)に着く。南北243m・東西の最大幅54mと細長く，面積は約1.2haある。このうち約3分の1を湧水池が占め，周囲にはスギやカシの古木大樹が生い茂る。

　中世に，白丹南山城主志賀氏が，遊楽のため利用したのに始まり，江戸時代初期には，熊本藩主加藤清正も公衆の憩いの場にしたと伝えられる。1873(明治6)年には，太政官布告により東京浅草や上

久住連山

コラム

九州の最高峰

「ミヤマキリシマ 咲き誇る」と「坊がつる讃歌」に歌われた久住の地。久住山(1786.5m)・大船山(1786.2m)を始めとする多くの山々が連なる。

岡藩(現,竹田市)3代藩主中川久清は,とりわけ大船山を愛し,何度かのぼった。岳麓寺地区にある大船山登山口から6kmほどのぼった所に,御霊屋とよばれる久清の廟である入山廟がある。久清は,晩年入山と号した。久清が用いたと伝えられる人鞍が今も残る。

江戸時代,熊本藩(現,熊本県の大部分と大分県の一部)領であった久住は,熊本藩の参勤交代の宿駅として栄えた。国道442号線沿いには,今も松並木が残り,肥後街道の面影を残している。

また久住の自然や山々の姿は,北原白秋や与謝野晶子ら多くの歌人に歌われ,久住地区の各所に,歌碑が建てられている。

野,京都嵐山と並んで,地域公園に設定された。

広域農道に戻り,岳麓寺地区まで北進する。七里田温泉に通じる道と交わる手前約200mを左に折れしばらく行くと,案内板があるのでそれに従って右の小道に入る。以後,道なりに山中まで進むと,朽網鑑康(宗歴)の墓がある。

朽網氏の祖先は,豊後大神氏流大野氏だが,大友氏の豊後入部の際に滅んだ。かわって,大友氏の重臣であった古庄重能が朽網姓を名乗った。しかし,大友氏に反乱をおこしたため,その後,入田氏から迎えられて朽網氏を継いだのが,この朽網鑑康である。

朽網宗歴の墓から東に約2km離れた所に,宮処野神社(祭神嵯峨天皇)がある。景行天皇の土蜘蛛征討のとき,軍議をしたことから宮処野の地名がつけられたという。嵯峨宮神社ともよばれたが,1871(明治4)年に現社名に改称された。

毎年10月第2土曜日に行われる秋季大祭は,神保会といわれる。また,スギやケヤキなどの古木の生い茂る社叢(県天然)がある。

納池公園

城下町竹田と久住高原

大野川流域をたどる

❺

南画家田能村竹田がこよなく愛した大野川流域は，岩戸遺跡や真名野長者伝説が残るなど，古代より栄えた地である。

緒方三郎惟栄館跡 ㊻

0974-42-4141（豊後大野市歴史民俗資料館）

〈M▶P.180, 232〉 豊後大野市緒方町上自在
JR豊肥本線緒方駅 🚶15分

源平争乱の際に活躍した郷土の英雄

緒方駅の東側の小道を3分ほどのぼって行くと，崖上に旧緒方村役場（国登録）が立っているのがみえる。1932（昭和7）年に，緒方村と南緒方村が合併した際に建てられた。その後，庁舎が移転した

旧緒方村役場

ため，公民館や看護学校として使用された。

屋根は洋風瓦葺き，正面に突出した玄関は，スクラッチタイルや金属製の庇持送りなどで装飾され，玄関天井部分と2階議場天井部分には，菊花型の石膏レリーフがあしらわれるなど，洋風の雰囲気を出している。

さらに，そこから案内板に従って西へ1.7kmほど行くと，越生地区に瑞光庵磨崖仏がある。幅約6m・奥行約2m・高さ約2mの岩

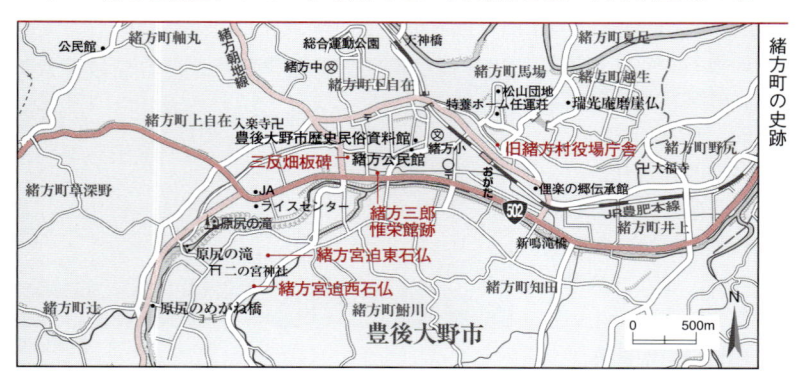

緒方町の史跡

緒方三郎惟栄

コラム **人**

源平合戦、悲劇の英雄

緒方三郎惟栄は、源平争乱の頃、大野郡緒方荘(現、豊後大野市)を拠点として勢力を広げ、歴史上に一躍その名を轟かせた人物である。

『平家物語』や『源平盛衰記』に登場し、その勇猛さから「大蛇の末裔」とよばれ、恐れられた。

惟栄は平重盛の家人でありながら、豊後武士団を率いて源氏に味方し、平氏滅亡の端緒を開いた。平氏に味方をした宇佐八幡宮(宇佐市)を焼討ちしたため、一時、上野国(現、群馬県)に流されたが、壇ノ浦の戦い(1185年)では、苦戦する源範頼軍に82艘の船を提供するなど、平氏追討に大きな功績を挙げた。

平氏滅亡後、源頼朝と源義経が不和になった際、後白河法皇の命で義経を連れて豊後に帰り、再興を図ろうとしたが、大物浦(現、兵庫県尼崎市)で台風に遭って命を落とし、目的を達せず、歴史上からその名を消した。

旧緒方町周辺には、惟栄にまつわる伝承が、郷土の英雄として今も数多く残っている。たとえば、惟栄が三宮八幡社から板碑を投げて田圃に突き刺したものが、大字上自在の板碑(三反畑板碑)であると伝えられている。

窟内奥壁に、不動明王が彫られている。表情や下半身の造顕の手法から、近世の作と推定されている。

緒方駅前商店街を抜け、緒方小学校前を通り緒方公民館手前を右に入ると、豊後大野市歴史民俗資料館がある。公民館前の道を南西へ行き、国道502号線に出て右折、しばらく行くと緒方三郎惟栄館跡に至る。緒方三郎惟栄は、平安時代末期から鎌倉時代初期にかけて活躍した豊後の武将である。この館跡について『豊後国志』には、塹壕の跡があると記されている。1893(明治26)年には、館跡に緒方惟栄神社が建てられた。

緒方三郎惟栄館跡から400mほど西の農道脇に、三反畑板碑(県文化)がある。現在は廃寺となっている永福寺跡にある巨大な板碑で、高さは約3mもあり、県内でも最大級の大きさである。造立は刻銘により、「天授三(1377)年」とわかる。

緒方宮迫東石仏と緒方宮迫西石仏 ㊼㊽
0974-22-2111(豊後大野市教育委員会・豊後大野市産業経済部商工観光課)

〈M▶P.180, 232〉豊後大野市緒方町鮒川野仲／緒方町久土知新

JR豊肥本線緒方駅🚗10分

　豊後大野市緒方町の北西にある小富士山(456.7m)の頂上に、岡藩主中川家墓所(国史跡)がある。岡藩(現、竹田市)8代藩主中川久貞の墓で、御廟屋と称されている。久貞は、藩校由学館や経武館を開くなど、学問に重きをおき、みずから儒教を信奉していたことから、墓は儒式墓となっている。

　惟栄館跡から国道502号線を西へ約300m進むと、三郎大橋北交差点に出る。ここを左に折れ、500mほど進み、突き当りをまた右に折れ、しばらく行くと、最初に緒方宮迫東石仏、つぎに約500m離れて、緒方宮迫西石仏(ともに国史跡)入口の標識がある。

　東石仏は林の中にある磨崖仏群。中央には大日如来、向かって右には不動明王、左には持国天・多聞天が立っている。さらにこの三尊の左右には、吽形・阿形の仁王の立像がある。西石仏は、入口の急な石段をのぼり詰めた所にある。向かって右から、阿弥陀如来・釈迦如来・薬師如来の順に並び、三尊の形式をなさず、平等並列の状態で彫られている。制作年代は、東西ともに平安時代末期から鎌倉時代と推定されている。

　宮迫西石仏からさらに西へ400mほど行き、トンネルを抜けて直進すると、原尻橋に出る。1923(大正12)年に完成した5連の石橋で、「原尻のめがね橋」ともよばれる。近くには、高さ約20m・幅約120mの原尻の滝がある。雄大な滝として、緒方町の観光のシンボルとなっている。ほかに、緒方5000石といわれる米どころを支えた緒

平安時代末期から鎌倉時代に制作された石仏

緒方宮迫東石仏

尾平鉱山跡

コラム

大自然に包まれる、かつての不夜城

豊後大野市南西端にある祖母山の麓に、尾平鉱山跡がある。

豊後大野市緒方町の中心部から車で約1時間。曲がりくねった道沿いに茂る杉林の合間に、石組みが隠れるようにのぞく。

尾平鉱山は、1547(天文16)年に銀鉱脈が発見され、最初は銀山として開発された。のちに、錫・鉛・銅鉱山として開発され、江戸時代に岡藩(現、竹田市)が経営した。

1950(昭和25)年頃の最盛期には約400人が働き、昼夜をおかず採鉱が行われた。

埋蔵量の減少などから、昭和30年代初頭に閉山し、以後、地域は急速に廃れた。

現在は、コンクリート基礎が露出した選鉱場跡が残っている。坑道や運搬路の周辺には、自然林が蘇り、歳月の流れを感じさせる。

方井路と水車があり、現在も町の随所でみることができる。

尾崎の石風呂 ㊾

0974-22-2111(豊後大野市教育委員会・豊後大野市産業経済部商工観光課)

〈M▶P.180〉豊後大野市緒方町辻 P
JR豊肥本線緒方駅 🚗15分

日本式サウナ風呂 寛永年間から明治時代まで使用

　原尻のめがね橋から県道7号線を南に向かい、新長瀬橋を渡り、500mほど先を右に折れ、牧原橋を渡って1.8kmほど西へ行った所に、尾崎の石風呂(国民俗)がある。床石を熱し、その上に薬草を敷いて蒸浴する。地元では塩石ともよぶ。

　尾崎の石風呂は、寛永年間(1624〜44)に掘削されたと伝えられ、明治時代初期までは、盛んに利用されていたという。

尾崎の石風呂

辻河原の石風呂

新長瀬橋近くの河川敷公園の奥にある辻河原の石風呂(県民俗)も，比較的保存状態がよい。

旧緒方町域には，石風呂が合計12基確認され，近隣市町村に比べると群を抜いて多い。

岩戸遺跡 (50)

0974-22-2111(豊後大野市教育委員会・豊後大野市産業経済部商工観光課)

〈M►P. 180〉豊後大野市清川町臼尾字岩戸
JR豊肥本線豊後清川駅 🚗 5分

九州地方を代表する旧石器時代の遺跡

豊後清川駅北側の豊肥本線と並行して走る国道502号線を2.7kmほど東進した所に，岩戸遺跡(国史跡)がある。今は農地になっているが，大野川と奥岳川が合流する見晴らしのよい河岸段丘上にあるこの遺跡は，九州地方を代表する旧石器時代の遺跡である。

最初の発掘調査は1967(昭和42)年に行われ，多数の旧石器とともに，こけし形石偶が出土した。この石偶は，付近にはない結晶片岩でつくられており，わが国の旧石器時代の遺跡で最初に出土した。1979年の第２次調査では，集石墓と考えられる遺構が発見され，注目を集めた。西日本における旧石器時代の標準遺跡として，価値が高い。なお，遺跡から西へ４kmほど離れた清川小学校の北側にある清川歴史民俗資料館には，岩戸遺跡で発見された石器類が展示されている。

宝生寺 (51)

0974-35-2559

〈M►P. 180, 237〉豊後大野市清川町宇田枝1639
JR豊肥本線豊後清川駅 🚗 10分

平安時代末期の創建
中世の石造物が多数残る

豊後清川駅から国道502号線を西へ向かい，共栄橋の清川側より，緒方川に沿って200mほど川下に行った所に，後藤家石幢(県文化)がある。この塔は逆修のために建立されたもので，「康正三(1457)年」の銘がある。

宝生寺

凝灰岩製で，高さ268.5 cm，幅は最

大118cmもある。付近には，岡藩道三重市街道の石畳が，70mほど残っている。

　豊後清川駅前の国道502号線を西へ500mほど進み，砂田交差点を左に折れ，県道45号線に入りそのまま南下する。右手に清川中学校がみえる所まで進み，そこから300mほど先を右に折れて県道688号線を800mほど進むと，左側に板井家石幢(県文化)がある。基礎・中台・笠・請花，いずれも平面四角・基礎２重になっており，多数の小孔がある。簡素な造りながら，「永正十(1513)年」の銘をもつ，室町時代の特徴を備えた石幢である。

　板井家石幢からさらに200mほど西へ行き，神社を左に曲がって300mほどのぼり，左に約200mほど進んだ所に，宝生寺(臨済宗)がある。大友親隆の菩提寺で，創建は平安時代末期と伝えられる。

　本尊は木造釈迦如来坐像と木造十一面観音坐像で，境内には「元徳二(1330)年」の銘をもつ石鉢や，「応永十四(1407)年」の銘をもつ宝篋印塔などの石造物が残っている。

石源寺石仏 52

0974-22-2111(豊後大野市教育委員会・豊後大野市産業経済部商工観光課)

〈M▶P.180, 237〉　豊後大野市清川町六種
JR豊肥本線豊後清川駅🚗15分

石原の守り不動として親しまれる

　宝生寺から県道688号線を通って県道45号線に出て，南に行き，1.5kmほど先の分岐点を右に進み，10kmほど進むと，御嶽山(600m)の御嶽神社(祭神 国常立命・彦火火出見命・少彦名命)がある。ここには御嶽神楽(国民俗・県民俗)が，15世紀中頃から伝わる。その起源は，宝徳年間(1449～52)まで遡る。大友親隆の時代，島津氏との戦いに勝ったときの余興から生まれたという。演目は33番あり，地元の熱意により今日まで伝授されてきた。御嶽神社では，

大野川流域をたどる

石源寺石仏

毎年4月第1日曜日に，御嶽流神楽大会が行われている。

　宝生寺から県道688号線に入り，150mほど先を西へ曲がりしばらく行くと，合川(あいかわ)郵便局がある交差点で，その手前を左に折れ，県道634号線に入り400mほど行く。案内板に従って左手の小道をのぼって行くと，右手に民家(足立家(あだちけ))がある。玄関前を横切った奥の林中に，「嘉暦(かりゃく)(1326～29)」の年号を刻む石造宝塔(いしばる)(県文化)がある。

　県道410号線に戻り，1.5kmほど南に行き，右手の小道を山沿いに進んで行くと，左手に石源寺石仏がある。四面石仏ともよばれ，戦中・戦後を通じて，石原地区の「守り不動様」として親しまれている。南面の不動明王像の前に建てられた石柱には，「宝暦(ほうれき)十二(1762)年」の銘が刻まれている。

　奥岳川と轟(とどろ)川が出合う所の近くに，2つの橋がある。轟橋と出会(であい)橋である。轟橋は1934(昭和9)年に，出会橋は1925(大正14)年に架けられた。轟橋は，2つのアーチからなる，長さ68.5mの橋である。径間(けいかん)(片方の支柱から支柱までの距離)は32.1mあり，国内でも有数の長さを誇る。出会橋は橋長39m・径間29.3mである。2つの橋は80mほどしか離れていないため，下流の出会橋の下からのぞくと，そのアーチの中に奥の轟橋がみえる。

内山観音(うちやまかんのん) ㊼
0974-22-0598

〈M▶P.180, 241〉豊後大野市三重町(みえまち)内山527　P
JR豊肥本線三重町駅　🚗10分

真名野長者建立といわれる寺

　三重町駅から南側の国道502号線を600mほど西へ行き，三重総合高校手前の三差路を左に入り，国道326号線を進む。1.5kmほど行ったガソリンスタンドの先を左へ折れてくだって行くと，三重川の西岸に蓮城寺(れんじょうじ)(真言宗(しんごん))がある。真名野(まなの)長者(炭焼小五郎(すみやきこごろう))が建立した，豊後国でもっとも古いといわれるこの寺は，通称「内山観音」とよばれ，境内には，長者伝説にまつわる一寸八分観音菩薩(ぼさつ)(像高

真名野長者伝説

コラム 伝

炭焼長者譚の源流

　奈良の都に玉津姫という姫がいたが、顔に黒いあざがあったため、嫁にもらってくれる人がいなかった。そこで、奈良三輪明神に祈願すると、「豊後の三重の里に炭焼小五郎という若者がいる。この者と夫婦になれば長者になれる」というお告げがあった。

　玉津姫は、黄金を持参して小五郎のもとに嫁いだが、小五郎は黄金の価値がわからず、それを淵に捨ててしまった。

　玉津姫は驚き、2人でその淵をみに行くと、そこには水とともに、黄金が湧き出す金亀ヶ淵があった。

　玉津姫がその淵の水で顔を洗うと、黒いあざがなくなり、輝くような顔になった。

　そして2人は、黄金を拾い集めて金持ちになり、屋敷を建てた所が真名野原という所であったことから、真名野長者とよばれるようになった。

　また、黄金を唐の天台山に贈り、その礼に蓮城法師から仏像が授けられ、内山に蓮城寺(豊後大野市)を建立した。

　2人には、般若姫という美しい娘がいた。般若姫は皇太子(のちの用明天皇)の求愛を受け、ついに后となることに決まった。しかし、都にのぼる途中、般若姫は嵐に遭い、瀬戸内海の周防(現、山口県)で帰らぬ人となってしまった。山口県平生町には、般若姫をまつる般若寺がある。

　般若姫の死を悲しんだ長者は、姫の菩提を弔うため、満月寺(臼杵市)を建立して蓮城法師の居とし、石仏の制作を依頼した。法師は深田一帯に石仏を彫った。これが、現在の国宝臼杵石仏だという。

約5.5cm)・長者夫婦の墓・金亀ヶ淵・炭焼き竈跡などがある。

　また、サクラの名所としても知られる名勝地で、観音堂には本尊の木造千手観音坐像、薬師堂には黄金に彩色された998軀の木造薬師如来三尊像(県文化)が安置されるなど、多数の文化財がある。

　内山の入口には伝説の美女、般若姫の像(像高約20m)が立ち、地域のシンボルになっている。

　国道326号線を南へ宇目

蓮城寺

大野川流域をたどる　　239

蓮城寺薬師像

方面に向かって進んで行くと、標高約664.3mの三国峠に至る。三国峠の名称は、江戸時代、岡・臼杵(現、臼杵市)・佐伯(現、佐伯市)3藩の藩境にあったことから、この名がついたといわれる。

　この峠は天正年間(1573～92)の豊薩合戦、および1877(明治10)年の西南戦争の戦い跡が今も多数残っている。西南戦争で戦死した兵士をまつる三国神社や墓碑、薩摩軍が構築した土塁などがある。また道路沿いには、石碑や鎮魂歌碑などが多数残っている。2003(平成15)年には、三重史談会により、西南戦争における薩摩軍の戦没者の名を刻んだ石碑が建てられた。

吉祥寺大威徳明王像 54
0974-22-1996

〈M▶P.180, 241〉豊後大野市三重町松尾1496-3
JR豊肥本線三重町駅 🚗 5分

牛の背中にまたがった六面六臂六足の木像

　三重町駅から南に向かい、国道326号線と交差する市場ロータリーを直進し、橋を渡り坂をのぼって行くと、左側に三重中学校がある。そのグラウンドの北西部に、重政古墳(県史跡)がある。5世紀頃につくられた全長約58mの前方後円墳で、前方部の低い古式古墳の特徴を残している。

　三重中学校前の道を道なりに進むと、県道35号線と交わる。そこを右に折れ、しばらくして今度は左に分かれる道をくだって行く。大門瀬橋を渡り、正面にみえる石段をのぼりきっ

吉祥寺

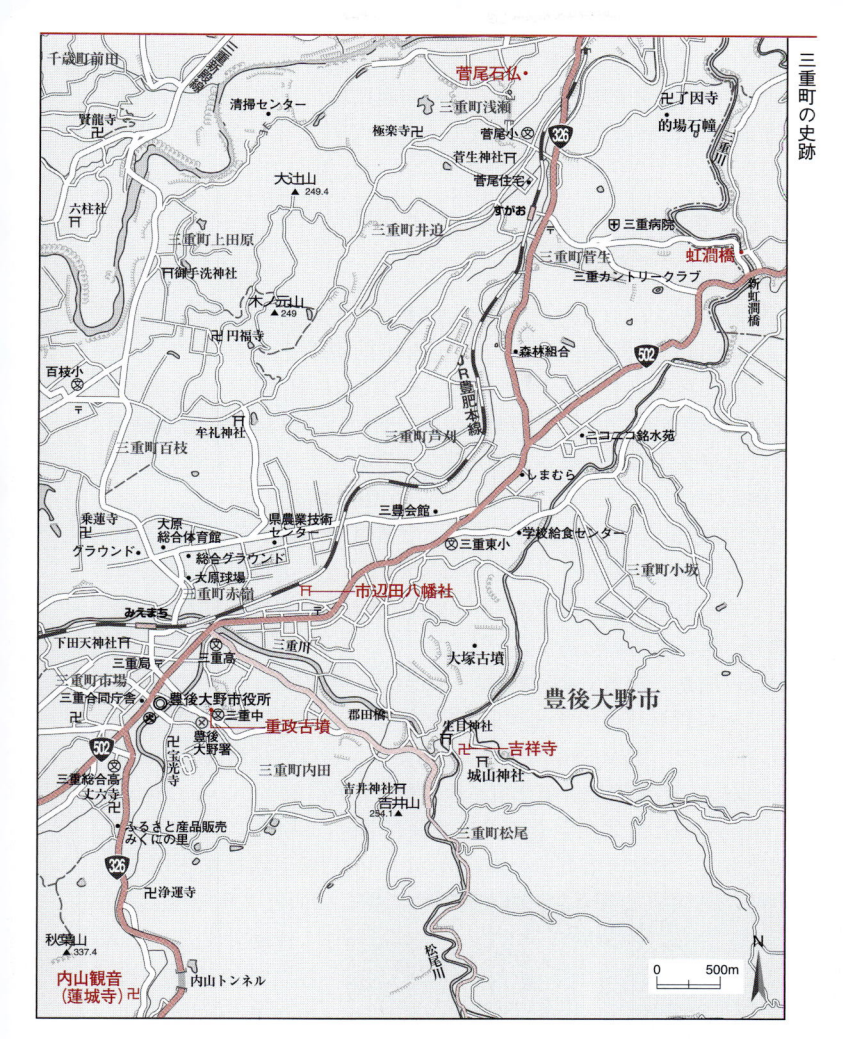

た所に，吉祥寺（真言宗）がある。その本堂の左の古堂に，木造大威徳明王像（県文化）が安置されている。

　もとこの地にあった広福寺のものであったが，豊薩合戦（1586〜87年）で焼失したのち，この寺に伝わったものである。この像は六面六臂六足の多臂像で，忿怒の面相をし，ウシにまたがっている。坐牛の胎内銘に，「弘安七（1284）年」とある。

吉祥寺から南東約300mにある山の中腹に城山神社(祭神大山祇神)があり，神社には，江戸時代から伝わる浅草流松尾神楽(県民俗)がある。

菅尾石仏 (55)

精巧な技法で浮彫りされた5軀の磨崖仏

0974-22-2616(豊後大野市観光協会三重町支部)
0974-22-2111(豊後大野市教育委員会・豊後大野市産業経済部商工観光課)

〈M►P. 180, 241〉豊後大野市三重町浅瀬
JR豊肥本線三重町駅🚗20分

三重町駅から国道326号線を東へ行き，三重高入口交差点を左に進む。約600m行くと左手に，市辺田八幡社(祭神応神天皇・神功皇后・比売大神・三毛入野命)があり，そこに木造阿弥陀如来坐像(県文化)が安置されている。この像は，1335(建武2)年，佐伯惟通が同社に近接する高野山真言宗神宮寺の本尊にしたものと伝えられる。高さ約2.8mの寄木造で，漆箔の丈六坐像である。

国道326号線に戻って北東に進み，三重東小学校手前の道を右に折れ，東に向かって九十九折をのぼって行くと，上小坂公民館がある。その南の山中に，大塚古墳(県史跡)がある。5世紀頃の前方後円墳で，全長は約40mある。

大塚古墳から国道326号線を北へ向かい，菅尾駅前交差点のつぎの信号を右折し，そのまま1kmほど行くと，了因寺(浄土真宗)の裏の高台に，的場石幢(県文化)がある。もとは宮尾地区の的場にあったが，1977(昭和52)年に現在地に移された。高さが2.4mあり，笠・中台・幢ともに，完全な円形で保存され，「明応二(1493)年」の銘をもつ。同地区の有田の道路沿いに，同じ紀年銘を刻む有田石幢(県文化)がある。

菅尾石仏

菅尾駅前交差点から国道326号線を北へ進み，400mほど過ぎた所で左に折れ，途中，豊肥本線の踏切を越え，菅尾小学校横を通り，トンネルをくぐりながらまっすぐ進むと，三差

路に出る。それを右に折れてさらに300mほど行くと，菅尾石仏(国史跡，菅尾磨崖仏として国重文にも指定)がある。石造鳥居をくぐり，100段近い石段をのぼりきった岩壁に，鮮やかな彩色が施された5軀の磨崖仏が，精巧に浮彫りされている。

　平安時代後期の作と推定され，向かって左から千手観音・薬師如来・阿弥陀如来・十一面観音が，いずれも高さ60cmほどの方形の裳懸座上に座す姿で丸彫りされている。右側の壁面には，毘沙門天立像が高浮彫りされている。

　三差路まで戻り，西へ200mほど行った所の岩壁に，菅尾石仏と向かい合うように，「南無阿弥陀仏」の六字名号が素晴らしい筆跡で刻まれている。1754(宝暦4)年に完成したものといわれている。

あとがき

　文庫版『大分県の歴史散歩』が刊行されたのが1977(昭和52)年5月，新書版として刊行されたのが1993(平成5)年3月であった。文庫版・新書版の刊行を経て，この度，全面的に改訂され，装いも新たに刊行されることになった。多くの皆様に親しまれ活用されてきた証左であるとともに，『歴史散歩』が積み重ねた歴史の重さを感じる。

　この間，県内の文化財も新たに指定された史跡や物件が増加するとともに，文化財を取り巻く環境が交通網の発達などにより大きく変化した地域もある。また，「平成の大合併」といわれる，全国的に大規模な市町村合併が行われ，大分県は14市3町1村となり，律令制以来の長い歴史を持つ「郡」や様々な歴史的地名が失われた。

　このような現状を踏まえ，新たな『歴史散歩』の執筆にあたり，文庫版・新書版のよさは継承しつつ，(1)大分県の自然地形に従った章立てを行う，(2)記述に新しい視点を盛り込む，(3)新たに発見されたり指定された文化財・史跡は，近代化遺産や戦争関連遺跡なども含め，できるだけ紹介する，(4)新しい研究成果を取り入れ，コラムの充実も図る，などの方針で臨むことにした。執筆者それぞれが担当地域の歴史を訪ね歩き，文化財などの現状を知り，読者の皆様が，使いやすく現地を思い描きやすいような記述となるように努めた。この『歴史散歩』の中で，まず大分県の歴史を散歩していただき，そして現地で歴史に触れるとともに，その歴史を守り伝えてきた人びとの思いを感じていただければと願っている。本書が，大分県の歴史探訪のガイドブックとして，多くの方々に利用されることを期待したい。

　最後に，執筆にあたり御教示・御協力いただいた方々や，資料・写真などを御提供いただいた方々に厚くお礼申し上げたい。また，当初の刊行予定から大幅に遅れ，刊行までお手を煩わせた山川出版社の皆様には大変御世話になった。併せて感謝申し上げる。

　　　2008年3月

　　　　　　　　　　　　　『大分県の歴史散歩』編集委員　佐藤晃洋

【大分県のあゆみ】

地名「大分」の起源

　大分県は九州の北東部に位置し、旧豊後国と旧豊前国の一部（宇佐郡・下毛郡〈現、宇佐市・中津市〉）とをあわせた地域が県域となっている。久住連山や祖母・傾山系などの山や渓谷・温泉・リアス式海岸など、きわめて多様性に富んだ自然・地形が、美しい景観を生み出し、さらに歴史や文化・人材をはぐくんできている。

　この「大分」という地名にはどのような由来があり、いつ頃から使用されていたのであろうか。672年に勃発した壬申の乱において、大海人皇子（のちの天武天皇）に従った舎人に大分君恵尺がいた。恵尺は、高市皇子・大津皇子らを父大海人皇子に合流させるために活躍している。また、大海人皇子に従い、近江（現、滋賀県）の瀬田の戦いで先陣を切った兵衛が大分君稚臣であった。また、6世紀頃の国造を記した『先代旧事本紀』の「国造本紀」には、「比多国造」「国前国造」などとともに「大分国造」がみえる。これら大分君一族や大分国造などの存在は、「おおいた」「おおきだ」など訓み方に違いはあるが、「大分」という地名表記が古くから存在したことを示している。

　そして、8世紀に編纂された『日本書紀』や『豊後国風土記』などの景行天皇九州巡幸説話の一節には、地名「大分」の起源が盛り込まれている。天皇がこの地を訪れた際に「広大なる哉、この郡は。よろしく碩田国と名づくべし」と述べ、これがのちに「大分」と記されるようになったという。しかし、大分の地形は広大とは言い難く、複雑であることから、「多き田」が「大分」となったと考えるのが妥当であろうといわれている。

原始

　「大分」の地における人びとの営みの痕跡を遺跡からみていくと、旧石器時代の遺跡が200カ所近く確認されている。早水台遺跡（日出町）や丹生遺跡（大分市）で、前期旧石器時代の石器が発見されたが、遺跡の多くは後期旧石器時代（1万3000年前～2万年前）のもので、岩戸遺跡（国史跡）・百枝遺跡・市ノ久保遺跡（いずれも豊後大野市）などが分布する大野川流域を始めとして、筑後川上流域、大分川流域、宇佐・中津市域などに点在している。

　およそ1万年前、縄文時代になると遺跡は増加する。政所馬渡遺跡・前田遺跡（ともに竹田市）などで、縄文土器最古の形式とされる隆帯文土器や爪形文土器が出土している。早期の遺跡としては、早水台遺跡とその周辺の遺跡群があげられる。県内各地に縄文時代前期から晩期の遺跡が分布しているが、とくに注目されるのは、晩期の代表的集落遺跡である大石遺跡（豊後大野市）などの、後期終末期から晩期にかけての遺跡から、石包丁形石器が出土したことである。このことから、なんかの形態の農耕が行われていたと推測されている。また、姫島（現、姫島村）産黒曜

大分県のあゆみ　　245

石の流通も注目される。国東半島の北に浮かぶ姫島の観音崎から産出される黒曜石は，石器の材料として広く重用された。瀬戸内海西部一帯・四国南部などで発見されており，縄文時代の，海を媒介とした地域間の交流の様子を知ることができる。

弥生時代になると，前期末頃から水田耕作が始まったといわれ，吹上遺跡(日田市)や台ノ原遺跡(宇佐市)・雄城台遺跡(大分市)・石井入口遺跡(竹田市)などに代表される，地域の拠点となる大型集落も出現している。また，弥生時代後期の安国寺集落遺跡(国史跡，国東市)では，「東の登呂(静岡県)に対する西の登呂」といわれるほど豊富な遺物や住居跡などが発見されている。一方，弥生時代後期と考えられる小迫辻原遺跡(日田市)からは100～150m規模の環濠をもち，2カ所の張り出しのある大規模住居跡が発見されている。さらにその内部に47～48mと，38～39mの環濠をもつ居館跡が発掘された。ともに3世紀末から4世紀初めのものと推定されており，注目されている。さらに，別府遺跡(宇佐市)からは朝鮮式小銅鐸が出土しており，朝鮮半島との交流を知ることができる。

3世紀末になると，時代の画期となる前方後円墳が近畿地方に出現する。県内では，環濠集落が所在した駅館川右岸の台地上に，九州最古級の前方後円墳の1つである赤塚古墳(宇佐市)などからなる3世紀末から6世紀にかけての，首長墳を中心とした川部・高森古墳群(宇佐市)が出現した。

地域権力の象徴としての前方後円墳を始めとする大型古墳は，下原古墳(国東市)，亀塚古墳・築山古墳(ともに国史跡，大分市)，臼塚古墳・下山古墳(国史跡，ともに臼杵市)など，海に生きる人たちの拠点に多く造営されており，海からみた目印の役割もはたしていたと考えられる。その後5世紀後半頃まで，七ツ森古墳群(国史跡，竹田市)，蓬莱山古墳・御陵古墳(ともに大分市)，天満古墳(日田市)など，県内各地に前方後円墳がつくられている。

古墳時代後半の古墳は，雷鬼岩屋古墳(豊後高田市)や鬼の岩屋古墳(国史跡，別府市)，千代丸古墳(国史跡，大分市)，ガランドヤ古墳・穴観音古墳(ともに国史跡，日田市)など横穴式石室のものが多くなり，6世紀後半になると，上ノ原横穴墓群・宮園横穴(中津市)，四日市横穴群(国史跡，宇佐市)，滝尾百穴横穴古墳群(大分市)，市用横穴(竹田市)などのように，崖や斜面などに築かれた横穴墓が急速に普及した。

古代

701(大宝元)年の大宝律令の成立，710(和銅3)年の平城京遷都により，律令体制は整備され，地方には国・郡・里(のちに郷)がおかれていった。豊後国の国府がどこにおかれていたかは不明であるが，大分川左岸の大分市古国府におかれていたのではないかと考えられている。

郡について『和名類聚抄』をみると，豊後国に大分・海部・日田・球珠・国埼・速見・大野・直入の8郡，豊前国も宇佐・下毛(以上現，大分県域)など8郡が

記されている。また,『日本書紀』や『豊後国風土記』をみると,宇佐地方には菟狭津彦や菟狭津媛・神夏磯媛,国東地方には国崎臣宇那手足尼や牟在自(武蔵)命,速見郡には速津媛や青・白(土蜘蛛),直入郡禰疑野には打猨・八田・国摩侶(土蜘蛛),日田郡には久津媛と日下部君らの豪族がいたことが記されており,ヤマト政権に従った族長は彦や媛と記され,反抗したものは土蜘蛛と記されている。

8世紀前半,八幡神が『続日本紀』などに登場する。八幡神の起源は謎に包まれているが,もともとは宇佐地方の農業神であり,地元の豪族宇佐氏や大和(現,奈良県)系の豪族ともいわれる大神氏,渡来系の豪族辛嶋氏によってまつられていた神とみられる。『八幡宇佐宮御託宣集』によると,720(養老4)年には,隼人出兵に際して,ヤマト政権が八幡神を自軍の守護神としており,鎮護国家の神として敬われるようになっている。

八幡神は,聖武天皇・持統天皇の時代に朝廷をあげて尊崇され,東大寺(奈良市)大仏造立の援助などを行っている。大仏開眼に際して上京した八幡神は,日本で初めて神位を受け,朝廷から宇佐宮に「宇佐使」が派遣されることとなった。その後,769(神護景雲3)年には,道鏡による国家を揺るがす政争のなかで,八幡神の名がより広められることになった。八幡神が道鏡を天皇にとの託宣を出したといわれ,称徳天皇はそれを確かめるために,和気清麻呂を宇佐へ派遣した。八幡神の神託は道鏡の期待を裏切るものであり,道鏡は失脚する(宇佐八幡宮神託事件)。

八幡神は,7世紀頃から仏教が信仰されていた豊前国に創出されたこともあり,当初から仏教との関係が深く,いち早く神仏習合した神の1つでもあった。仏教と宇佐宮を結びつける役割をになったのが,僧法蓮ともいわれている。737(天平9)年には,日足(現,宇佐市)の地にあった弥勒禅院などが宇佐宮境内に移築され,神宮寺として弥勒寺が建立され,初代別当に法蓮がなったという。

9世紀頃,宇佐宮・弥勒寺が天台仏教と融合し,在来の修験道とも結び,独自の仏教文化が国東半島に花開いた。国東半島に点在する天台寺院の総称が「六郷山(六郷満山)」である。六郷山寺院は,718(養老2)年に仁聞によって開かれた,と伝承されている。耶馬渓層とよばれる屹立した岩山や岩窟は,聖なる地として信仰の対象とされ,寺院が立地した地は,もとは宇佐宮・弥勒寺の僧侶らの修行の場であったと考えられる。また,多くの仏教建築・仏教彫刻・石造美術品などが現在に伝えられ,仏教文化の宝庫といえる。とくに,富貴寺大堂(国宝,豊後高田市)の建物や浄土図が描かれた壁画などは,宇治平等院鳳凰堂(京都府)や中尊寺金色堂(岩手県)とともに,浄土教文化を代表する文化財である。

大分県の古代以降の歴史・文化の特徴の1つに,磨崖仏を中心とする「石の文化」をあげることができる。磨崖仏は,国東半島,大分市周辺,臼杵・大野川流域に集中しており,400軀以上が確認されている。国東半島の磨崖仏は,熊野磨崖仏(国重文・国史跡,豊後高田市)のように,半肉彫りのレリーフ状のものが多く,大

分市周辺から大野川流域の磨崖仏は，元町石仏(国史跡，大分市)・菅尾石仏(国史跡，豊後大野市)・臼杵磨崖仏(国宝，臼杵市)のように，木造仏のように丸彫りされたものが多い。これらの磨崖仏は，制作年代や制作者が不明のものがほとんどであるが，平安時代後期から鎌倉時代以降に，地方豪族やそれと結びついた僧侶集団によって制作されたと考えられている。

中世

平安時代中期になると，全国に寄進地系荘園が成立し，大分県においても12世紀までには荘園・公領体制が完成している。県内の荘園の6割以上を宇佐宮が占めており，郡別にみると，国東郡・速見郡は宇佐宮・弥勒寺領，大分郡・海部郡・直入郡は国衙領や権門領，玖珠郡・日田郡は院領荘園が，それぞれの主体となっていた。のちに宇佐宮は九州最大の荘園領主となるが，宇佐宮は近衛家を，弥勒寺は石清水八幡宮をそれぞれ本家としている。

このような荘園・公領体制の時代は，武士の時代の準備期間でもあった。大分県には，豊後大神氏らの豊後武士団が登場している。9世紀末に豊後介大神良臣の子に始まるとされる豊後大神氏は，姥嶽大明神という蛇神との神婚によって生まれた者を祖とするという伝説をもっている。平安時代末期，豊後国最大の勢力を有した大神氏の流れに，豊後武士団の棟梁として名をあげた緒方三郎惟栄がいる。『平家物語』には「彼惟栄は怖き者の末なり」と紹介されている。

緒方惟栄は宇佐宮領緒方荘の荘官職を帯びていた。『平家物語』には平重盛の家人となっていたが，平清盛が死んだ月に源氏に味方するようになったと記されている。惟栄は兵船82艘を率いて平氏追討に功を立てているが，治承・寿永の乱(1180～85年)後，惟栄は源頼朝と対立した源義経に味方したことと，乱中に平氏方につき，反源氏の拠点となった宇佐宮を焼討ちしたことなどの罪によって，上野国沼田荘(現，群馬県)に流罪となり，豊後は鎌倉幕府初代将軍頼朝の関東御分国となった。また，平氏方についた宇佐宮は，幕府成立後も頼朝に保護され，急激な衰退は免れたが，承久の乱(1221年)以後，宇佐宮領や弥勒寺領に幕府任命の地頭が配置されていった。

豊後守護職・鎮西奉行であった中原親能の養子大友能直が豊後に入部したのは，1196(建久7)年といわれる。大友能直は，頼朝に近侍した人物で，中原親能から豊後守護職や鎮西奉行を受け継いでいる。能直が豊後に入部した年，緒方一族没落後の豊後大神氏の中心となっていた大野九郎泰基が，これを不服として同族の阿南惟家・家親らとともに，高崎山城と鶴賀城(ともに大分市)および神角寺(豊後大野市)に拠って抵抗したが，敗れ去った。大野泰基の本貫地大野荘(豊後大野市)は，没収されて大友能直が領することになり，その庶子家の志賀・一万田・詫磨の諸氏らに大野荘地頭職が分割譲渡された。また，この戦いで敗れた朽網氏の所領朽網郷(現，竹田市)には，大友氏の重臣古庄重吉が地頭として入り，朽網氏を継ぐなど

して，各地で地頭の関東勢への交替がみられた。しかし，豊後大神氏のうち，稙田氏は大野泰基らの謀叛には参加しなかったとみられ，稙田荘（現，大分市・由布市）に勢力を伸ばし，やがて鎌倉幕府の御家人となった。

大友氏3代頼泰は，文永・弘安の役（1274・81年）に際して鎮西東方奉行となり，御家人の指揮にあたった。南北朝時代には，大友氏6代貞宗の2男大友貞載が伊豆佐野山の合戦で，新田義貞方から足利尊氏方に内応して以来，一貫して足利氏についている。当時の豊後は稙田荘や玖珠郡が皇室御領（南朝方）であったことから，豊後武士団も惣領が北朝方につくと庶子家は南朝方につき，またこの逆になることもあった。南北朝の争乱初期には，玖珠郡の高勝寺城（玖珠城，玖珠町）が九州の主戦場となった。争乱中期以降になると，主戦場は肥後（現，熊本県）に移ったが，肥後の菊池氏が豊後に攻め込んで，高崎山城をめぐってしばしば合戦が行われている。

大友氏は9代氏継・10代親世兄弟から後は，両人の子・孫と両統交替相続という所領相伝を行った。その後，15世紀末におこった，16代政親と17代義右の父子対立による内乱，16世紀半ばの二階崩れの変などの大友氏存亡の危機もあったが，これらを乗り越えて16世紀後半には，21代大友義鎮（宗麟）の時代を迎える。宗麟は一時は北九州6ヵ国の守護職・九州探題職・相伴衆となり，大友氏の全盛期を築いた。しかし，宗麟の名は，九州戦国大名の雄というよりも，キリシタン大名として，キリスト教や西洋文化を積極的に取り入れたことにより，広く知られた。

豊後にはポルトガル船や中国船の来航もみられ，府内（現，大分市）は，キリスト教の中心地の1つとして栄えた。日本にキリスト教をもたらしたフランシスコ・ザビエルを始め，多くの宣教師が訪れ，教会堂や神学校，病院などが建てられた。しかし，1578（天正6）年には，薩摩（現，鹿児島県）の島津氏との合戦に敗れ，1587年の豊臣秀吉による島津氏制圧後，豊前国（現，福岡県東部・大分県北部）には黒田孝高（如水）が入り，豊後国一国が宗麟の子大友義統（吉統）の支配地となった。そして，1593（文禄2）年，文禄の役における失策を理由に，義統は秀吉により豊後を没収され，鎌倉時代以来約400年続いた大友氏の時代は幕を閉じた。

大分県の中世は，さまざまな石造物が造立された時代でもあった。宝塔の一種で，独特の形式をもつ国東塔や，板碑・宝篋印塔・五輪塔などが広く分布している。国東塔では，岩戸寺（国重文）・伊美別宮八幡社・釜ヶ迫（国重文，いずれも国東市）のものが代表的である。

近世

豊前国（現，福岡県東部・大分県北部）では，1587（天正15）年の黒田孝高（如水）入部後，検地反対の土豪一揆が勃発したが鎮圧され，いわゆる「太閤検地」が実施された。豊後国は，1593（文禄2）年に豊臣秀吉の蔵入地（直轄地）とされ，太閤検地が行われた。この検地では，村に上・中・下の村位をつけて，村ごとに石盛を決めるという村位別石盛制を採用している。そして翌年にかけて，文禄の役（1592年）の

恩賞として豊臣方の大名を豊後に封じ、豊後の分割支配体制が整えられた。1600（慶長5）年の関ヶ原の戦いに際して、大友義統（吉統）は大友氏再興を期して西軍につき、東軍の黒田如水と石垣原（現、別府市）で戦ったが、敗れている。

関ヶ原の戦い後、西軍についた大名は徳川家康から改易され、豊後には徳川氏により新大名が封ぜられた。豊前・豊後では、その後も大名の転封・改易が幾度か行われ、江戸時代末期には多くの藩や領に分けられていた。最大の藩は10万石の中津藩（奥平氏）であり、杵築藩（能見松平氏）3万2000石、日出藩（木下氏）2万5000石、府内藩（大給松平氏）2万2000石、臼杵藩（稲葉氏）5万石、佐伯藩（毛利氏）2万石、岡藩（中川氏）7万石、森藩（久留島氏）1万2000石の8大名領があり、それぞれ城や陣屋を設けていた。ほかに、大名の分知領や熊本藩（細川氏）・延岡藩（内藤氏）・島原藩（松平氏）などの飛び地領、旗本領、宇佐宮神領などがあった。また、日田などにおかれた江戸幕府の代官所（西国筋郡代役所）が管轄していた幕府領（天領）もあった。まさに、「小藩分立」であった。

小なりとはいえ県内各地に城下町ができ、18世紀後半には、藩ごとに特徴をもつ藩校がおかれた。私塾や寺子屋における教育とともに、各藩独自の学問や文芸が発達し、地方文化がはぐくまれ、人材が各地から輩出している。「豊後三賢」といわれる三浦梅園（国東市）・帆足万里（日出町）・広瀬淡窓（日田市）を始めとして、脇蘭室（日出町）・毛利空桑（大分市）・前野良沢（中津市）・麻田剛立（杵築市）・田能村竹田（竹田市）・大蔵永常（日田市）・賀来飛霞（宇佐市）・福沢諭吉（中津市）ら、文化人を輩出した。

また、各地の特産品が生み出されたのも近世であった。特産物の代表は、七島蓆であった。七島蓆は、国東半島東部から別府湾沿岸の地域で栽培された七島藺を加工したもので、大坂を始め各地に販売された。国東半島西部や宇佐郡・日田郡などでは、蠟の原料である櫨の栽培が奨励されていた。また、海部郡の海岸線に沿った地域は水産資源の宝庫であり、干鰯は代表的な産物であった。そのほか、速見郡の温泉地帯で産出された明礬を始めとして、金・銀・銅・錫・鉛・石灰・硫黄などの鉱産資源も地域の特産品となった。

一方、近世は「大開発の時代」でもあった。大分川中・下流域の村々が初瀬井路の開削（1650年）により村高が増加したように、各藩は年貢収入の増加を目指して新田開発を奨励し、用水路の開発を進めた。しかし、野津原（現、大分市）の工藤三助が中心となって進めた大龍井路などの工事では、巨岩を焼き、水をかけることで掘り抜いたと伝えられるなど、開削は容易なものではなかった。中津藩領の荒瀬井路の開削では、鉱山技術が導入されている。

また、周防灘を望む国東半島西部（現、豊後高田市）から宇佐・下毛郡（現、宇佐市・中津市）の沿岸地域では、18世紀後半から沿岸部の干拓事業が実施されて、とくに19世紀には、西国筋郡代塩谷正義と日田（現、日田市）の豪商広瀬久兵衛らによ

って，呉崎新田（豊後高田市）を始め，多くの新田が開発された。広瀬久兵衛は，19世紀後半には宇佐の駅館川右岸の台地の水田化を目的とした，広瀬井路の開削にも資金面などで支援している。

近代

1868（慶応4）年1月，佐田秀らに率いられた浪士らが四日市陣屋（宇佐市）をおそい御許山にこもるという御許山騒動が発生し，西国筋郡代窪田治部右衛門は，日田（現，日田市）から逃走した。明治維新を進めていた新政府は，西国筋郡代が管轄していた幕府領を収公し，松方正義を知事に任じて日田県を設置した。やがて，諸藩も新政府に帰順し，版籍奉還，そして廃藩置県が行われた。1871（明治4）年11月には豊後国は大分県，豊前国は小倉県となり，全国は3府72県にまとめられた。政府は各府県の長官に，その府県出身者以外を任命することを原則としており，初代大分県長官（参事，のち県令）には，岡山県権大参事であった森下景端が任命された。

1876年，2度にわたって県の統廃合が行われた。4月に小倉県は福岡県と合併し，8月には下毛郡・宇佐郡が大分県に編入されることになった。ここに，今日の大分県域が確定した。

1877年に勃発した西南戦争では，県内でも激しい戦闘が行われた。福沢諭吉の又従兄の増田宋太郎は，3月に中津の士族60人を率いて大分県中津支庁（現，中津市）をおそい，4月には南下して大分県庁（大分市）を襲撃した。県庁を落とすことができなかった増田らは，別府（現，別府市）・湯布院（現，由布市）を経て熊本へ向かい，二重峠（熊本県）で薩摩軍に合流した。増田は，城山（現，鹿児島県）で西郷隆盛らとともに戦死した。県内の戦闘では竹田（現，竹田市）の攻防戦が激しく，1500戸もの家屋が戦火で焼失した。そして，民衆らも物資運搬などに両軍から徴用され，大きな負担を強いられた。また，1874（明治7）年，板垣退助らによる「民撰議院設立建白書」の太政官左院への提出に端を発する自由民権運動は，県内においてもおおいに盛り上がった。宇佐郡高並村（現，宇佐市）の大井憲太郎は，板垣らの士族民権に対して庶民民権を提唱し，増田宋太郎もいち早く民権運動に参加していた。西南戦争後は，上田長次郎らが国会期成同盟に参加している。

このように明治時代を迎えた大分県ではあったが，道路や鉄道などの交通体系の整備は遅れている。1873（明治6）年に別府・大阪間に蒸気船の定期便が就航したが，1887年に小倉・宇佐間で開通した現在のJR日豊本線が，大分まで開通したのは，1911（明治44）年であった。その一方で，宇佐参宮鉄道や豊州鉄道・耶馬渓鉄道・国東鉄道など，国鉄と各所を結ぶ軽便鉄道が敷設されている。また，1900（明治33）年になると，竹田の736戸に県内で初めて電灯が灯された。これに刺激されて県内各地に発電所が建設されるようになり，都市部への電灯と動力の供給が始まった。

1901年には陸軍の日出生台演習場が設けられた。そして，1907年に大分連隊が設

置され，1919(大正8)年には，シベリア出兵(1918〜22年)に際して，大分歩兵第72連隊田中大隊がシベリアのユフタで全滅するという悲劇がおきた。やがて日中戦争(1937年)，アジア・太平洋戦争(1941年)が勃発したが，この間，佐伯(現，佐伯市)に，呉鎮守府所属佐伯海軍航空隊が1934(昭和9)年に設置されたのを皮切りに，1938年には大分(現，大分市)に大分海軍航空隊が，1939年には柳ヶ浦(現，宇佐市)に宇佐海軍航空隊が設置された。そして第二次世界大戦末期には，宇佐航空隊基地は特攻隊基地になり，1945年8月15日の終戦の日，最後の特攻機彗星3機が沖縄の空に飛び立った。現在も，宇佐市には，戦闘機や爆撃機を格納した掩体壕が残されている。また，大神(現，日出町)には人間魚雷「回天」の基地が建設され，1945年4月には大神突撃隊が発足した。航空隊や回天の基地が設置されていた大分や佐伯・柳ヶ浦・大神などは，アメリカ軍の空襲を受けている。

現代

戦後は，農業県から工業県への転換が図られた。その結果，昭和30年代になって臨海工業地帯の造成が行われ，新しい息吹が感じられるようになった。1964(昭和39)年には大分市・別府市を中心に，3市7町が新産業都市建設促進法に基づいて大分地区新産業都市に指定され，地区内の企業進出・工業出荷額・所得・人口が著しく増加した。しかし，大分地区新産業都市としての成果は，大分市など一部に集中し，全県的には激しい過密・過疎の問題が進行した。農業の機械化や家庭の電化は進んだが，都市部においては，住宅不足・水不足・交通問題などが深刻化し，過疎地域では，防災や教育・医療などの生活基盤の維持すら困難になっていった。また，各地で公害が発生して社会問題化し，1969(昭和44)年の臼杵・風成の公害反対闘争，1973年の豊前火力発電所建設差止請求訴訟などの住民運動を引きおこした。

こうしたなか，日田郡大山村(現，日田市)，東国東郡姫島村，大分郡湯布院町(現，由布市)などでは先駆的な「村おこし運動」が進められた。大山村では「梅栗植えてハワイへ行こう」運動を展開し，姫島村では離島振興法によるクルマエビ養殖を行った。

「村おこし運動」は行政主導型・グループなどの民間主導型と多様で，県内各地に新しい運動がおこされていった。1979年に県知事平松守彦が提唱した「一村一品運動」は，地域の特性を生かしたモノづくりを通して，ふるさとを活性化しようとする運動であり，全国的にも注目され，さらに外国にまで知られるようになった。また，県北・国東地域の大分空港からの空輸を主要な輸送手段とする先端産業を配置した「テクノポリス構想」，県南地域の豊かな水産資源と美しい自然を活用した「マリノポリス構想」などのプロジェクトも進行している。

大分県は，2006(平成18)年3月に完了した「平成の市町村大合併」により，14市3町1村となり，県知事広瀬勝貞による「安心・活力・発展」の新しい大分県づくりが進められ，2008年には大分県では2回目となる国体が開催された。

【地域の概観】

　大分県は、律令制下では、豊前国(現、福岡県東部・大分県北部)下毛郡・宇佐郡と、豊後国(現、大分県中部・南部)国東郡・速見郡・大分郡・海部郡・大野郡・直入郡・玖珠郡・日田郡とに分けられていた。

県都大分と別府湾沿岸

　1871(明治4)年、廃藩置県後の11月14日、小藩分立状態を解消し、豊後一国の県名として「大分」が用いられるようになった。当初は、中世までの豊後国における政治・経済の中心地「府内」を県庁設置予定地としていたこともあり、「府内県」と考えられていたようであるが、府内藩は譜代藩であり、明治維新に際して日和見的態度をとったとして、郡名の「大分」を採用したといわれている。

　県都大分市は、旧大分郡と旧海部郡にまたがっている。律令時代、豊後の国府が現在の大分市古国府・羽屋地域に、大宰府(現、福岡県)に通じる官道の高坂駅が上野台地南側に、軍団が大分市旦野原におかれていたといわれている。また、741(天平13)年の詔によって、一辺18mの基壇と礎石列をもつ七重塔や金堂・講堂などからなる国分寺が、大分市国分に建立されている。

　830(天長7)年には、天台僧金亀和尚によって八幡宇佐宮の分霊が勧請され、由原八幡宮(柞原八幡宮)が成立したといわれている。このほか、『延喜式』式内大社西寒多神社がおかれていたり、元町の石仏を始めとして石仏も点在しており、大分川流域が豊後国の政治・文化の中心であったことがうかがえる。

　鎌倉時代、大友惣領家が豊後に入国すると、上野台地に館がつくられ、中世を通して町の中心がしだいに台地北側に移っていき、府内の町がつくられた。16世紀後半になると、大友義鎮(宗麟)の保護のもとに、フランシスコ・ザビエルを始めとする宣教師やルイス・アルメイダら医師も府内にきて、教会はもちろん病院なども建てられた。府内は政治・経済、そしてキリスト教や南蛮文化の中心地となった。

　近世の大分市域は小藩分立の時代であった。幕末期には、府内藩(大給松平氏、2万2000石)を始め、熊本・岡・臼杵・延岡・島原藩などの諸藩領がおかれていた。

　明治時代になると、大分県庁が大分市におかれ、同市が県の政治・経済・文化の中心地となり、県として発展していった。

　別府湾沿岸の別府市や日出町・杵築市は、旧速見郡に属していた。『豊後国風土記』によると、景行天皇が西征の途次、速津媛の出迎えを受けた所を速津媛の国と名づけ、のちに速見の郡となったという。

　江戸時代、藩の政治・経済・文化の中心であった城下町として栄えた杵築市(杵築藩〈能見松平氏、3万2000石〉)や日出町(日出藩〈木下氏、2万5000石〉)は、町並みに当時の面影を残している。

　湯けむりが各所から立ちのぼる泉都別府は、古くから温泉地として知られていたようで、『豊後国風土記』速見郡の項に、赤湯泉・玖倍理湯・竈門山・河直山など

の地名が記されており，『伊予国風土記逸文』にも「大分と速見との湯を下樋より持ち来り」とある。

「別府」という地名は，荘園「石垣荘別府」に由来するといわれている。11世紀後半以降，国衙の在庁官人・郡司・郷司らを始めとする地方の有力者が，国衙などから許可を得てその地を開発し，私領を形成していった。この開発にともなう許可書が本来「別符」とよばれており，転じて開発した地域を「別符」あるいは「別府」などと称していた。石垣荘別府は，石垣荘に隣接する部分が別符によって開発されたものであった。

1694（元禄7）年，別府を訪れた貝原益軒は，『豊国紀行』で温泉が10カ所あることを記し，砂湯・蒸し湯・共同浴場など，保養・療養の効能を述べている。明治時代になると海の玄関口である別府港が完成し，1911（明治44）年には鉄道（現，JR日豊本線）も開通した。それにともない，温泉客数が飛躍的に増加し，別府は温泉保養都市として発展していった。

神の里，仏の山と蘭学の道

大分県の北部には，複雑な山岳地形からなる国東半島と，周防灘に面した県内一の穀倉地帯である中津平野がある。豊後高田市・国東市を始めとする国東半島には，独特の山岳仏教文化が発達した。姫島村は，盆踊りの1つキツネ踊りが有名で，クルマエビの養殖が盛んである。中津市は，江戸時代に城下町として栄え，町並みに当時のたたずまいを残している。宇佐市には宇佐神宮と関連した多くの史跡がある。

地名の「国東」は，『豊後国風土記』によると，景行天皇が周防国（現，山口県南部・東部）から船出した際の「彼の見ゆるは若し国の崎なるかも」という言葉から「国崎」とよばれたことに由来しているという。鎌倉時代には，東方に突き出した地形から「国東」の字があてられたようである。

国東半島は中央部に両子山があり，28の谷が放射状に広がり，谷に沿って形成された村は，平安時代の『和名類聚抄（和〈倭〉名抄）』によると，来縄・田染・伊美・国前・武蔵・阿岐の6郷に分かれていた。宇佐に近い西側から元山八カ寺・中山十カ寺・末山十カ寺の二十八本寺が各谷に沿って建立され，これらの寺院を総称して「六郷山」とよんでいる。この地域は宇佐八幡宮弥勒寺の荘園であり，八幡神・弥勒寺が天台仏教や修験道と結びつき，国東独自の天台仏教文化が花開いた。また，国東半島には，田染地区や都甲地区などの荘園遺跡，富貴寺大堂・真木大堂・熊野磨崖仏などの有形文化財，修正鬼会・吉弘楽などの無形文化財など，多くの文化遺産が残されている。

周防灘に面する旧下毛郡と旧宇佐郡は，明治時代の府県制成立の際に福岡県に編入された6郡とともに豊前国であった。地名「宇佐」は，『日本書紀』に神武天皇が東征の途中に「菟狭」に立ち寄ったと記されており，古くから使用されていた地名であり，「宇佐」の文字が使用されるようになったのは奈良時代頃からである。

宇佐地域の歴史には、この地域に多数居住していた渡来人の存在と、八幡神が大きく影響をおよぼしている。そして、弥勒寺の建立により神仏習合を強めながら、八幡神は地方神から国家神へと変貌し、中央政府からの影響を強く受けるようになるとともに、宇佐神宮に広大な荘園が形成されていく。

　宇佐地域は全体的には水利が良好でなかったため、溜池や井路などによる灌漑が行われた。1751（宝暦元）年から工事が開始された広瀬井路が平野部まで通水したのは、明治時代になってからであった。長い遠浅海岸線をもつことから、江戸時代後半には海岸干拓による新田開発も盛んに行われた。この新田開発には、西国筋郡代塩谷正義や日田の豪商広瀬久兵衛が尽力している。このほか、産業面では、上田俊蔵が普及に努めた櫨の新種「群烏」の栽培が知られている。

　中津は、小藩分立の大分県内にあって、最大の10万石の城下町として発達した。江戸時代後半の中津藩は洋学との関わりが深く、11代藩主奥平昌鹿は前野良沢を支援し、「蘭癖大名」と称された13代藩主奥平昌高はシーボルトと親交もあり、『中津バスタード辞書』の編集にもかかわっている。

　廃藩置県が行われた1871（明治4）年、奥平昌邁は福沢諭吉らの提言を受けて、同年11月に洋式英学校である中津市校を開校した。この開校を祝して、福沢諭吉と小幡篤次郎が郷里の後輩に『学問のすゝめ』を贈っている。

水郷日田と各地の山郷

　日田市がある旧日田郡と、玖珠町と九重町がある旧玖珠郡は県の西部に位置し、JR久大本線沿線にある。

　日田市は周囲を岳滅鬼山・一尺八寸山・五条殿など、標高700～1200mの山々に囲まれた日田盆地のなかにある。盆地中央に大山川と玖珠川をあわせた三隈川が流れ、大小の支流が流入し、水郷日田を形成している。

　日田地域には、磨製石器の宝庫といわれる吹上遺跡や、大分を代表する装飾古墳をもつ法恩寺山古墳群・穴観音古墳・ガランドヤ古墳などを始め、多くの縄文・弥生時代遺跡や古墳が残されている。また、『先代旧事本紀』の巻10「国造本紀」には、比多国造の名をみることができ、古くから日田地域には多くの人びとが生活していたことがうかがえる。

　近世になると、江戸幕府が九州の幕府領（天領）支配と西国大名の監視のために日田代官（のち西国筋郡代）をおき、日田は政治・経済・文化の中心地となった。この日田の中心地が、隈町と豆田町であった。江戸時代初期から商人が集住し、商いで資本を蓄積していき、掛屋商人として代官から預かった公金を貸付けたりするようになり、これらの資本が「日田金」とよばれるようになった。商人のなかには林業を手がける者も出て、日田林業の基礎が築かれた。また、日田地域は、大蔵永常・広瀬淡窓・広瀬久兵衛・森春樹らを輩出している。

　日田市から中津市に向かい旧下毛郡に入ると、景勝地として知られる耶馬渓があ

る。山国川の上・中流域の渓谷であり、大正時代には新日本三景の1つに選ばれている。耶馬渓という名称は、1818(文政元)年に頼山陽がこの地を訪れ、「耶馬渓天下無」と漢詩を詠んだことに由来している。

旧玖珠郡は、玖珠川の上流に位置しており、万年山・岩扇・切株山などが特異な風光をもたらしている。原始時代の遺跡として、方形周溝墓や装飾古墳が残っている。

玖珠地域に形成された村は、平安時代の『和名類聚抄(和〈倭〉名抄)』によると、今巳・小田・永野の3郷に分かれていた。近世になると、1601(慶長6)年に久留島氏(初代康親は「来島」、2代通春から「久留島」)が入封し、森藩(1万2000石)がおかれた。久留島氏は角牟礼山麓に陣屋を設け、以後、明治時代までその支配を続けた。「童話の父」久留島武彦は、最後の藩主久留島通靖の孫である。

また、由布市は旧大分郡と旧速見郡にまたがっていた。旧速見郡に大半が属していた由布市湯布院町は、『豊後国風土記』には「柚富の郷」と記されている。由布院とよばれるようになったのは、律令時代の正税を納める倉院がおかれたためとみられている。

あまべの里と奥豊後

旧海部郡には、豊予海峡に鏃型に突き出した佐賀関半島を起点として、南へ延びているリアス式海岸がある。太平洋から豊後水道に流れ込む潮流に洗い続けられた臼杵市・津久見市・佐伯市の海岸は、数多くの岩礁と入江をもち、魚介類の宝庫といわれ、日豊海岸国定公園に指定されている。また、「奥豊後」と称される豊後大野市・竹田市には、大野川の豊かな水利により、県内屈指の畑作地帯が形成されており、久住山南麓には阿蘇外輪山まで広がる雄大な久住高原がある。

旧海部郡は、『豊後国風土記』には「この郡の百姓は竝、海辺の白水郎なり。因りて海部の郡という」とあり、海人の郡といわれるだけに、天然の良港に恵まれ、佐賀関・臼杵・津久見(四浦)・佐伯・蒲江などの港は古くから発展し、タイ・ブリ・アジ・サバなどの海の幸の恩恵を受けてきた。

平安時代には海部水軍が生まれ、天慶の乱(939～941年)では藤原純友の次将として佐伯是基が活躍した。源平合戦に際しては、棟梁の緒方惟栄のもとに、兵船82艘を組織して源氏に味方し、豊後武士団の名を高めた。

良港であった臼杵や佐伯は、中世の海上交通の拠点として明船の寄港地となり、16世紀の大友義鎮(宗麟)の時代には南蛮船が臼杵に寄港し、さまざまな南蛮文化をもたらしている。1600(慶長5)年にはオランダ船リーフデ号が臼杵に漂着し、その乗組員ウィリアム・アダムスとヤン・ヨーステンは、外交顧問として徳川家康に仕えることになった。

江戸時代、海部地域には臼杵藩(稲葉氏、5万石)、佐伯藩(毛利氏、2万石)などがおかれた。長いリアス式海岸をもつ佐伯藩では、「佐伯の殿様、浦でもつ」とい

われるほど、干鰯を中心とする海産物からの収入が藩財政を支えていた。佐伯藩8代藩主毛利高標は、「佐伯文庫」とよばれる総計8万冊といわれる書籍を蒐集したことで知られる。

明治時代以降、臼杵市には造船所や醸造工場、津久見市にはセメント工場などが建設された。近年、佐伯市を中心に、養殖などによる「育てる漁業」が進められている。また、臼杵市にはホキ石仏・堂ヶ迫石仏・古園石仏など、平安時代の作といわれる磨崖仏(臼杵石仏、国宝)が残されている。

旧大野郡と旧直入郡は県の南西部に位置し、JR豊肥本線沿いにある。政所馬渡遺跡や大石遺跡・石井入口遺跡・七ツ森古墳群など、旧石器時代から古墳時代までの遺跡が多数発見されている。

『日本書紀』景行天皇の条には、両郡内に兵站基地がおかれたと記されている。826(天長3)年の太政官符には「大野・直入両郡、騎猟の児を出す。兵において要となす」とあり、このようななかから豊後武士団の棟梁豊後大神氏が生み出された。緒方惟栄を筆頭に、大野泰基・直入惟友・朽網秀基らは大神一族である。この地域には、大野郡野津院が国衙領で、倉院がおかれたほかは、緒方荘が宇佐神宮領、大野荘が三聖寺領、直入郡では朽網郷が安楽寺領、直入郷が清涼寺領になるなど、多くの荘園が成立した。

1586(天正14)・87年の豊薩合戦で、岡城の志賀氏は薩摩軍の再三の攻撃を退け、岡城を難攻不落の堅城として有名にした。近世になると久住が熊本藩領に、田北郷が幕府領、野津・三重の東部が臼杵藩領になったほかは、すべて岡藩(中川氏、7万石)の領地となった。1803(享和3)年、岡藩は唐橋世済(君山)・田能村竹田らに命じて『豊後国志』を編纂させ、のちに幕府に献上している。また、両郡には磨崖仏が多く、臼杵石仏と関係深い真名野長者も生み出している。

【文化財公開施設】　　　　　　　　　　　　①内容，②休館日，③入館料

大分県立先哲史料館　〒870-0814大分市大字駄原587-1　TEL097-546-9380　①中世～近代の大分の先哲に関する資料・古文書，②月曜日(祝日の場合は翌日)，年末年始，特別整理期間，③無料

大分県立埋蔵文化財センター　〒870-0152大分市牧緑町1-61　TEL097-552-0077　①旧石器～近世の埋蔵文化財，大友氏関係資料，②月曜日(祝日の場合は翌日)，年末年始，③無料

大分県立美術館OPAM　〒870-0036大分市寿町2-1　TEL097-533-4500　①近世～現代の美術(田能村竹田・福田平八郎・朝倉文夫・生野祥雲斎ほか)，②原則無休，③有料

大分市歴史資料館　〒870-0864大分市大字国分960-1　TEL097-549-0880　①大分市の歴史・民俗，大友氏関係資料，②月曜日(第1月曜日をのぞく，祝日の場合は翌日)，第1月曜日の翌日，祝日の翌日(土・日曜日をのぞく)，年末年始，③有料

大分市美術館　〒870-0100大分市大字上野865　TEL097-554-5800　①豊後南画から近現代美術(田能村竹田・高山辰雄ほか)，②月曜日(第1月曜日をのぞく，祝日の場合は翌日)，第1月曜日の翌日，年末年始，③有料

毛利空桑記念館　〒870-0106大分市鶴崎381-1　TEL097-521-4893　①毛利空桑関係資料，旧居・塾跡，②月曜日(祝日の場合は翌日)，年末年始，③無料

高崎山自然動物園　〒870-0100大分市大字神崎字ウト3078-1　TEL097-532-5010　①野生のニホンザルの生態，②無休，③有料

大分マリーンパレス水族館「うみたまご」　〒870-0100大分市大字神崎字ウト3078-22　TEL097-534-1010　①海の生物の生態，②臨時休館日，③有料

別府大学附属博物館　〒874-8501別府市北石垣82　TEL0977-67-0101　①考古関係資料，②土・日曜日，大学の休日，③無料

財団法人二階堂美術館　〒879-1505速見郡日出町川崎837-6　TEL0977-73-1100　①近世・近代絵画，②月曜日(祝日の場合は翌日)，年末年始，③有料

きつき城下町資料館　〒873-0002杵築市大字南杵築193-1　TEL0978-62-5750　①杵築藩関係資料，②月曜日(祝日の場合は翌日)，年末年始，③有料

杵築城　〒873-0001杵築市大字杵築16-1　TEL0978-62-4532　①歴代杵築藩主遺品，②年末，③有料

国東市歴史体験学習館「弥生のムラ」　〒873-0504国東市国東町安国寺1639-2　TEL0978-72-2677　①考古を中心とする国東の歴史，安国寺集落遺跡公園，②月曜日(祝日の場合は翌日)，年末年始，③有料

三浦梅園資料館　〒873-0355国東市安岐町富清2507-1　TEL0978-64-6311　①三浦梅園関係資料，②月曜日(祝日の場合は翌日)，年末年始，③有料

国見ふるさと展示館　〒872-1614国東市国見町岐部536　TEL0978-83-0321　①国見の歴史，ペトロ岐部関係資料，民具，②水曜日(祝日の場合は翌日)，年末年始，③有料

山渓偉人館　〒873-0222国東市安岐町下山口567-3　TEL0978-67-3731・0978-67-0155(国東市教育委員会事務局安岐分室)　①重光葵関係資料，②土・日曜日，祝日，年末年始，要事前予約，③無料

大分県立歴史博物館　〒872-0101宇佐市大字高森字京塚　TEL0978-37-2100　①大分の歴史

と文化全般，②月曜日(祝日の場合は翌日)，年末年始，③有料

宇佐神宮宝物館　　〒872-0102宇佐市大字南宇佐2859　TEL0978-37-0001　①宇佐宮関係資料，②火曜日，③有料

九州自然動物公園　　〒872-0722宇佐市安心院町南畑2-1755-1　TEL0978-48-2331　①動物の生態，②無休，③有料

双葉の里　　〒879-0152宇佐市大字下庄269　TEL0978-33-5255　①横綱双葉山関係資料，②第3月曜日(祝日の場合は翌日)，年末年始，③無料

中津市歴史民俗資料館　　〒871-0055中津市殿町1385　TEL0979-23-8615　①中津の歴史と文化遺産，②第4水曜日(祝日の場合は翌日)，年末年始，③無料

村上医家史料館(中津市歴史民俗資料館分館)　　〒871-0049中津市諸町1780　TEL0979-23-5120　①医学史資料，②火曜日(祝日の場合は翌日)，年末年始，③有料

大江医家史料館(中津市歴史民俗資料館分館)　　〒871-0066中津市鷹匠町906　TEL0979-22-0049　①医学史資料，②火曜日(祝日の場合は翌日)，年末年始　③有料

中津城　　〒871-0058中津市二ノ丁本丸　TEL0979-22-3651　①中津奥平家歴代藩主の遺品，②無休，③有料

廣池千九郎中津記念館　　〒871-0162中津市東永添南2423　TEL0979-22-4309　①廣池千九郎の事跡，②月曜日，③無料

福澤諭吉記念館　　〒871-0088中津市留守居町586　TEL0979-25-0063　①福沢諭吉関係資料，旧居，②12月31日，③有料

臼杵市歴史資料館　　〒875-0052臼杵市大字市浜808-1　TEL0972-62-2882　①臼杵市の歴史・大友宗麟関係資料・絵図類，②火曜日(祝日の場合は翌日)，③有料

大雅堂　　〒871-0048中津市新魚町1903 自性寺内　TEL0979-22-4317　①池大雅の南画・書，②無休，③有料

日田市立博物館　　〒877-0003日田市上城内町2-6　TEL0973-22-5394　①日田市の自然史，②日曜日，祝日，年末年始，③無料

天領日田資料館　　〒877-0005日田市豆田町11-7　TEL0973-24-6517　①日田の歴史，書画，②水曜日(祝日の場合は翌日)，年末年始，③有料

広瀬資料館　　〒877-0005日田市豆田町9-7　TEL0973-22-6171　①掛屋資料，広瀬淡窓・久兵衛関係資料，②無休，③有料

咸宜園教育研究センター　　〒877-0012日田市淡窓2-2-18　TEL0973-22-0268　①咸宜園・広瀬淡窓・門下生関係資料，②水曜日(祝日の場合は翌日)，③無料

清渓文庫　　〒877-1107日田市大鶴町2299　TEL0973-28-2213　①井上準之助関係資料，②火曜日，6月1日〜8月31日，12月1日〜2月末日，③有料

久留島武彦記念館　　〒879-4404玖珠郡玖珠町大字森855　TEL0973-72-9200　①久留島武彦関係資料，②月曜日(祝日の場合は翌日)，年末年始，③有料

九重町歴史資料館　　〒879-4803玖珠郡九重町大字後野上17-4　TEL0973-76-3888　①九重町の歴史(原始〜江戸時代)，②月曜日，祝日，年末年始，館内整理日，③無料

由布市陣屋の村歴史民俗資料館　　〒879-5521由布市挾間町大字鬼瀬971-6　TEL097-583-3941　①由布市の歴史，考古，民具，②月曜日(祝日の場合は翌日)，祝日の翌日(日曜日をのぞく)，年末年始，③無料

中國陶瓷美術館　　〒875-0052臼杵市大字市浜808-1　TEL0972-62-2882　①中国古陶磁（新石器時代の土器から清朝磁器），②月曜日（祝日の場合は翌日），年末年始，③有料

野上弥生子文学記念館　　〒875-0041臼杵市浜町538　TEL0972-63-4803　①野上弥生子関係資料，②無休，③有料

吉丸一昌記念館 早春賦の館　　〒875-0052臼杵市市浜980　TEL0972-63-7999　①吉丸一昌関係資料，②無休，③有料

豊後大野市歴史民俗資料館　　〒879-6643豊後大野市緒方町下自在172　TEL0974-42-4141　①豊後大野市の歴史，自然，②月曜日（祝日の場合は翌日も），祝日，年末年始，③無料

朝倉文夫記念館　　〒879-6224豊後大野市朝地町池田1587-11　TEL0974-72-1300　①朝倉文夫の彫刻，関係資料，②月曜日（祝日の場合は翌日），年末年始，③有料

竹田市立歴史資料館　　〒878-0013竹田市大字竹田2083　TEL0974-63-1923　①竹田市の自然，歴史，芸術文化，②月曜日（祝日の場合は翌日），年末年始，③有料

旧竹田荘　　〒878-0013竹田市大字竹田2083　TEL0974-63-9699　①田能村竹田旧居，②月曜日（祝日の場合は翌日），③有料

瀧廉太郎記念館　　〒878-0013竹田市大字竹田2120-1　TEL0974-63-0559　①旧居，廉太郎関係資料，②年末年始，③有料

広瀬記念館　　〒878-0013竹田市大字竹田2020（広瀬神社内）　TEL0974-62-3074　①海軍中佐広瀬武夫関係資料，②無休，③有料

佐藤義美記念館　　〒878-0013竹田市大字竹田1735　TEL0974-63-2650　①童謡・童話作家佐藤義美関係資料，②月曜日（祝日の場合は翌日），祝日の翌日，年末年始，③有料

【無形民俗文化財】

国指定

修正鬼会(岩戸寺)　　国東市国東町岩戸寺　西暦奇数年の旧暦1月5日　※成仏寺と隔年で実施

修正鬼会(成仏寺)　　国東市国東町成仏　西暦偶数年の旧暦1月5日　※岩戸寺と隔年で実施

修正鬼会(天念寺)　　豊後高田市長岩屋　2月13日(旧暦1月7日)

古要神社の傀儡子の舞と相撲　　中津市伊藤田・古要神社　10月12日

日田祇園の曳山行事　　日田市隈・竹田・豆田地区　隈八坂神社・若宮神社・豆田八坂神社　7月20日過ぎの土・日曜日(ユネスコ無形文化遺産に登録)

吉弘楽　　国東市武蔵町吉弘・楽庭八幡社　旧暦6月13日

別府明礬温泉の湯の花製造技術　　別府明礬温泉湯の花製造技術保存会　別府市鶴見(明礬地区)・別府市野田(湯山地区)

御嶽神楽　　豊後大野市清川町宇田枝・御嶽神社　9月23日

豊前神楽　　(植野神楽，豊前蛎瀬神楽，豊前福島神楽，日岳神楽，十ヶ平神楽)中津市・宇佐市

県指定

宮砥神楽　　竹田市次倉・宮砥八幡社　1月1日・7月28日

北原人形芝居　　中津市北原　2月第1日曜日

諸田山神社の御田植祭　　国東市安岐町明治・諸田山神社　3月21日

佐伯神楽　　佐伯市堅田・郷八幡社　4月1日

蒲江神楽　　佐伯市蒲江丸市尾浦・富尾神社　4月5日

杵築若宮八幡社の御田植祭　　杵築市宮司・若宮八幡社　4月初卯

奈多宮の御田植祭　　杵築市奈多・奈多宮　4月9日

犬山神楽　　豊後大野市大野町田代・上津八幡社　4月10日

風流・杖踊　　臼杵市東神野・熊野神社　4月14日

檜原マツ　　中津市耶馬渓町中畑・正平寺　4月14～15日

大原八幡宮御田植祭　　日田市田島・大原八幡宮　4月14～15日

神踊・杖踊　　佐伯市黒沢・富尾神社　4月25日に近い日曜日

ゆたて　　竹田市荻町新藤・荻神社　4月26日

鵜飼　　日田市竹田・三隈川　5月20日～10月末日

三輪流臼杵神楽　　臼杵市臼杵・八坂神社　7月中旬

中津祇園　　中津市古魚町・中津神社・闇無浜神社　7月最終金～日曜日

早吸日女神社八人太鼓附獅子舞　　佐伯市蒲江西野浦・早吸日女神社　7月29日

風流・杖踊　　佐伯市弥生町大坂本・愛宕神社　8月24日

風流・杖踊　　臼杵市野津町西神野・熊野神社　旧暦8月7日

若宮楽　　杵築市宮司・若宮八幡社　9月15日

奥嶽流上畑獅子舞　　豊後大野市緒方町上畑・健男霜凝日子麓社　9月15日

山下岩戸楽　　玖珠郡玖珠町山下・大御神社　9月18日

緒方神楽　　豊後大野市緒方町軸丸・緒方五千石祭り会場　9月23日

立石楽	杵築市山香町立石・立石天満社	9月24日
千束楽	佐伯市宇目千束・鳶野尾神社	9月下旬
玖珠神楽	玖珠郡九重町引治・引治天満社	10月上旬
深山神楽	豊後大野市朝地町市万田・深山八幡社	10月上旬
宝楽	玖珠郡九重町松木・宝八幡宮	10月7・9日
阿鹿野獅子	竹田市宮城・城原八幡社	10月上旬
辻間楽	速見郡日出町豊岡・八津島神社	10月上旬
津島神楽	速見郡日出町豊岡・八津島神社	10月上旬
町田楽	玖珠郡九重町町田・小倉神社	10月上旬
別宮社の神楽	国東市国見町伊美・伊美別宮社	10月13日
磐戸楽	日田市西有田・大行事八幡社	10月16日
浅草流松尾神楽	豊後大野市三重町松尾・城山神社	10月中旬
本城くにち楽	日田市天瀬町本城・金凝神社	10月20〜21日
大野楽	日田市前津江町大野・老松天満社	10月21〜22日
滝瀬楽	玖珠郡玖珠町戸畑・滝神社	10月29日〜11月1日
葛原神楽	佐伯市蒲江葛原浦・葛原天満社	11月2〜3日
堅浦霜月祭りの芸能	津久見市堅浦・羽迫神社	11月中旬
上田原湯立神楽	豊後大野市三重町上田原・御手洗神社	12月下旬

【おもな祭り】(国・県指定無形民俗文化財をのぞく)──────

鷹栖観音鬼会	宇佐市上拝田・鷹栖観音	1月4日
ホーランエンヤ	豊後高田市桂川	1月13日
大将軍祭り	由布市挾間町・松原神社	1月13日
墨つけ祭り	佐伯市宇目町木浦	2月第2日曜日(隔年)
御心経会(鎮疫祭)	宇佐市・宇佐神宮	2月13日
祈年祭	佐伯市弥生町・尺間神社	3月
初午大祭	国東市安岐町・両子寺	旧暦2月初午
初午祭り	竹田市・扇森神社	旧暦2月初午
米占祭	日田市・大原八幡	3月15日
例祭(宇佐祭)	宇佐市・宇佐神宮	3月18日
春季大祭	日田市天瀬町・高塚地蔵堂	3月24日
春季大祭	国東市・文殊仙寺	3月下旬
剣八幡宮春祭り	大分市・剣八幡宮	4月5日
風流・杖踊	臼杵市・ふとり権現社	4月上旬
万弘寺市	大分市・万弘寺	5月18〜24日
長浜様	大分市・長浜神社	7月5〜7日
臼杵祇園	臼杵市・八坂神社	7月第2日曜日
麦餅搗き祭り	日田市中津江村・宮園神社	7月15日
御神幸祭(夏越大祭)	宇佐市・宇佐神宮	7月27日以降最初の金〜日曜日の3日間
姫島の盆踊り	東国東郡姫島村・島内の各踊り場	8月14〜17日

鶴崎踊り　　大分市鶴崎・鶴崎公園　8月旧盆直後の土・日曜日
石仏火祭り　　臼杵市・臼杵磨崖仏　8月最終土曜日
王の字火祭り　　臼杵市・秋葉神社　旧暦8月1日から3日間
卯酉神事　　大分市・賀来神社　卯と酉の年の9月1〜7日
浜の市　　大分市・柞原八幡宮・火王宮　9月14〜20日
ケベス祭り　　国東市国見町・岩倉八幡社　10月14日
放生会(仲秋祭)　　宇佐市・宇佐神宮　10月第2月曜日を含む土〜月曜日の3日間
小鹿田焼民陶祭　　日田市・小鹿田　10月第2土・日曜日
どぶろく祭り　　杵築市大田村・白鬚神社　10月17〜18日
瀬戸楽　　玖珠郡玖珠町・桜岡滝神社　10月29日
ヤンサ祭り　　中津市耶馬渓町・大野八幡社　12月1日
ひょうたん祭り　　豊後大野市千歳町柴山・柴山八幡社　12月第1日曜日
お取り越し　　宇佐市・東西両本願寺別院　12月11〜16日

【有形民俗文化財】

国指定

傀儡子　　古要神社　　中津市伊藤田
石風呂　　泉福寺講中　　杵築市山香町山浦
尾崎の石風呂　　豊後大野市　　豊後大野市緒方町小宛
蒲江の漁撈用具　　佐伯市　　佐伯市蒲江竹野浦

県指定

切支丹柄鏡　　個人　　佐伯市宇目南田原
織部燈籠　　個人　　中津市殿町
辻河原石風呂　　辻区　　豊後大野市緒方町辻
市穴石風呂　　個人　　豊後大野市緒方町原尻
塩石の石風呂　　個人　　臼杵市福良
中ノ原石風呂　　個人　　豊後大野市緒方町井上
木造鈴鬼面　　両子寺　　国東市安岐町両子
杵築高等学校郷土研究部民俗資料コレクション　　大分県(大分県歴史博物館)　　宇佐市高森
庚申塔　　個人　　豊後大野市千歳町前田
上戸石風呂　　個人　　豊後大野市緒方町原尻
宇佐神宮能衣装類　　宇佐神宮　　宇佐市南宇佐
千燈寺修正鬼会面　　千燈寺　　国東市国見町千灯
慈雲寺跡庚申塔　　個人　　玖珠郡九重町野上

【無形文化財】

国指定

小鹿田焼　　小鹿田焼技術保存会　　日田市田島

県指定
山内流泳法　　臼杵山内流遊泳所　臼杵市臼杵
宇佐神宮御神能　　宇佐神能会　宇佐市南宇佐

【重要伝統的建造物群保存地区】
国指定
日田市豆田町　　伝統的建造物群及び地割

【重要文化的景観】
国選定
小鹿田焼の里　日田市
田染荘小崎の農村景観　　豊後高田市田染
別府湯けむり・温泉地景観　別府市

【日本遺産】
近世日本の教育遺産群－学ぶ心・礼節の本源－　日田市
やばけい遊覧～大地に描いた山水絵巻の道をゆく　中津市・玖珠町

【散歩便利帳】

[県外に所在する観光問い合わせ事務所]

大分県東京事務所　〒104-0061東京都中央区銀座2-2-2　新西銀座ビル6F
　TEL03-3501-0261・FAX03-3501-0707
銀座おおいた情報館　　〒104-0061東京都中央区銀座2-2-2　新西銀座ビル8F
　TEL03-6228-8770・FAX03-6228-8771
大分県大阪事務所　　〒530-0001大阪市北区梅田1-1-3-2100　大阪駅前第3ビル21F
　TEL06-6345-0071・FAX06-6345-0122
大分県福岡事務所　　〒810-0001福岡県福岡市中央区天神2-14-8　福岡天神センタービル10F
　TEL092-721-0041・FAX092-721-0610

[大分県のおもなホームページ]

大分県　　　http://www.pref.oita.jp/
大分県教育委員会　　http://kyouiku.oita-ed.jp/
社団法人ツーリズムおおいた　　http://www.visit-oita.jp/
坐来大分　　　http://www.zarai.jp/

[県内の観光課・観光協会など]

大分県観光・地域振興局　　〒870-8501大分市大手町3-1-1　県庁舎3F
　TEL097-506-2125・FAX097-506-1730
社団法人ツーリズムおおいた　　〒874-0828別府市山の手町12-1　ビーコンプラザ内
　TEL0977-26-6250・FAX0977-26-6252　E-mail：tourism@we-love-oita.or.jp
大分市観光課　　〒870-8504大分市荷揚町2-31　TEL097-537-5626・FAX097-537-5670
大分市観光協会　　〒870-8504大分市荷揚町2-31　TEL097-537-5764・FAX097-537-5670
　http://www.oishiimati-oita.jp/　E-mail：oita-kan@oishiimati-oita.jp
別府市ONSENツーリズム局観光まちづくり室　　〒874-8511別府市上野口町1-15
　TEL0977-21-1128・FAX0977-23-0552　http://www.city.beppu.oita.jp/
　E-mail：tou-te@city.beppu.oita.jp
社団法人別府市観光協会　　〒874-0905別府市上野口町29-13　TEL0977-24-2828・
　FAX0977-24-5959　http://www.beppu-navi.jp
中津市観光商業課　　〒871-8501中津市豊田町14-3　TEL0979-22-1111・FAX0979-24-7522
日田市観光振興課　　〒877-8601日田市田島2-6-1　TEL0973-22-8210・FAX0973-22-8246
社団法人日田観光協会　　〒877-0013日田市元町11-3　TEL0973-22-2036　http://www.oidehita.com/
佐伯市観光課(佐伯市観光協会)　　〒876-8585佐伯市中村南町1-1　TEL0972-22-3111・
　FAX0972-22-3124　http://www.kyushu1-saiki.com/
臼杵市産業観光課　　〒875-8501臼杵市大字臼杵72-1　TEL0972-63-1111・FAX0972-63-7713
臼杵市観光情報協会　　〒875-0041臼杵市大字臼杵206-1　TEL0972-64-7130・FAX0972-64-7117
　http://www.usuki-kanko.com/
吉四六の里観光協会　　〒875-0292臼杵市野津町大字野津市326-1　臼杵市役所野津庁舎まち
　づくり推進課内　TEL0974-32-2220　http://www.kichiyomu-kankou.com/
津久見市企画商工課(津久見市観光協会)　　〒879-2435津久見市宮本町20-15

散歩便利帳

TEL0972-82-9521・FAX0972-82-7106　http://www.city.tsukumi.oita.jp/t-kankou/
竹田市役所商工観光課　〒878-8555竹田市大字会々1650　TEL0974-63-4807
竹田市観光ツーリズム協会　　〒878-0011竹田市大字会々2250-1 竹田温泉花水月内
　　TEL0974-63-0585・FAX0974-64-1127
竹田市観光協会　〒878-0011竹田市大字会々 JR豊後竹田駅内　TEL0974-63-2638
竹田市久住総合支所商工観光課　　〒878-0201竹田市久住町久住6161-1　TEL0974-76-1117
久住高原観光協会　　〒878-0201竹田市久住町久住3987　TEL0974-76-1610・FAX0974-76-1601
　　http://www.kuju-kankou.com/
竹田市直入総合支所商工観光課　〒878-0402竹田市直入町長湯8201　TEL0974-75-2214
直入町観光協会　〒878-0402竹田市直入町長湯7950-1　TEL0974-75-3111・FAX0974-75-3113
　　http://www.nagayu-onsen.com/
竹田市荻総合支所産業課　〒879-6192竹田市荻町馬場426-20　TEL0974-68-2215
豊後高田市商工観光課（豊後高田市観光協会）　〒879-0692豊後高田市御玉114
　　TEL0978-22-3100・FAX0978-22-2725
　　http://www.city.bungotakada.oita.jp/kankoukyoukai/kankou.jsp
杵築市商工観光課（杵築市観光協会）　〒873-0001杵築市大字杵築377-1
　　TEL0978-62-3131・FAX0978-62-3293　http://plaza.rakuten.co.jp/kitsukiweb/
山香町観光協会　〒879-1305杵築市山香町大字倉成2961　TEL・FAX0977-75-0908
　　http://www.yamagamachi.jp/
宇佐市商工観光課　〒879-0492宇佐市大字上田1030-1　TEL0978-32-1111・FAX0978-32-2331
宇佐市観光協会　〒872-0102宇佐市南宇佐2179-3　TEL・FAX0978-37-0202
　　http://www.usa-kanko.jp/
院内町観光協会　〒872-0318宇佐市院内町副1381-2 道の駅いんない石橋ステーション内
　　TEL・FAX0978-42-6040　http://www16.ocn.ne.jp/~innai/
安心院町観光協会　〒872-0521宇佐市安心院町下毛2074-1　TEL0978-34-4839
　　http://www.ajimukk.com/
豊後大野市商工観光課　〒879-7198豊後大野市三重町市場1200　TEL0974-22-1001・
　　FAX0974-22-1426
豊後大野市観光協会三重支部　〒879-7111豊後大野市三重町赤嶺2924-13
　　TEL0974-22-2616
由布市商工観光課　　〒879-5192由布市湯布院町川上3738-1 由布市役所湯布院庁舎別館１Ｆ
　　TEL0977-84-3111
由布院温泉観光協会　　〒879-5102由布市湯布院町川上2863　TEL0977-85-4464・
　　FAX0977-85-4465　http://www.yufuin.gr.jp/
湯平温泉観光協会　〒879-5112由布市湯布院町湯平263　TEL0977-86-2111
　　http://www.yunohira-onsen.jp/
湯布院塚原高原観光協会　〒879-5101由布市湯布院町塚原4-31　TEL0977-85-2254
　　http://www.yufuin-tsukahara.com/
国東市商工観光課　〒873-0502国東市国東町田深280-2　TEL0978-72-1111
国東市観光公式サイト「国東コレクション夢紀行」

http://www.city.kunisaki.oita.jp/yumekikou/
姫島村役場　〒872-1501東国東郡姫島村1630-1　TEL0978-87-2111・FAX0978-87-3629
　　http://www.himeshima.jp/
日出町商工観光課　〒879-1592速見郡日出町2974-1　TEL0977-73-3158
日出町観光協会　〒879-1506速見郡日出町2614-3　TEL0977-72-4255
九重町商工観光課　〒879-4895玖珠郡九重町大字後野上8-1　TEL0973-76-3150
九重町観光協会　〒879-4895玖珠郡九重町大字後野上8-1　TEL0973-76-3866・
　　FAX0973-76-2247　http://www.kokonoe-k.com/
九重飯田高原観光協会　〒879-4911玖珠郡九重町大字田野長者原　TEL・FAX0973-79-2381
　　http://www.kuju.jp/
玖珠町商工観光課　〒879-4492玖珠郡玖珠町大字帆足268-5　TEL0973-72-7153
玖珠町観光協会　〒879-4492玖珠郡玖珠町大字帆足268-5　TEL0973-72-7153
　　http://www11.ocn.ne.jp/~kanko/

[県内のおもな駅]
JR日豊本線
　　中津駅　　TEL0979-22-5243
　　柳ヶ浦駅　　TEL0978-38-0149
　　杵築駅　　TEL0978-62-2048
　　別府駅　　TEL0977-22-0585
　　大分駅　　TEL097-532-1958
　　臼杵駅　　TEL0972-63-8955
　　津久見駅　　TEL0972-82-3121
　　佐伯駅　　TEL0972-22-0142
JR久大本線（ゆふ高原線）
　　豊後森駅　　TEL0973-72-1033
　　由布院駅　　TEL0977-84-2021
JR豊肥本線（阿蘇高原線）
　　豊後竹田駅　　TEL0974-62-2318
　　三重町駅　　TEL0974-22-0064

[高速・長距離バス]
とよのくに号（福岡〜別府・大分）　　西鉄高速バス　TEL0120-489-939（九州高速バス予約センター）
サンライト号（長崎〜別府・大分）　　大分交通　TEL097-536-3655・大分バス　TEL097-536-
　　3371・亀の井バス　TEL0977-25-3220・長崎県営バス　TEL095-823-6155
別府ゆけむり号（広島・徳山〜別府・大分）　　大分交通　TEL097-536-3655・広島交通
　　TEL082-238-3344・防長交通　TEL0834-32-7733
トロピカル号（鹿児島〜大分）　　大分バス　TEL097-536-3371
ぶんご号（名古屋〜別府・大分）　　大分交通　TEL097-536-3655・大分バス　TEL097-536-
　　3371・亀の井バス　TEL0977-25-3220
やまびこ号（熊本〜大分）　　大分バス　TEL097-536-3371

[定期観光バス]
国東半島史跡めぐり・景勝耶馬渓めぐり　　大分交通　TEL097-534-7455(新川バスセンター)
[航空路]
東京・大阪〜大分　　　日本航空(JAL)　TEL0120-25-5971
　　　　　　　　　　　全日本空輸(ANA)　TEL0120-029-222
名古屋〜大分　　全日本空輸(ANA)　TEL0120-029-222
沖縄〜大分　　全日本空輸(ANA)　TEL0120-029-222
[空港からのアクセス]
バス：別府・大分行，豊後高田・宇佐・中津行，湯布院行
　　大分交通　TEL0978-67-1198(空港案内所)・097-534-8214(大分営業所)・0977-67-1331(別府営業所)・097-534-7455(新川バスセンター)
[航路]
大阪・神戸〜大分〜別府　　関西汽船　TEL0977-22-1311(別府観光港)・097-536-5500(大分港)・06-6572-5181(大阪電話予約センター)
神戸〜大分　　ダイヤモンドフェリー　TEL097-536-5500(大分支店)・078-857-9525(神戸支店)・089-951-2266(松山支店)・0898-23-5110(今治営業所)
八幡浜〜別府　　宇和島運輸フェリー　TEL0977-21-2364(別府代理店)・0894-22-2100(八幡浜代理店)
八幡浜〜臼杵　　宇和島運輸フェリー　TEL0972-63-5118(臼杵代理店)・0894-22-2100(八幡浜代理店)
八幡浜〜臼杵　　九四オレンジフェリー　TEL0972-62-5844(臼杵営業所)・0894-22-5094(八幡浜本社)
徳山〜竹田津　　周防灘フェリー　TEL0834-21-6405(周南本社)・0978-84-0114(竹田津営業所)
宿毛〜佐伯　　宿毛フェリー　TEL0972-22-7345(佐伯代理店)・0880-62-1100(宿毛港窓口)
三崎〜佐賀関　　国道九四フェリー　TEL097-575-1020(佐賀関営業所)・0894-54-0173(三崎営業所)

【参考文献】

『戦場の風景——大友氏の合戦を読む』　大分県立先哲史料館編　大分県立先哲史料館　2000
『遺跡が語る大分の歴史』　大分県教育庁文化課編　大分県教育委員会　1992
『宇佐・院内・安心院地域』　大分大学教育学部編　大分大学教育学部　1995
『宇佐大路』　大分県立宇佐風土記の丘歴史民俗資料館編　大分県教育委員会　1991
『宇佐宮』(新装版)　中野幡能　吉川弘文館　1996
『宇佐・国東散歩26コース』　豊田寛三監修　山川出版社　2001
『宇佐細見読本』1-17　豊の国宇佐市塾編　豊の国宇佐市塾　1988-2003
『宇佐——大陸文化と日本古代史』　賀川光夫編　吉川弘文館　1978
『宇佐八幡の祭と民俗』　入江英親　第一法規出版　1975
『臼杵石仏——よみがえった磨崖仏』　賀川光夫編　吉川弘文館　1995
『江戸時代人づくり風土記44　大分』　豊田寛三編　農山漁村文化協会　1998
『大分おんな百年』　古庄ゆき子　ドメス出版　1993
『大分川流域』　大分大学教育学部編　大分大学教育学部　1986
『大分県遺跡地図』　大分県教育庁文化課編　大分県教育委員会　1993
『大分県近代軍事史序説』　吉田豊治　近代文芸社　1993
『大分県史』全21巻　大分県編　大分県　1980-91
『大分県政党史の研究』　野田秋生　山口書店　1990
『大分県先哲叢書(資料集・評伝・普及版)』　大分県教育庁文化課編／大分県立先哲史料館編　大分県教育委員会　1992-
『大分県の近代化遺産』　大分県教育委員会編　大分県教育委員会　1994
『大分県の考古学』　賀川光夫　吉川弘文館　1971
『大分県の祭礼行事』　大分県立宇佐風土記の丘歴史民俗資料館編　大分県立宇佐風土記の丘歴史民俗資料館　1995
『大分県の諸職』　大分県立宇佐風土記の丘歴史民俗資料館編　大分県立宇佐風土記の丘歴史民俗資料館　1987
『大分県の地名　日本歴史地名大系45』　中野幡能監修　平凡社　1995
『大分県の美術』　広田肇一編　思文閣出版　1994
『大分県の百年』　豊田寛三・加藤泰信・末廣利人　山川出版社　1988
『大分県の文化財』　大分県教育委員会編　大分県教育委員会　1991
『大分県の民俗宗教』　小玉洋美　修学社　1994
『大分県の歴史』　豊田寛三・後藤宗俊・飯沼賢司・末廣利人　山川出版社　1997
『大分県風土記』　渡辺澄夫・兼子俊一監修　旺文社　1988
『大分県文化財調査〔書〕　大分県の近世社寺建築』　大分県教育庁文化課編　大分県教育委員会　1987
『大分県埋蔵文化財年報』　大分県教育庁文化課編　大分県教育委員会　1993-
『大分県歴史人物事典』　渡辺澄夫監修　大分合同新聞社　1996
『大分の装飾古墳』　大分県教育委員会編　大分県教育委員会　1995
『大分の歴史』1-10　渡辺澄夫ほか編　大分合同新聞社　1976-79

『大分歴史事典』　　大分放送大分歴史事典刊行本部編　大分放送　1990
『大友宗麟』(人物叢書)　　外山幹夫　吉川弘文館　1975
『大友宗麟のすべて』　　芥川龍男編　新人物往来社　1986
『大野川』　　大分大学教育学部編　大分大学教育学部　1977
『街道の日本史52　国東・日田と豊前道』　　外園豊基編　吉川弘文館　2002
『角川日本地名大辞典44　大分県』　　「角川日本地名大辞典」編纂委員会編　角川書店　1980
『駆け抜ける茂吉』　　野田秋生　沖積舎　2001
『郷土大分の先覚者』全3巻　　大分県教育委員会編　大分県教育委員会　1980-82
『九州中世史の研究』　　川添昭二編　吉川弘文館　1983
『九州天領の研究』　　杉本勲編　吉川弘文館　1976
『近世九州産業史の研究』　　野口喜久雄　吉川弘文館　1987
『くじゅう総合学術調査報告書』　　大分大学教育学部編　大分大学教育学部　1968
『国東半島』　　大分大学教育学部編　大分大学教育学部　1983
『激動十五年──大分県の戦中史』　　三重野勝人　近代文芸社　1995
『源平の雄　緒方三郎惟栄』(増補新訂版)　　渡辺澄夫　山口書店　1990
『古代日本の交通路Ⅳ』　　藤岡謙二郎編　大明堂　1979
『知ってるつもり？　小藩分立』　　大分県立先哲史料館編　大分県立先哲史料館　2002
『図説宇佐・国東・速見の歴史』　　飯沼賢司監修　後藤宗俊ほか編　郷土出版社　2006
『図説大分・由布の歴史』　　飯沼賢司監修　後藤宗俊ほか編　郷土出版社　2007
『図説中津・日田・玖珠の歴史』　　豊田寛三監修　飯沼賢司ほか編　郷土出版社　2006
『戦国期在地社会の研究』　　外園豊基　校倉書房　2003
『戦国大名の外交と都市・流通』　　鹿毛敏夫　思文閣出版　2006
『戦国大名論集7　九州大名の研究』　　木村忠夫編　吉川弘文館　1983
『前方後円墳集成　九州編』　　近藤義弘編　山川出版社　1992
『叢書・日本の思想家35　広瀬淡窓・広瀬旭荘』　　工藤豊彦　明徳出版社　1978
『叢書・日本の思想家23　三浦梅園』　　高橋正和　明徳出版社　1991
『増訂　豊後大友氏の研究』　　渡辺澄夫　第一法規出版　1982
『大名領国形成過程の研究──豊後大友氏の場合』　　外山幹夫　雄山閣出版　1983
『大名領国支配の構造』　　三重野誠　校倉書房　2003
『中世のムラ──景観は語りかける』　　石井進編　東京大学出版会　1995
『天平の宇佐──宇佐虚空蔵寺と古代仏教』　　別府大学・宇佐市教育委員会編　別府大学・宇佐市　1996
『豊の国・おおいたの歴史と文化──くらしと祈り』　　大分県立歴史博物館編　大分県立歴史博物館　1998
『豊の国のモノづくり──江戸時代の特産品』　　大分県立先哲史料館編　大分県立先哲史料館　2004
『二豊小藩物語──江戸時代の大分県』上・下　　狭間久　大分合同新聞社　1975-76
『日本の古代遺跡49　大分』　　橘昌信　保育社　1995
『日本美術絵画全集21　木米・竹田』　　佐々木剛三　集英社　1977
『幕藩制成立とキリシタン禁制』　　村井早苗　文献出版　1987

『八幡信仰』　中野幡能　塙書房　1985
『八幡信仰史の研究』　中野幡能　吉川弘文館　1967
『八幡神とはなにか』　飯沼賢司　角川書店　2004
『東九州歴史考古学論考――古代豊国の原像とその展開』　後藤宗俊　山口書店　1991
『日田・玖珠地域』　大分大学教育学部編　大分大学教育学部　1992
『広瀬淡窓』（人物叢書新装版）　井上義巳　吉川弘文館　1987
『広瀬淡窓の研究』　田中加代　ぺりかん社　1993
『福沢諭吉』（人物叢書新装版）　会田倉吉　吉川弘文館　1985
『福沢諭吉――中津からの出発』　横松宗　朝日新聞社　1991
『福沢諭吉の思想形成』　今永清二　勁草書房　1979
『福沢諭吉の世界』　狭間久　大分合同新聞社　1995
『ふるさとの女たち――大分近代女性史序説』　古庄ゆき子　ドメス出版　1975
『豊後大友一族』　芥川龍男編　新人物往来社　1990
『豊後大友物語』　狭間久　大分合同新聞社　1973
『豊後水道域』　大分大学教育学部編　大分大学教育学部　1980
『豊後国安岐郷の調査』　大分県立歴史博物館編　大分県立歴史博物館　2002-03
『豊後国香々地荘の調査』　大分県立歴史博物館編　大分県立歴史博物館　1997-98
『豊後国田染荘の調査』　大分県立宇佐風土記の丘歴史民俗資料館編　大分県立宇佐風土記の丘歴史民俗資料館　1986-87
『豊後国都甲荘の調査』　大分県立宇佐風土記の丘歴史民俗資料館編　大分県立宇佐風土記の丘歴史民俗資料館　1992-93
『帆足万里』（人物叢書新装版）　帆足図南次　吉川弘文館　1990
『帆足万里の世界』　狭間久　大分合同新聞社　1993
『三浦晋梅園の世界』　狭間久　大分合同新聞社　1991
『三浦梅園』（人物叢書新装版）　田口正治　吉川弘文館　1989
『三浦梅園の聲主の学』　岩見輝彦　汲古書院　1990
『三浦梅園の世界』　小川晴久　花伝社　1989
『三宅山御鹿狩絵巻』　朝尾直弘・佐々木丞平・豊田寛三編　京都大学学術出版会　1994
『山国川』　大分大学教育学部編　大分大学教育学部　1989
『よみがえる角牟礼城』　玖珠町編　新人物往来社　1997
『歴史の道調査報告書』12冊　大分県教育庁文化課編　大分県教育委員会　1980-86
『六郷山と田染荘遺跡――九州国東の寺院と荘園遺跡』　櫻井成昭　同成社　2005
　＊市町村史誌や遺跡発掘調査報告書・雑誌論文等は省略した。

[史・資料集]
『宇佐近世史料集』1-5　村井益男・後藤重巳編　宇佐市史刊行会　1975-82
『宇佐神宮史史料篇』　竹内理三監修・中野幡能編　宇佐神宮庁　1984-
『大分県史料』全37巻　大分県史料刊行協力会・大分県教育委員会編　大分県教育委員会　1952-82
『大分県地方史料叢書』1-21　渡辺澄夫ほか編　大分地方史研究会　1963-
『大分県日出藩史料』　日出藩史料刊行会編　日出藩史料刊行会　1967-

『杵築藩資料集』　杵築藩研究会編　杵築藩研究会　1992-
『佐伯藩史料　温故知新録』　佐伯市教育委員会編　佐伯市　1995-
『西国武士団関係史料集』　芥川龍男・福川一徳編　文献出版　1992-
『市令録』1-3　中津市立小幡記念図書館編　中津市立小幡記念図書館　1978-80
『増補訂正　編年大友史料』全33巻・別巻2冊　田北学編　私家版　1962-79
『惣町大帳』　中津藩史料刊行会編　中津藩史料刊行会　1975-
『惣町大帳　後編』　中津惣町大帳刊行会編　中津惣町大帳刊行会　1985-
『中川家文書』　神戸大学文学部日本史研究室編　臨川書店　1987
『中津藩──歴史と風土』1-18　中津藩史料刊行会編　中津市立小幡記念図書館　1981-98
『日田市郷土史料』　日田市教育委員会編　日田市　1958-
『封事太宗　法令の部』　別府大学附属博物館編　別府大学附属博物館　1983
『豊後国荘園公領史料集成』全8巻12冊　渡辺澄夫編　別府大学附属図書館　1984-95
『別府市古文書史料集』1-14　別府市文化財保護委員会編　別府市文化財調査委員会　1971-96

【年表】

時代	西暦	年号	事項
旧石器時代			佐伯市聖嶽洞穴，豊後大野市岩戸遺跡，大分市丹生遺跡ほか
縄文時代		早期	日出町早水台遺跡，杵築市川原田洞穴，中津市枌洞穴，九重町二日市洞穴
		前期	国東市羽田遺跡，竹田市竜宮洞穴，大分市横尾貝塚
		中期	豊後高田市六所権現岩陰遺跡
		後期	大分市小池原貝塚，豊後高田市森貝塚，宇佐市立石貝塚，豊後大野市夏足原遺跡
		晩期	豊後大野市大石遺跡，由布市下黒野遺跡
弥生時代		前期	宇佐市東上田遺跡・台ノ原遺跡，日田市吹上遺跡，佐伯市白潟遺跡
		中期	日田市吹上遺跡，宇佐市野口遺跡・樋尻道遺跡，大分市雄城台遺跡
		後期	竹田市石井入口遺跡，宇佐市別府遺跡，国東市安国寺集落遺跡，豊後大野市二本木遺跡，大分市守岡遺跡
古墳時代		前期	日田市小迫辻原遺跡，国東市下原古墳，宇佐市赤塚古墳・免ケ平古墳，杵築市小熊山古墳，宇佐市福勝寺古墳
		中期	大分市亀塚古墳・築山古墳，臼杵市臼塚古墳・下山古墳，杵築市御塔山古墳
		後期	日田市ガランドヤ古墳・穴観音古墳，大分市千代丸古墳，国東市鬼塚古墳，別府市鬼の岩屋古墳
飛鳥時代	702	大宝2	豊前国戸籍・豊後国戸籍が作成される。豊前仲津郡丁里・上三毛郡塔里・加自久也里などの戸籍，正倉院に現存
奈良時代	725	神亀2	宇佐八幡宮を宇佐郡小倉山に建立
	749	天平勝宝元	八幡神入京
	769	神護景雲3	大宰主神習宜阿蘇麻呂，道鏡天位託宣を奏す。これにより和気清麻呂，道鏡掃除の神託を奏す
平安時代	827	天長4	延暦寺僧金亀和尚，宇佐八幡を勧請し，柞原(由原)八幡宮を建立
	867	貞観9	鶴見山噴火，火男・火売神前に大般若経転読。2神を従五位上，正五位下に叙す
	940	天慶3	平将門追討報賽のため，八幡大菩薩に封戸30戸を寄進する
	941	4	海賊追討使源経基，豊後佐伯院で海賊の頭目桑原生行を捕らえる
	1156	保元元	宇佐宮造替により，九州各国に諸役が割り当てられる
	1159	平治元	宇佐公通を豊前守に補任する
	1160	永暦元	藤原頼輔を豊後守に補任する

	1183	寿永2	平宗盛,安徳天皇を奉じ大宰府に入る。緒方惟栄・臼杵惟隆・日田永秀ら,平氏を大宰府より追う
	1184	元暦元	緒方惟栄ら,宇佐宮を焼討ちする
	1185	文治元	緒方惟栄・臼杵惟隆ら,源範頼に兵船82艘を提供し,源氏軍を豊後へ渡す。後白河法皇,院庁下文で豊後住人らを賞す。緒方惟栄ら,源義経を先導して九州下向途中に難破する。源頼朝,申請して豊後国など9カ国を関東御分国とする
鎌倉時代	1197	建久8	「豊前国図田帳」を幕府に上申する
	1206	建永元	この頃,大友能直,養父中原親能から所領所職を譲られたとされる
	1242	仁治3	大友頼泰,「新御成敗状」28カ条を定める
	1271	文永8	幕府,鎮西に所領を有する御家人に,下向し守護の指揮に従い異国防御にあたることを命じる
	1274	文永11	蒙古襲来,少弐経資・大友頼泰,諸士を率い筑前博多(現,福岡県)で蒙古軍と戦う(文永の役)
	1276	建治2	一遍,大隅国から豊後国に入り,大友頼泰帰依する
	1281	弘安4	蒙古再来,日本軍石築地により敵の上陸を阻止する。蒙古軍,大風に覆滅し敗退(弘安の役)
	1284	7	幕府,六郷山寺院に異国降伏の祈禱を命じる
	1285	8	大友頼泰,「豊後国図田帳」を幕府に注進する
	1306	徳治元	大友貞親,万寿寺を創建し,直翁智侃を開山とする
	1333	正慶2元弘3	大友貞宗・少弐貞経ら,後醍醐天皇に応じ,鎮西探題北条英時を攻める
南北朝時代	1336	建武3延元元	大友軍,足利尊氏に従って九州にくだる。尊氏,宇佐宮に幡を奉納する。大友貞順,南朝軍に従い玖珠城(玖珠町)に拠る。大友軍,尊氏の命を受け玖珠城を攻める。大友ら九州勢,足利尊氏に従い上京し,楠木正成らを討つ
	1355	文和4正平10	懐良親王,日田(現,日田市)に入り,ついで玖珠,由布・挾間(ともに現,由布市)を経て豊後国府に入る。大友氏時一時くだる。親王,さらに速見郡大神(現,日出町)・豊前国宇佐・城井(現,宇佐市)を経て博多に攻め入る
	1361	康安元16	九州探題斯波氏経,大友氏時に迎えられ,豊後府中(現,大分市)に下り,高崎山城へ入る
	1371	応安4建徳2	九州探題今川貞世(了俊)の子義範,田原氏能に先導され,豊後国高崎山城に入る。この年から翌年1月2日にかけて100余度,南朝の菊池武光らが高崎山城を攻める
室町時代	1403	応永10	大内盛見,豊前国守護職に補任される
	1416	23	大友親著,豊後・筑後両国守護職に補任される
	1423	30	大内盛見,宇佐行幸会を復興
	1432	永享4	大友氏と大内氏の合戦始まる

	1435	永享7	大友持直，守護職を没収しようとする幕府に対して，海部郡姫岳城にこもるが，翌年幕府により落城
	1496	明応5	大友政親・義右父子不和となり，義右病死により政親が筑前国立花(現，福岡県)に逃れる途中，赤間関(現，山口県下関市)にて大内義興の兵に捕らえられ，自刃
	1534	天文3	大友義鑑，速見郡勢場ヶ原(現，杵築市)で大内義隆の軍と戦う
	1550	19	二階崩れの変。大友義鑑，家臣におそわれ府中館で死去，嫡子義鎮，乱を平定し家督を嗣ぐ
	1551	20	フランシスコ・ザビエル，豊後を訪問し，大友義鎮，布教を許可
	1552	21	大友晴英，大内氏家督を嗣ぎ，大内義長と改名する
	1555	弘治元	ルイス・アルメイダ，府内(現，大分市)に育児院を建てる
	1556	2	小原鑑元の乱おこり，大友義鎮，臼杵丹生島へ避難
	1562	永禄5	大友義鎮，入道し，宗麟と号す
	1571	元亀2	大友軍，赤間関で毛利軍と戦う
安土桃山時代	1578	天正6	大友軍，日向(現，宮崎県)に出兵し，土持親成を討つ。大友宗麟，カブラルから受洗し，ドン・フランシスコと称す。大友軍，日向国高城(宮崎県木城町)で島津軍と戦い大敗
	1580	8	巡察師ヴァリニャーニ，臼杵にノビシヤド(修練院)を開設
	1581	9	ヴァリニャーニ，府内にコレジオ(司祭・修道士育成のための高等教育機関)開校
	1582	10	伊東マンショら遣欧少年使節，長崎を出発
	1586	14	大友宗麟，島津軍の侵攻に備えて上坂し，豊臣秀吉に援軍を求める。島津軍，日向国・肥後国(現，熊本県)から豊後国に攻め入る。戸次川合戦。大友義統ら大敗し，府内は蹂躙される
	1587	15	豊臣秀吉の本隊が九州に入り，島津軍撤退する。大友宗麟，隠居先の津久見にて死去する。黒田孝高(如水)，豊前国6郡を領す。宇佐・下毛・上毛の武士，連合し黒田氏に抗す。毛利勝信，豊前国2郡を領す
	1590	18	黒田氏，この頃までに豊前国を平定し，中津城を築城する
	1591	19	大友義統，「豊後国検地目録」を増田長盛に提出
	1592	文禄元	大友義統，朝鮮国に出陣
	1593	2	大友義統，文禄の役における失態を糾され改易。豊後国は豊臣秀吉の蔵入地となる。宮部継潤・山口宗永，豊後国の検地をする。秀吉，豊後国を分配し，大野郡に太田一吉，直入郡に熊谷直盛，大分郡に早川長敏，海部郡に垣見一直，他の4郡に宮部継潤を代官として派遣
	1594	3	豊臣秀吉，豊後国を再分配し，中川秀成に岡7万石，福原直高に臼杵6万石，早川長敏に府内1万2000石，竹中重利に高田1万5000石，垣見一直に富来2万石，熊谷直陳に安岐1万5000

			石，宮木長次郎・毛利高政らに日田・玖珠郡などを分封
	1596	慶長元	慶長豊後地震，沖ノ浜が海中に没する
	1597	2	臼杵城主福原直高，大分・速見・玖珠郡など6万石が加増され，府内城(荷揚城)構築にかかる。この年，太田一吉，臼杵に封ぜられ，領内を検地
	1600	5	オランダ船リーフデ号，臼杵・佐志生沖に漂着。関ヶ原の戦いおこり，大友義統は西軍につき，速見郡石垣原(現，別府市)にて細川・黒田連合軍と戦い大敗。岡城主中川秀成，臼杵城に太田一吉を攻め降す。徳川家康，中津城主黒田長政を筑前52万石に，細川忠興を豊前35万9000石に，稲葉貞通を臼杵5万石に封ず
	1601	6	徳川家康，来島康親を豊後森(現，玖珠町)に封ず。竹中重利，高田城より府内城2万石，預り地1万5000石に封ぜられ，城下町を整備。毛利高政は日田郡の隈城より佐伯に，木下延俊は日出に封ぜられる。この夏，肥後国の加藤清正，天草郡の替地として，豊後国大分郡・海部郡・直入郡の一部を与えられる。この年，小川光氏，日田・玖珠・速見2万石を与えられる
江戸時代	1614	19	豊後でキリシタンの迫害
	1615	元和元	国東郡出身のペトロ岐部カスイ，マカオへ渡航
	1622	8	細川忠利，豊前国・豊後国などの人畜改めを行う
	1623	9	幕府，越前北庄城主松平忠直(一伯)を改易し，豊後国萩原(現，大分市)に流し，賄料5000石を宛行う
	1632	寛永9	細川忠利，肥後国54万石に封ぜられ，豊後国内にも領地をもつ。幕府，小笠原長次を豊前国中津藩8万石に，弟忠知を豊後国杵築藩4万石，松平重直を豊前国龍王藩3万7000石に封ず
	1634	11	幕府，日根野吉明を府内藩2万石に封ず
	1636	13	府内藩，柞原宮放生会に市を復興し，浜の市と名づける
	1639	16	日田が幕府領となる
	1642	19	日出藩木下延俊の死去にともない，遺領2万5000石を長子俊治に，5000石を次子延次に分与，立石領成立
	1645	正保2	杵築藩主小笠原忠知を三河(現，愛知県)に移し，高田藩松平英親を杵築藩に封ず
	1647	4	岡藩・臼杵藩が絵図元となり，「豊後国国絵図」を作成
	1650	慶安3	府内藩，初瀬井路を開く
	1656	明暦2	府内藩主日根野吉明死去，嗣子なく封を没収される
	1658	万治元	大分郡高松藩松平忠昭，府内藩に封ぜられる
	1663	寛文3	府内の商人橋本五郎左衛門，七島藺移植に成功する
	1689	元禄2	中津藩，荒瀬井路を完成する
	1694	7	貝原益軒，史跡調査のため豊前・豊後を訪れる
	1771	明和8	中津藩医前野良沢ら，腑分け(解剖)を試みる

	1781	天明元	佐伯藩毛利高標,城内に佐伯文庫を開き,内外の書を収集
	1783	3	古川古松軒,幕府巡検使に従い九州を視察し,豊後にくる
	1803	享和3	岡藩田能村竹田・伊藤鏡河ら,唐橋世済(君山)の遺志を継ぎ,『豊後国志』を完成する
	1804	文化元	杵築藩領両子手永の百姓,島原藩領に逃散
	1807	4	岡藩勝手方横山甚助,増徴・流通統制を目指し「新法」実施
	1810	7	伊能忠敬ら,九州測量のため中津城下に到着
	1811	8	岡藩領直入郡四原(柏原・恵良原・葎原・菅生原)の農民,蜂起し,横山甚助の「新法」廃止を要求。臼杵藩領に一揆波及
	1812	9	一揆,豊後・豊前国内の延岡藩領・佐伯藩領・府内藩領・肥後藩領・中津藩領・島原藩領と,玖珠・速見・宇佐郡の幕府領にも広がる。岡藩,横山甚助を罷免,そのほかにも「新法」加担者を処罰
	1817	14	広瀬淡窓,日田郡豆田町の桂林荘を堀田村(いずれも現,日田市)に移転し,咸宜園とする
	1818	文政元	杵築藩領の国東郡浦辺地方で打ちこわし発生
	1823	6	日田郡豆田町の豪商広瀬久兵衛,西国筋郡代塩谷正義の命を受けて,小ヶ瀬井路を完成
	1824	7	塩谷正義,宇佐郡北鶴田新田の工事に着手
	1831	天保2	臼杵藩,藩政改革のため藩主雍通の直書を発表
	1832	3	帆足万里,日出藩家老に就任し,藩政改革に着手
	1833	4	この冬,森藩,藩政改革に着手
	1834	5	中津藩,藩政改革に着手
	1835	6	帆足万里,家老職を辞し,日出の家塾で教授開始
	1838	9	中津藩の黒沢庄右衛門,撫育会所を創設
	1842	13	府内藩隠居松平閑山(近訓),藩政改革の号令を発し,日田郡豆田町の豪商広瀬久兵衛を登用し,藩財政の収支を委ねる
	1850	嘉永3	豊後国北東部に大風雨
	1853	6	賀来惟熊,島原藩領宇佐郡佐田村(現,宇佐市安心院町佐田)で大砲を鋳造
	1855	安政2	賀来惟熊,島原藩領宇佐郡佐田村に反射炉を建設
	1864	元治元	長州藩攻撃のため,英・米・仏・蘭の4カ国連合艦隊,姫島沖に集結する
	1866	慶応2	杵築藩領で打ちこわし,一揆勢城下へ向かう
	1867	3	岡藩兵,朝廷の命により上京。臼杵藩主稲葉久通,病気のため名代の上京を申請。以後,日出・中津・佐伯藩主が同様の願いをする。王政復古の大号令
明治時代	1868	明治元	佐田秀ら尊攘派志士,長州藩浪士らと四日市陣屋(宇佐市)を襲撃し,御許山に拠る(御許山騒動)。下毛・日田・玖珠郡の幕府領,長崎裁判所管内に編入。松方正義,日田県知事となる

	1869	明治2	版籍奉還。各藩主，知藩事に任命される。日田・大野・直入・国東・宇佐郡で農民騒擾
	1870	3	日田・玖珠郡や庄内・別府・山香で農民蜂起
	1871	4	廃藩置県。中津・杵築・日出・府内・臼杵・佐伯・岡・森・日田県成立。第一次府県統合により旧豊前国に小倉県（2町774村），旧豊後国に大分県（17町1801村）成立。初代大分県長官（参事，のち県令）に森下景端なる（赴任は1872年1月）
	1872	5	大区小区制施行，大分県は8大区159小区を設置。大分県で県中四郡一揆おこる
	1873	6	玖珠郡で徴兵反対強訴（血税騒動）
	1875	8	大分県で大規模な小区区画再編成（160小区，8町792村）
	1876	9	小倉県を福岡県に編入。下毛・宇佐2郡は大分県に編入。『田舎新聞』創刊
	1877	10	西南戦争勃発，増田宋太郎ら中津隊，薩摩軍に呼応し，中津支庁・大分県庁を襲撃する。県北四郡一揆おこる。薩摩軍，大分県に侵入。大分に第二十三国立銀行開業
	1879	12	県内でコレラ発生し，西日本一帯に広がる
	1880	13	県立病院・県医学校開設
	1885	18	県立大分中学校（現，県立大分上野丘高校）設立
	1889	22	町村制施行。大分県は14町265村となる
	1893	26	大分銀行営業開始
	1900	33	県立第一高等女学校（現，県立大分上野丘高校）設立。豊州電気鉄道株式会社営業開始。別府・大分間電車開通
大正時代	1913	大正2	大分紡績株式会社操業開始
	1916	5	日鉱製錬株式会社佐賀関製錬所操業開始
	1918	7	臼杵で米騒動発生
	1922	11	富士紡績株式会社，大分紡績株式会社を合併
	1923	12	日豊本線全通
昭和時代	1928	昭和3	豊肥本線全通
	1931	6	富士紡大分工場争議始まる
	1934	9	久大本線全通
	1938	13	大分海軍航空隊開隊
	1941	16	大分放送局開局
	1942	17	豊州新聞社と大分新聞社が合併し，大分合同新聞社となる
	1945	20	大分大空襲，大分市の中心街ほぼ焼失。第二次世界大戦終結
	1946	21	県，農地部を設置し，農地改革本格化
	1947	22	細田徳寿，初の公選大分県知事に当選
	1949	24	大分大学開学
	1950	25	別府国際観光温泉文化都市建設法公布
	1957	32	大分空港開港（1968年供用廃止）。アメリカ軍，別府キャンプの

			接収解除
	1959	昭和34	NHK大分放送局開局。大分鶴崎臨海工業地帯1号地で建設起工式
	1966	41	第21回国民体育大会(剛健国体)開催
	1971	46	新大分空港(現,大分空港)開港。新日本製鉄大分製鉄所操業開始
	1976	51	大分医科大学(現,大分大学医学部)開学
	1979	54	県知事平松守彦,「一村一品運動」を初めて提起
	1981	56	第1回大分国際車いすマラソン大会開催
平成時代	1989	平成元	大分自動車道,別府・湯布院間開通
	1994	6	宇佐別府道路全線開通
	1996	8	大分自動車道全線開通
	1998	10	第13回国民文化祭・おおいた98開催
	2002	14	ビッグアイ(現,大分銀行ドーム)でFIFAワールドカップの試合開催
	2005	17	「平成の市町村大合併」(〜2006年)で大分県は14市3町1村になる
	2006	18	大分県のフラッグショップ「坐来大分」が,東京銀座にオープン
	2007	19	県内初の県立中学校として大分豊府中学校開校。別府市で,36カ国の首脳・リーダーが参加して,第1回アジア・太平洋水サミット開催
	2008	20	第63回国民体育大会(チャレンジ！おおいた国体)・第8回全国障害者スポーツ大会(チャレンジ！おおいた大会)開催
	2013	25	国東半島宇佐地域が「世界農業遺産」に認定
	2015	27	東九州自動車道県内全線開通
	2016	28	熊本地震発生(県内最大震度6弱)。日田祇園の曳山行事が「ユネスコ無形文化遺産」に登録

【索引】

―ア―

愛染堂	218, 219
青の洞門	162, 163, 174
赤塚古墳	101
朝倉文夫	10, 212, 220, 224
朝倉文夫記念公園	212, 213
麻田剛立	58, 87
朝日長者伝説	173
穴井六郎右衛門	160
穴観音古墳	151
油屋熊八	177
天ケ瀬温泉	160
海部古墳資料館	34
荒瀬橋	116
安国寺	82
安国寺集落遺跡	80-82
安養寺国東塔	97

―イ―

猪鹿狼寺	229, 230
池見家住宅	34
石垣原古戦場跡	49
石坂石畳道	152, 153
石丸国東塔	60, 61
伊東マンショ	9, 11
稲葉家下屋敷	184
犬養磨崖仏	204
井上準之助	153
今市石畳道	38, 39
伊美別宮八幡社	72, 73, 77
岩戸遺跡	236
岩戸寺	74, 95
岩戸寺国東塔	74, 77
岩戸寺修正鬼会	74, 78
岩戸橋	225
岩戸寺石仏	14-16

―ウ・エ―

ウィリアム・アダムズ(三浦按針)	186, 187
上田保	25
上野遺跡群	18
宇佐神宮(宇佐八幡宮・宇佐宮)	13, 38, 58, 59, 102-107, 112, 114, 123, 134, 209, 233
宇佐風土記の丘	101, 102
丑殿古墳	24, 26
臼杵城跡	182
臼杵石仏	184, 185, 239
打上橋	116
内山観音	238
永福寺	52
夷谷	100
円寿寺	15, 16
円通寺遺跡	51
円応寺	125, 126
円龍寺	126

―オ―

扇森稲荷神社	215
王子神社(大分市)	20, 21
王子神社(佐伯市)	201, 202
大分銀行赤レンガ館(旧二十三銀行本店・旧府内会館)	4
大分県立歴史博物館	101
大分市美術館	18
大分社	41
大分市歴史資料館	27
大江医家史料館	126, 127
大国主神社	28
大蔵永常	43, 149, 183
大迫磨崖仏	206
大年神社	122
大友氏遺跡	12, 13
大友宗麟公像	4
大友宗麟の墓	190
大友屋形跡	15
大友義鑑	4, 5, 16, 190
大伴義鑑の墓	188

大友義鎮(宗麟)	4, 5, 11, 16, 19, 32, 43, 117, 119, 174, 182, 188, 190, 191
大友義統	5, 6, 50, 119, 191
大友頼泰	16, 36, 37
大友頼泰墓(五輪塔)	36
大野老松天満社旧本殿	158
大原邸	57
大原八幡宮	146, 147
岡城跡	223
緒方洪庵	127, 129
緒方三郎惟栄	223, 233
緒方三郎惟栄館跡	232, 233
緒方宮迫西石仏	234
緒方宮迫東石仏	234
岡藩主中川家墓所	234
荻神社	224, 225
興玉社	22
御客屋敷	217, 218
小熊山古墳	58
尾崎の石風呂	235
小迫辻原遺跡	145
御茶屋(陣屋)跡	29, 33, 38, 39
落水磨崖仏	211
御塔山古墳	58
鬼ヶ城古墳	166, 167
鬼塚古墳(玖珠郡玖珠町)	168
鬼塚古墳(国東市)	68, 69
鬼の岩屋古墳	50, 51
尾平鉱山跡	235
小俣道板碑	63
御許山	114
小鹿田焼	159

―カ―

貝原益軒	7, 12, 47, 130, 164
賀来惟熊	123
賀来神社	27
賀来飛霞	123
岳林寺	151, 152
隠れキリシタン地下礼拝堂	189
春日神社	19–21
加藤清正	7, 29, 32, 38, 230
金谷武家屋敷	132
釜ヶ迫国東塔	88
竈門氏墓地古塔群	53
上岡の十三重の塔	196, 197
上小倉磨崖仏塔	197
亀塚古墳	33, 34
ガランドヤ古墳	150
川部・高森古墳群	101
川廻墓地	176
咸宜園跡	138, 139, 141, 142
鉄輪温泉	52

―キ―

北原人形芝居	133
亀都起古墳	170
杵築城	56
きつき城下町資料館	57
亀都起神社	170
木付頼直	56
吉祥寺(佐伯市)	200
吉祥寺(豊後大野市)	240
吉祥寺開山塔	49
吉四六さん	189, 190
狐塚古墳	80
木下俊程	55
木下磨崖仏	211
城原八幡社	216, 219
旧大分県農工銀行	6
旧大分水電株式会社大分変電所	17
旧大分紡績株式会社	22
旧緒方村役場	232
旧竹田荘	220
旧日野医院	175
旧矢羽田家住宅	159
凶首塚古墳	107
行徳家住宅	153, 154
行徳元遂	154
京都大学地球熱学研究施設	48
きらすまめし	183
伐株山	168, 169

索引

キリシタン殉教記念公園	10
キリシタン洞窟礼拝堂	222
キリシタン墓石群(臼杵市)	188

―ク―

草野家住宅	142
口戸磨崖仏	37, 38
沓掛城	169
国木田独歩	194, 195
国木田独歩碑	194
国東市歴史体験学習館	81
国東塔	77, 187
国見ふるさと展示館	73
熊野神社(大分市)	40, 44
熊野磨崖仏	90-92
隈町	139, 147, 149
倉成磨崖仏	59, 60
久留島武彦	165, 167
来島康親(長親)	165, 166
呉橋	106, 107, 111
黒島	186, 187
黒田孝高(如水)	50, 125, 128, 130

―ケ・コ―

化粧井戸	108
剱八幡宮	29, 31
虹澗橋	190
合元寺	125
洪樟寺	169, 170
神内釈迦堂石幢	198
虚空蔵寺跡	112, 113
虚空蔵寺瓦窯跡	113
護聖寺	89
護聖寺板碑	88, 89
鐔絵	118-120
後藤家住宅	39
薦神社	132, 134
古要神社	133
五輪塔(臼杵市野津町)	189
五輪塔(臼杵市深田)	186, 187
金剛宝戒寺	16

―サ―

佐伯市平和祈念館やわらぎ	196
佐伯城跡(城山)	192
西光寺	83
西光寺国東塔	82, 83
財前家宝塔(国東塔)	64
財前家墓地	63, 64, 77
西法寺跡宝塔	228
桜岡神社	111
西寒多神社	23, 42
佐田神社	121
佐田の京石	122
佐田秀	114
佐藤義美記念館	217
参勤交代	31
参勤交代道路	39
サンチャゴの鐘	215
三女神社	119
山王山石仏	184

―シ―

慈眼山	140, 145
慈航寺	178
重岡キリシタン墓	199
自性寺	131, 132
下市磨崖仏	119
下筌ダム	156
下辻異形国東塔	171, 172
実相寺遺跡	51, 52
実相寺古代遺跡公園	51, 52
芝原善光寺	110
柴山八幡社	208, 209
十文字第1遺跡	51
城井1号掩体壕	108
松栄神社	8
松屋寺	54
照恩寺	83
照恩寺国東塔	83
勝光寺	208, 210
浄水寺	211
常忠寺跡	210

成仏寺	74, 76-78, 95
成仏寺修正鬼会	78
常楽寺	35
浄流寺	203
白潟遺跡	195
白鳥神社	172
白水溜池堰堤水利施設	226
城下カレイ	56, 59
神角寺	211
真玉寺	97
神宮寺(国東市)	78, 80
神宮寺浦南蛮貿易場趾の碑	19
神宮寺国東塔	78

— ス・セ —

瑞巌寺磨崖仏	170
菅尾石仏	242, 243
西専寺	62
成大寺跡	45
石源寺石仏	237, 238
石人	148, 150
関浜蔵所跡	154
仙崎公園	202
千町無田	172, 173
千燈寺	69, 70
千燈寺跡	71, 72, 77
千燈寺石造宝塔	70
千燈石仏	70
泉福寺	79
泉福寺開山堂	79

— タ —

鯛生金山跡	158
大山寺	22, 23
大聖寺	205, 206
大臣塚古墳	13, 16
大善寺	107
胎蔵寺(国東市)	74
胎蔵寺(豊後高田市)	90
大智寺	11, 12
大楽寺	106
高崎山城跡	24, 119, 169
高崎山	24, 25, 49, 56
高崎山のサル生息地	24, 25
鷹栖観音堂	113
高瀬石仏	35
高塚地蔵尊	160
宝八幡宮国東塔	171
滝尾百穴横穴古墳群	40
滝廉太郎	55, 212, 220, 221, 224
滝廉太郎記念館	220
瀧廉太郎君像	10
竹瓦温泉	46, 48
竹田市立歴史資料館	215, 220, 222
竹中重利	7, 11, 20
竹中重義	17
田能村竹田	18, 43, 44, 214, 220, 221, 223, 226
田能村竹田墓	222
田原家五重塔	62
田原若宮国東塔	63
田原若宮八幡社	63

— チ —

致道館	55
中世城館	169
長安寺	96
潮観橋	99
長木家国東塔	74-76
長寿庵五輪塔	210
長生園	139, 141
長宗我部神社	200
長宗我部の墓	200
長宗我部信親墓	44, 45
長宗我部元親	200
長福寺	138, 141, 143, 144
千代丸古墳	26
知来館	30, 31
沈堕発電所跡	209

— ツ —

津江山系自然公園	156
塚山古墳	89
辻河原の石風呂	236

角牟礼城跡	166
角埋陣屋跡	165
妻垣神社	120
鶴市神社	133
鶴ヶ城	169
鶴賀城跡	45
鶴見古墳	102
鶴屋城	193

── テ・ト ──

デウス堂跡碑	12
寺町界隈	124
天正遣欧使節	4, 11, 191
天勝堂	30
天念寺	94-96
天念寺修正鬼会	95, 96
天満神社	50
伝来寺	157
伝来寺庭園	156, 157
天領日田資料館	142
堂ヶ迫石仏	184
東光寺五百羅漢	113
堂ノ迫磨崖仏	98
年の神遺跡	173
独歩碑の道	192
鳥居橋	115

── ナ ──

中川神社	215
中津城	128, 130
中津市歴史民俗資料館	130
永山城跡	144
長湯温泉	229
長湯線彫磨崖仏	227
奈多宮	58
七ツ森古墳	215, 216
鍋山磨崖仏	91
波乗り地蔵尊	203
楢本磨崖仏	122
鳴板碑	75
南光寺	123

── ニ・ノ ──

丹生島城	5, 169
二王座歴史の道	184
日本丸館	143
仁聞	72, 78, 85, 94, 170
仁聞国東塔	72, 77
納池公園	230
野鹿洞穴	225
野上弥生子	185
野上弥生子文学記念館	184

── ハ・ヒ ──

波津久のクルスバ	188
羽室御霊社	53
羽屋井戸遺跡	28
早川長敏	6, 7
原田神社	133
原のキリシタン墓碑	226
日田市立郷土資料館	151, 152
日田神社	146
日田養育館址	139
日根野吉明	7, 12, 13, 15, 17, 20
姫島	71
百体社	107
平等寺	69
日吉塔	186
平尾社鳥居	207
広瀬久兵衛	140, 141, 143
広瀬資料館	142
広瀬淡窓	30, 55, 138-141, 143, 144, 148, 150, 153, 154, 222, 223

── フ ──

吹上遺跡	145
富貴寺	93
富貴寺大堂	101
福沢諭吉	55, 127-130, 194
福沢諭吉旧居	127, 128
福真磨崖仏	97, 98
普光寺	213
普光寺磨崖仏	213
富士見橋	117

両子寺	85, 86
双葉の里	109, 110
双葉山生家	109
仏光寺	174
府内城	7-9
府内城跡	6
普門院観音堂	201
フランシスコ・ザビエル	4, 5, 9, 11
古川古松軒	43, 47
古園石仏	185
古宮古墳	23, 24
豊後黄飯	183
豊後国分寺跡	27, 28
豊後二見ヶ浦	200
豊後鮑腸	43
分寺橋	117

― ヘ・ホ ―

戸次河原古戦場跡	45
戸次本町	43
別宮八幡社	99, 100
別府温泉	47, 48
別府市朝見浄水場	48
別府大学附属博物館	51
ペトロ岐部カスイ	73, 75
帆足万里	30, 33, 54-56, 59, 123, 221
帆足本家酒造蔵	43
報恩寺	82, 83
法恩寺山古墳群	151
豊薩合戦	11, 36, 45, 189, 224, 240
宝生寺	236, 237
法心寺	32
坊ノ原古墳	211
宝命寺・国東塔	84, 85
蓬莱山古墳	24
ホキ石仏	184, 186
保戸島	191
火男火売神社(鶴見権現社)	52, 53
堀田温泉	49

― マ ―

前野良沢	125, 126, 131

磨崖クルス(十字架)	188
曲石仏	41, 42
真木大堂	91, 92
増田宋太郎	128, 130, 131
増田宋太郎旧宅跡	128
真玉氏居館跡	97
松方正義	47, 139
松坂神社	18
松平忠直(一伯)	17, 36, 219
松平忠直公廟	21, 22
松平忠直居館跡	40
松原ダム	156
政所馬渡遺跡	224
真名野長者	238, 239
豆田町	138-142, 148, 154
丸山墓地	62
満月寺	185, 239
万寿寺	10, 12
万年橋	42

― ミ・ム ―

三浦梅園	33, 43, 55, 86, 87
三浦梅園旧宅	86-88
三浦梅園資料館	86
御沓橋	116
水地の九重塔	189
三角池	134
南太平寺磨崖仏	18
無動寺	98, 99
村上医家史料館	131

― メ・モ ―

免ケ平古墳	102
毛利空桑	30, 33
毛利空桑旧宅	29, 30
毛利空桑塾跡	29, 30
毛利空桑墓	32
毛利高政	166, 169, 193, 195
元町石仏	13, 14, 16
元宮磨崖仏	91-93
諸田越板碑	64
文殊仙寺	76, 77

―ヤ―

- 弥栄神社 ……………………… 17, 18
- 矢野龍渓 ……………………… 193, 194
- 矢野龍渓顕彰碑 ……………………… 194
- 耶馬渓 ……………………… 161-163, 174
- 耶馬渓鉄道 ……………………… 163
- 耶馬渓橋 ……………………… 161, 162, 187
- 耶馬渓風物館 ……………………… 162

―ユ・ヨ―

- 遊歩公園 ……………………… 9
- 柞原八幡宮 ……………………… 22, 23, 41
- 由布院キリシタン墓群 ……………………… 174
- 養賢寺 ……………………… 195
- 永興寺 ……………………… 145
- 陽谷城跡 ……………………… 56
- 養福寺 ……………………… 201
- 養福寺魚鱗塔 ……………………… 201
- 吉木九重塔 ……………………… 80
- 吉弘神社 ……………………… 50
- 四日市陣屋の門 ……………………… 112
- 四日市別院 ……………………… 110-112

―ラ・リ―

- 頼山陽 ……………………… 163, 214, 221-223
- 羅漢寺 ……………………… 164
- 龍王山 ……………………… 119, 120
- 龍王城跡 ……………………… 119
- 龍岩寺 ……………………… 117
- 龍岩寺奥の院 ……………………… 117
- 龍原寺 ……………………… 182, 183
- 龍祥寺 ……………………… 177, 178
- 龍蓮寺 ……………………… 60
- 龍蓮寺国東塔 ……………………… 60
- 両合川橋 ……………………… 117
- 両合棚田 ……………………… 117
- 霊山寺 ……………………… 36

―ル・レ―

- 瑠璃光寺 ……………………… 88
- 霊仙寺 ……………………… 100
- 歴史と文学の道(佐伯市) ……………………… 195
- 歴史の小径(日田市) ……………………… 140
- 歴史の道(竹田市) ……………………… 218
- 蓮光寺生残り門 ……………………… 109

―ワ―

- 脇蘭室墓 ……………………… 32, 33

【執筆者】(五十音順)

編集・執筆者
佐藤晃洋 さとうあきひろ(県教育庁文化課)
三重野誠 みえのまこと(県教育庁文化課)

執筆者
大津祐司 おおつゆうじ(県立先哲史料館)
大野雅之 おおのまさゆき(県立別府翔青高校)
佐脇義敏 さわきよしとし(県立大分上野丘高校)
長野浩典 ながのひろのり(大分東明高校)
平川毅 ひらかわつよし(県立歴史博物館)
増村浩二 ますむらこうじ(県立爽風館高校)

協力者
加藤泰信・佐藤香代・田中裕介

【写真所蔵・提供者】(五十音順, 敬称略)

宇佐市教育委員会
宇佐神宮
臼杵市教育委員会
大分県立先哲史料館
大分県立歴史博物館
大分市教育委員会
杵築市教育委員会
玖珠町教育委員会
国東市教育委員会
九重町教育委員会
佐伯市教育委員会
財団法人福澤旧邸保存会
竹田市教育委員会
中川神社
中津市教育委員会
奈多宮
日出町教育委員会
日田市教育委員会
姫島村教育委員会
豊後大野市教育委員会
豊後高田市商工観光課
別府市観光まちづくり室
真木大堂
明礬湯の里 株式会社脇屋商会
由布市教育委員会

本書に掲載した地図の作成にあたっては、国土地理院長の承認を得て、同院発行の2万5千分の1地形図、5万分の1地形図、20万分の1地勢図を使用したものである(承認番号平19総使、第47-M035036号 平19総使、第46-M035036号 平19総使、第45-M035036号)。

歴史散歩44
大分県の歴史散歩

2008年4月25日　1版1刷発行　　2017年7月25日　1版3刷発行

編者―――大分県高等学校教育研究会地理歴史科・公民科部会
発行者――野澤伸平
発行所――株式会社山川出版社
　　　　　〒101-0047　東京都千代田区内神田1-13-13
　　　　　電話　03(3293)8131(営業)　　03(3293)8135(編集)
　　　　　https://www.yamakawa.co.jp/　　振替　00120-9-43993
印刷所――図書印刷株式会社
製本所――株式会社ブロケード
装幀―――菊地信義
装画―――岸並千珠子
地図―――株式会社昭文社

Ⓒ 2008　Printed in Japan　　　　　　　　　ISBN 978-4-634-24644-7
・造本には十分注意しておりますが，万一，落丁・乱丁などがございましたら，
　小社営業部宛にお送りください。送料小社負担にてお取り替えいたします。
・定価は表紙に表示してあります。

地図（福岡県・大分県・熊本県・宮崎県周辺）

福岡県
- 小竹町
- 福智町
- 糸田町
- 香春町
- 飯塚市
- 田川市
- 大任町
- 赤村
- 桂川町
- 川崎町
- 嘉麻市
- 添田町
- みやこ町
- 行橋市（ゆくはし）
- 築上町
- 朝倉市
- 東峰村
- うきは市
- 八女市
- 日田市（※大分県）

大分県
- 吉富町
- 豊前市
- 上毛町
- 中津市
- 宇佐市
- 豊後高田市
- 日田市
- 玖珠町
- 玖珠郡
- 九重町
- 由布市
- 別府市
- 竹田市
- 大分県央

熊本県
- 山鹿市
- 小国町
- 南小国町
- 産山村
- 阿蘇市
- 菊池市
- 大津町
- 菊陽町
- 合志市
- 西原村
- 南阿蘇村
- 阿蘇くまもと空港
- 高森町
- 熊本市
- 益城町
- 嘉島町
- 御船町
- 山都町

宮崎県
- 高千穂町

山・峠など
- 犬ヶ岳 1131
- 英彦山 1200
- 月出山岳 678
- 釈迦ヶ岳 1231
- 万年山 1140
- 涌蓋山 1500
- 大船山 1786
- 九重山 1791
- 久住山 1787
- 由布岳 1583
- 鶴見岳 1375
- 酒呑童子山 1181
- 八方ヶ岳 1052
- 鹿岳 416
- 阿蘇山 1592
- 根子岳 1433
- 祖母山 1756
- 小富士山 457
- 高千穂野 1101

主な道路・鉄道
- 日豊本線
- 久大本線
- 日田彦山線
- 豊肥本線
- 大分自動車道
- 東九州自動車道
- 国道10号、201号、322号、211号、442号、496号、500号、212号、387号、210号、325号、57号、443号、445号、265号、3号、213号、1号